谨以此书献礼

贵州省博物馆建馆七十周年

贵博论丛
〔第三辑〕

贵州省博物馆 编著

广西师范大学出版社
·桂林·

GUI-BO LUNCONG

图书在版编目（CIP）数据

贵博论丛. 第三辑 / 贵州省博物馆编著. -- 桂林：广西师范大学出版社，2023.12
ISBN 978-7-5598-6593-9

Ⅰ. ①贵… Ⅱ. ①贵… Ⅲ. ①文物工作－贵州－文集②博物馆－工作－贵州－文集 Ⅳ. ①G269.277.3-53

中国国家版本馆 CIP 数据核字（2023）第 227790 号

广西师范大学出版社出版发行

（广西桂林市五里店路 9 号　邮政编码：541004）

网址：http://www.bbtpress.com

出版人：黄轩庄

全国新华书店经销

广西广大印务有限责任公司印刷

（桂林市临桂区秧塘工业园西城大道北侧广西师范大学出版社集团有限公司创意产业园内　邮政编码：541199）

开本：720 mm × 1 010 mm　1/16

印张：25.5　　字数：360 千

2023 年 12 月第 1 版　　2023 年 12 月第 1 次印刷

定价：168.00 元

如发现印装质量问题，影响阅读，请与出版社发行部门联系调换。

《贵博论丛（第三辑）》编委会

主　　编：李　飞　李　强

副 主 编：李　甫　李　渊　向　青

委　　员：（按姓氏笔画顺序）

　　　　　宁健荣　朱良津　向　青

　　　　　刘秀丹　全　锐　李　飞

　　　　　李　甫　李　渊　李　强

　　　　　张　婵　敖天海　曾　嵘

　　　　　简小艳

执行主编：袁　炜

目　录

| 贵博史话 |

003　贵州省博物馆筹建期文档数则　｜　梁太鹤

| 历史考古 |

021　贵州省博物馆藏《黔南田氏宗谱》述评　｜　胡进
036　宋斌墓志铭考释　｜　刘秀丹　宋尔宁
046　贵州省博物馆藏两件羽人纹铜钺　｜　黄琳
055　波赫发掘：柬埔寨的第一个黄金时代（上）　｜　Andreas Reinecke、Vin Laychour、Seng Sonetra 著　袁炜 译
123　贵州出土的汉晋摇钱树　｜　杨菊
142　贵州省博物馆藏"青""马"铭四神博局纹铜镜　｜　宁健荣
152　贵州松桃县干溪壁画墓发掘简报　｜　贵州省博物馆　贵州省文物考古研究所

| 绘画书法 |

161　清至民国画坛中的贵州题材作品探析　｜　朱良津

| 民族文化 |

183　珍惜并用好贵州牛文化　｜　吴正光
220　贵州省博物馆藏两件清代铁甲衣　｜　陈雨欣
231　土家族非物质文化遗产——摆手舞　｜　付向宇
237　民族文物与铸牢中华民族共同体意识
　　　　——以黔南州博物馆民族文物为中心　｜　陆庆园

| 文物保护 |

255　贵州省博物馆藏现生动物标本的养护及管理　｜　石锦艺

| 展览展示 |

265　论数字化时代的博物馆藏品展示及传播　｜　敖天海
275　浅析博物馆文物展出中的数字技术应用　｜　唐治洲
283　"笔下千里——徐悲鸿绘画展"策展中的几点思考　｜　董佩佩

| 社会教育 |

299　功能翻译论视角下的文博翻译策略及方法探究
　　　　——以贵州省博物馆基本陈列"多彩贵州"解说词为例　｜　陈红新

310 对自然类博物馆实现和拓展展陈教育功能的思考
——以贵州省地质博物馆实践为例 | 侯楚秋

319 纪念馆提升公共文化服务效能的思考
——以杨至成将军纪念馆为例 | 耿秀福

330 民族地区地方高校博物馆讲解员的培养策略 | 许英

340 博物馆讲解工作的思考 | 杨娇

| 文博发展 |

351 大数据是贵州实施乡村振兴的利刃
——基于贵州省博物馆参与乡村振兴工作的思考 | 吴一方

360 智慧博物馆应用探析
——贵州高速服务区建设小型智慧博物馆的可行性探讨 | 苏肖雯

368 革命纪念馆融入地方发展的路径探究
——以四渡赤水纪念馆的实践为例 | 曹行燕

383 文旅融合与博物馆工作实践的思考及对策 | 杨萍

391 基于心理学视角浅析文化创意产品设计 | 唐哲

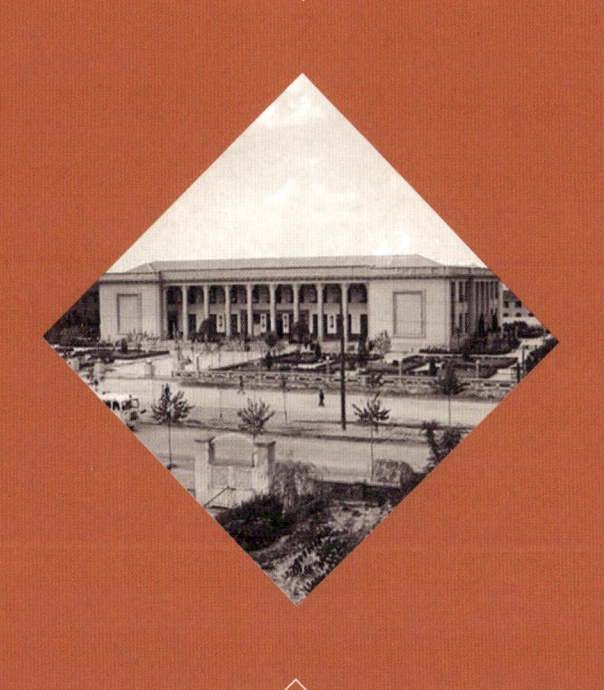

贵博史话

贵州省博物馆筹建期文档数则

梁太鹤

（贵州省博物馆）

摘　要　本文检索分析有关贵州省博物馆筹建期的一些文档，核实了贵州省博物馆筹备委员会建立的时间，贵州省博物馆筹备处和贵州省博物馆更名的时间，厘清了有关贵州省博物馆建馆存疑的问题。

关键词　贵州省博物馆筹备委员会；贵州省博物馆筹备处；贵州省博物馆

2023年是贵州省博物馆筹建七十周年纪念。对省博物馆的筹建过程，初有罗会仁、张宗屏先生编撰的《贵州省博物馆大事记（1953—1987年）》（以下简称《罗张记》）作过概略记述。[1]后来《贵州省志·文化志·大事记》（以下简称《文化志》）[2]以及《贵州省志·文物志·贵州省文物工作大事记》（以下简称《文物志》）[3]也作有相应记述。这曾经是记述省博物馆筹建之事主要的三篇著作，因都很简略，且来源未作交待，长期以来业界存在一些质疑，难以界定。

---

[1] 罗会仁、张宗屏：《贵州省博物馆大事记（1953—1987年）》，《贵州省博物馆馆刊》第五期《贵州省博物馆开馆三十周年纪念专集》，1988年，贵阳：内部出版，第98—121页。
[2] 贵州省地方志编纂委员会编：《贵州省志·文化志》，贵阳：贵州人民出版社，1999年，第7—29页。
[3] 贵州省地方志编纂委员会编：《贵州省志·文物志》，贵阳：贵州人民出版社，2003年，第1069—1096页。

2018年省博物馆编辑《征途——贵州省博物馆建成六十周年纪念专集》，刊发胡进先生撰写的《贵州博物馆事业发展简述》，对省博物馆筹建过程作有较多考证，尤其是在文章所归纳的"酝酿阶段"和"萌发阶段"两部分，收集了许多未见的资料。对省博物馆筹建阶段，也增加了一些重要资料。[1]此外，该书还刊发有李甫先生编撰的《贵州省博物馆大事记（1949~2018年）》，其中对省博物馆筹建期之事，在《罗张记》基础上略有增删，在几个主要时间点上，仍循旧说。[2]

日前笔者前往省、市档案馆查阅馆存的档案资料，寻到有关贵州省博物馆筹建时期的数则文档，基本厘清了以往尚存疑的几个主要问题，愿在此提出并与同行探讨。

一、关于贵州省博物馆筹备委员会

《罗张记》记述："（1953年）1月3日，根据西南文化行政会议'关于调整本区各省人民科学馆的决定'精神，我省将'贵州省人民科学馆'改组为贵州省博物馆筹备委员会，由原科学馆馆长熊其仁担任筹委会主任。"

此记述甚显明确，但有两点一直颇令人疑惑：一是何以时间为"1月3日"，1月3日作为元旦后的第二天，如果不是因特殊事件或其他特别缘由，筹委会建立一类事务，不应该被安排在这个时间点；二是何以称"改组"。

后来《文化志》与《文物志》也基本采用此说，但前者略去具体日期，以及熊任主任事；后者未略日期，略去熊任主任事。内中原因不明。贵州省博物馆筹委会建立时间，基本被认定为1953年元月。

笔者在省档案馆见到1953年4月10日省博物馆筹委会送省财政厅财务科

---

[1] 胡进：《贵州博物馆事业发展简述》，载贵州省博物馆主编《征途——贵州省博物馆建成六十周年纪念专集》，桂林：广西师范大学出版社，2020年，第1—22页。
[2] 李甫：《贵州省博物馆大事记（1949~2018年）》，载贵州省博物馆主编《征途——贵州省博物馆建成六十周年纪念专集》，桂林：广西师范大学出版社，2020年，第291—326页。

的一份公函，其中明确写道："查我省科学馆已于五二年底奉命结束，所有物资由我会接收……"[1] 函文未谈贵州省人民科学馆结束以及省博物馆筹委会建立的具体时间，但按文意，省人民科学馆结束时即将物资交由省博物馆筹委会接收，那么，省博物馆筹委会的建立也应在1952年底，而不是过去普遍认为的1953年1月（或1月3日）。当然，不能排除存在另一种可能性，即省人民科学馆结束与省博物馆筹委会建立存在短期的时间差，因《罗张记》所记述的时间十分具体。

为确证此疑问，笔者再到省档案馆查阅资料，找到1953年元月8日省人民政府文化教育委员会文化事业管理处呈省人民政府文化教育委员会关于贵州省人民科学馆调整情况的报告[2]，得到明确答案，报告正文抄录于下：

关于我省人民科学馆调整工作，经过过去一段时间的准备，现已根据西南区文化行政会议所通过之调整人民科学馆的决定（草案），结合我省具体情况调整完毕。兹将调整情况报告如后：

一、贵州省人民科学馆于一九五二年十二月廿六日结束，贵州省博物馆筹备委员会秘书处亦于同日正式办公。

二、科学馆之家具、档案，移交博物馆筹委会。

三、科学馆之科学仪器适宜于学校教育用者，于短期内移交教育厅，适当地配发学校应用。

四、科学馆之图书、科普宣教器材、标本、模型等，按其性质分别移交博物馆筹委会及贵州省科普协会筹委会。

五、博物馆筹委会秘书，派定罗会仁同志担任。

六、博物馆筹委名单俟另报贵州省文委审核后再聘任。

---

[1] 贵州省档案馆文档号097-01-0278-002，贵州省仓库物资清理调配委员会"关于飞机引擎洽航空站利用给省博筹委会复函"的附页。
[2] 贵州省档案馆文档号040-03-2477-010。

七、博物馆筹委会地址，根据五三年任务需要，暂定原科学馆大楼第一层全部（共房屋大小廿三间。二层为贵州省文化局。）

贵州省人民政府文化教育委员会文化事业管理处（条形章）

一九五三年元月八日

文档将省博物馆筹委会建立的时间、地点，以及省人民科学馆的结束与省博物馆筹委会的交接等问题记载得十分清楚，足以证明：

1.过去所认定省博物馆筹委会建立时间为1953年元月（或元月3日）有误。正确的时间为1952年12月26日。《罗张记》所述具体时间，依据应为作者个人记忆，下文另作辩证分析。

2.将省人民科学馆"改组"为省博物馆筹委会之说可信。除二者同时、同地结束与开始外，担任省博物馆筹委会秘书的罗会仁当时即为省人民科学馆工作人员。而且，还查到省人民科学馆其他几位如张宗屏、唐耀康、韩映松、彭继祖、黄金城等，也是后来省博物馆筹委会的工作人员。根据有关资料，贵州科学馆[1]于1940年成立时有26名工作人员，因屡次裁员，到1950年10月时，仅剩6人。1951年3月该馆上报人员情况，统计人数为10人。因此，1952年省人民科学馆结束时，原有工作人员可能悉数转入省博物馆筹委会。

不过，将"改组"换为"改建"，或更符合单位交替的表述。

3.熊其仁任省博物馆筹委会主任，亦为罗、张个人回忆，尚需寻到确切依据。

或以为，该报告称"博物馆筹委名单俟另报贵州省文委审核后再聘任"，筹委会建立时间应以聘任公布之时为准。不过，这里所说的"筹委"概念不是很清楚，应当不会是机构实际工作人员，或可能是相关的名誉性成员。而筹委会秘书的派定和各项工作的安排，足以说明作为实际的组织机构，其时已经建

---

[1] 新中国成立后改名为贵州省人民科学馆。

立并开始运转，以之认定为建立时间有充足理由。至于博物馆筹委的审定聘任，在省市档案馆都没查到相关文档。当时是否有公布文件，也未可知。不过可以肯定，如真有筹委的聘任，公布时间一定是在报告所署的1月8日之后，与1月3日无关。

《罗张记》所述省人民科学馆1953年1月3日改组为省博物馆筹委会，在罗、张二人与人合作于2001年撰写的《回顾贵州省博物馆筹建工作始末》中，有较详细叙述："1953年1月3日，贵州省文化事业管理处口头通知省科学馆熊其仁副馆长：根据西南文化行政工作会议'关于调整本区各人民科学馆的决定'精神，已报省人民政府批准，贵州省人民科学馆办理结束手续，改组为贵州省博物馆筹备委员会，主任委员为熊其仁教授。科学馆大部分人员及其档案、物资、家具等交省博物馆筹委会；自然标本及科学仪器交科普协会，省博物馆筹委会宣布正式成立。"[1]这段叙述中关于改组的内容，与省文化事业管理处1953年1月8日呈省政府文教委的报告大体相符，应当有所依据。但所述1月3日文化事业管理处口头通知熊其仁副馆长，却让人不解。根据省文化事业管理处报告，1952年12月26日省人民科学馆结束，同日省博物馆筹委会秘书处"正式办公"，熊原为省人民科学馆副馆长，作为必要的工作程序，省文化事业管理处不可能当时不通知他，而要到十天之后才作此口头"补充"通知。因此，对于1月3日的说法，仍只能认为是作者个人记忆上的错误，无法采信。省博物馆筹委会建立时间，须以省文化事业管理处正式公文为可信依据。

二、关于熊其仁任省博物馆筹委会主任

熊其仁先生任省博物馆筹委会主任一事，首见于《罗张记》,《文化志》与《文物志》均未采用，或有所质疑。《罗张记》作者二人均为省人民科学馆改组

---

[1] 罗会仁、简菊华、张宗屏：《回顾贵州省博物馆筹建工作始末》，《贵州文物工作》2001年4期，第45页。

为省博物馆筹委会的当事人，罗被派定为筹委会秘书，对筹委会主任应有清楚记忆。但在档案馆的文档中，未找到相关记录。

熊其仁先生，贵阳人，早年曾在贵阳正谊小学和省立一中读书，高中毕业于北京汇文中学，后考入北京大学物理系。毕业后先后到贵州都匀师范学校、昆明西南联大、贵阳清华中学及贵州大学任教。1951年3月，熊其仁由贵阳文教接管部军事管制委员会从贵州大学调任为贵州省人民科学馆副馆长，1953年担任省文化局社会文化科科长，1954年调贵阳师范学院任教，1958年调贵州工学院任教。

熊其仁担任省人民科学馆副馆长一事，省档案馆有1951年贵阳市军事管制委员会文教接管部的公函，也有1951年省人民科学馆文档上的个人签名（1951年该馆正馆长为杜叔机，副馆长为熊其仁）等资料为证。但熊其仁在省博物馆筹委会任职，在省档案馆所存省博物馆筹委会为数极少的文档上不见踪迹。

熊其仁1954年调贵阳师范学院事，有1953年元月省文化局致省人事厅的介绍函，明确提及"我局社会文化科长熊其仁"；有1953年8月中共省委组织部致省人事厅干部科的指示函，也明确提及"文化局社文科长熊其仁"；省人民政府1954年2月送省文化局免去熊原任职务的通知中，也称"你局社会文化科长熊其仁"。[1] 三份公函均未提及熊另有担任省博物馆筹委会主任或副主任。

更不好解释的是，熊其仁调贵阳师范学院后填写的教师登记表，只填写"1951—1952贵州人民科学馆副馆长一年半"。调工学院后的简历，只有"1951—1953年贵州人民科学馆副馆长，1953年贵州省文化局社会文化科长"，均无在省博物馆筹委会任职的记录。这是熊其仁自己的填报，具体原因无从了解。

不过，上述1953年8月中共省委组织部致省人事厅干部科的指示函中提及："此事（指调贵阳师范学院事——作者注）缓些处理，因熊当前在文化方

---

[1] 三份公函均见贵州省档案馆文档号041-01-0144-012。

面身兼三职……"具体所兼三职该函未列举，笔者分析一项为省文化局社会文化科科长；另一项应为省博物馆筹委会职。依熊简历，1952年为省人民科学馆副馆长，1953年为省文化局社会文化科科长，而省博物馆筹委会建立后隶属省文化局管理，则熊其仁在省人民科学馆改组时担任省文化局社文科科长并兼任省博物馆筹委会主任的可能性极大；第三项则可能在省科学技术普及协会筹委会任职，因1952年时省人民科学馆与省科学技术普及协会筹委会曾合署办公。至于熊其仁个人未将省博物馆筹委会任职填入简历，或与1953年元月起便开始在联系调往贵阳师范学院任教有关。

三、关于贵州省博物馆筹备处

贵州省博物馆筹备委员会建立一年多后，改称贵州省博物馆筹备处。《罗张记》有记载："（1954年）2月9日，贵州省博物馆筹备委员会改名为贵州省博物馆筹备处。2月23日启用新刊发的印章。"《文物志》沿用2月9日改名说法。《文化志》无记载。

《罗张记》的记述清晰。笔者在省档案馆查到贵州省博物馆筹备处1954年2月23日主送省文化事业管理局，并抄送文化部社文局、西南行政委员会文化局、省市各有关单位等的报告，文曰："一、接贵州省人民政府文化局一九五四年二月九日（54）文化秘字第〇〇六九号通知，刊发木质长戳一颗，文为'贵州省博物馆筹备处'，自即日起正式启用。原用木质长戳文为'贵州省博物馆筹备委员会'，于同日戳角注销。二、随文送印模一份，报请备查。"报告中所钤印模及署款用印都是新刊发的"贵州省博物馆筹备处"木质长印章（图一）。[1]

"贵州省博物馆筹备处"木质长印与原"贵州省博物馆筹备委员会"木质长印（图二）字体相似，阳文，无边栏，整体略微偏短、偏窄。该长印使用不

---

[1] 贵州省档案馆文档号097-01-426-005。

图一 "贵州省博物馆筹备处"印章 　　图二 "贵州省博物馆筹备委员会"印章 　　图三 "贵州省博物馆筹备处"圆形印章

到一年半后，1955年6月16日又由省文化局颁发圆形木印（图三）替换。有省博物馆筹备处1955年6月15日送省文化局，并抄送各有关单位的启用新印章报告为证："接省文化局颁发圆形木质印章一个，文曰：'贵州省博物馆筹备处。'兹定于六月十六日起启用，原有长条木质章已上缴，自启用新印章日起作废。敬请查照。"[1]

四、关于贵州省博物馆定名

贵州省博物馆定名，在《罗张记》中有记载："（1960年）6月15日贵州省博物馆筹备处正式改名为贵州省博物馆。"《文物志》沿用此说。《文化志》无

---

[1] 贵州省档案馆文档号040-03-2562-0020。

记载。

省档案馆存有省博物馆筹备处1960年6月10日呈省文化局请求改名的报告，文曰："自1953年博物馆筹备处成立以来，迄今7年多……为了适应形势发展需要和其它各省均先后撤销筹备处的情况下，拟请撤销'贵州省博物馆筹备处'，正式改为'贵州省博物馆'，并请批准更换印信，以利工作。"[1]公函左下侧，有钢笔手书批示："请示张主任同意，已电话答复博物馆。黄 6.11."批示中所提"张主任"，应为当时省文化局的副局长张玉珠。

在档案馆未查到省文化局向省博物馆筹备处出具的书面批复。按钢笔批示，应该仅仅用电话作了口头答复。另外也未查到省博物馆筹备处接到电话答复后，正式启用改名后的新印信的函件。《罗张记》所记"6月15日"，即在电话答复之后的4天，应符合制作新印信并予启用的时间。在公布启用新印信的函件档案未发现之前，应予征信。

贵州省博物馆正式定名本是一件大事，但长期以来界内人士似不是很重视，往往习惯性地将1958年在贵阳市北京路新建成的博物馆陈列大楼开馆的时间，作为省博物馆正式开张的时间。因此每遇涉及建馆时间事宜，总会出现争议。究其原因，与省博物馆筹备处名称存在时间长、人们日常使用的称谓较随意有很大关系。

五、关于贵州省博物馆称谓

贵州省博物馆的名称自筹建之初，经历了1952年底开始的"贵州省博物馆筹备委员会"、1954年2月开始的"贵州省博物馆筹备处"，以及1960年6月开始的"贵州省博物馆"三阶段变化。但文档显示，在省博物馆筹委会和省博物馆筹备处阶段，无论是单位自身，还是社会其他部门，在工作或业务往来中，往往并不使用完整称谓。

---

[1] 贵州省档案馆文档号110-01-0306。

先看单位自身行文例：

贵州省博物馆筹备委员会1954年元月25日致函省物管处："我馆定于本月廿六日至廿九日在你处荷桑坡仓库进行杂铜文物的挑选……"所附工作人员名单："贵州省博物馆挑选杂铜工作组名单：组长，罗会仁。组员，陈默溪、赵集云、袁有真、方为范、彭继祖。"所钤公章为"贵州省博物馆筹备委员会"。[1]

贵州省博物馆筹备处1954年6月11日致函交通厅基本建设科："兹介绍我馆简菊华同志前来你科联系关于在延安路开工修建中发现文物的问题……"所钤公章为"贵州省博物馆筹备处"。[2]

贵州省博物馆筹备处于1956年春至1958年2月，在清镇、平坝组织三次考古发掘，发掘结果以《贵州清镇平坝汉墓发掘报告》发表于国家正式学术刊物《考古学报》1959年1期，署名使用"贵州省博物馆"。

1958年博物馆陈列大楼在贵阳市北京路新建落成后，省博物馆筹备处推出"贵州出土文物"等四个展览，在《贵州日报》连续刊登推介启事，标题为《贵州省博物馆启事》。[3]

社会相关部门在一些来往文件中，也使用类似不完整称谓，最典型的是上级行政主管部门的正式批复或通知文件。如1956年10月27日贵州省文化局对博物馆陈列室大楼工程开工日期的批复文件："贵州省博物馆：一、你馆（56）博秘字第64号来函收悉。二、博物馆陈列室大楼技术设计图纸，已报送省工交办公室审核中。经与省工交办联系，除有部分小工程尚需修改外，基本上同意。为了不影响基建工程的进行，我局同意在10月26日先行施工（补批）。"[4]

1958年4月5日，贵州省人民委员会以（58）省办吴字第322号文《转发

---

[1] 贵州省档案馆文档号097-01-0305-004。
[2] 贵州省档案馆文档号081-03-2320-009。
[3] 参见胡进：《贵州博物馆事业发展简述》，载贵州省博物馆主编《征途——贵州省博物馆建成六十周年纪念专集》，桂林：广西师范大学出版社，2020年，第15页。
[4] 贵州省档案馆文档号040-03-2678-011。

关于分散各地的文物拨交省博物馆集中保管和陈列的通知》指出:"省人民委员会各工作部门、各高等学校、各群众团体、省政协、民盟、民革、九三学社、各专署、各自治州、市、县、自治县人民委员会:省人民委员会基本同意省文化局的对分散和积压在各地的文物拨交省博物馆集中保管和陈列的意见,现在转发给你们,请研究执行。各地应当宣传保护文物的意义,协助文化部门做好收集工作。文化部门、省博物馆应当认真鉴定,使文物工作更好地做到'以古为今服务'。"[1]

如此,在单位自身、上级主管部门、政府重要机关的公务往来、公示宣传以及学术活动中,长期不完整使用单位称谓,是一种颇有趣的现象。表面上看,这应是一种有欠严谨的不规范行为。但其所涉及面之广、延续时间之长,却不能不让人从另一角度思考,这种不规范现象在事实上存在相当的合理性,无论当时还是以后,几乎没人认为这样省略的称谓有不妥之处。因为,贵州省博物馆筹委会从建立之初,就不是一个仅仅具有一般筹备机制的部门,而是一个具有博物馆完整功能的实体,并且一直在积极履行着博物馆的职能。

贵州省博物馆筹委会有固定馆舍,有一批业务人员,从创建开始就不断接收来自政府机构、国家机关、团体等各方拨交的文物藏品,在全省范围大量调查征集历史文物、革命文物、民族民俗文物及动植物标本,组织考古调查和发掘。1953年馆藏文物标本已超过2万件,1954—1959年,馆藏文物标本又增加1.4万件。还不断派员到各地宣传文物政策,在贵阳市和一些地县举办各类文物展览,产生了十分广泛的社会影响。

因此,可以认为,那些年被各方普遍省略去"筹备"的单位称谓,正客观地反映了单位的自身认同、社会各界的普遍认同,以及政府部门的实际认同。各方一致的认同具有不容忽视的意义,因其是基于博物馆的客观构成与具体活动形成的共识,早已超越名称符号变换的重要性。试想,如果省博物馆筹备处

---

[1] 贵阳市档案馆文档号077-01-0359。

不是因其他省博物馆改名的影响，在1960年相当偶然地提出改名要求，那么，贵州省博物馆筹备处的名称符号是否还会被保留多年？因为，1958年新馆址在北京路落成，四个重要陈列开展时，本是贵州省博物馆最该正式改名的辉煌节点。遗憾的是，那一刻人们已忘掉在省博物馆的名称符号中，还有一个早被忽视多年的后缀。

如果这样的观察可以成立，那么过去有关省博物馆建馆时间的争议，大可就此划上一个句号。省博物馆的建立，强调以1960年正式改名作为限定标准，并不具有充足理由。以当年省文化事业管理处报告上明确记载的省博物馆筹备委员会建立之时作为起点，才符合历史真实。

六、一则迟到的文档资料

本来以为想要表达的内容已写完，能够完稿了。有同行友人听闻后，又翻拣出一则文档资料见示，甚感诧异，有必要列一题，对省博物馆筹备委员会建立时间的问题再作审视。

这是贵州省博物馆筹委会于1953年2月19日致南京市文物管理委员会的知照函。涵文用打字蜡纸油印在套红的省博物馆筹委会信函纸上："根据中央和西南决定，我省成立'贵州省博物馆筹备委员会'，经遵照指示于一九五三年一月一日正式成立，并在贵阳市科学路一十六号办公。特函知照。"署款后留有电话号码。致函单位"南京市文物管理委员会"用漂亮的毛笔小楷填写，末行钤"贵州省博物馆筹备委员会"长印。（图四）

文档原件系贵州师范大学教授吴鹏先生近年收集，后转捐给贵州省博物馆，征得吴先生同意，于此引用共享。

文档提出一个重磅问题，知照函上省博物馆筹备委员会郑重公告成立的时间，不仅与我们根据省档案馆存省文化事业管理处报告所得出的时间不相符，而且也与前引《罗张记》的时间不相符。

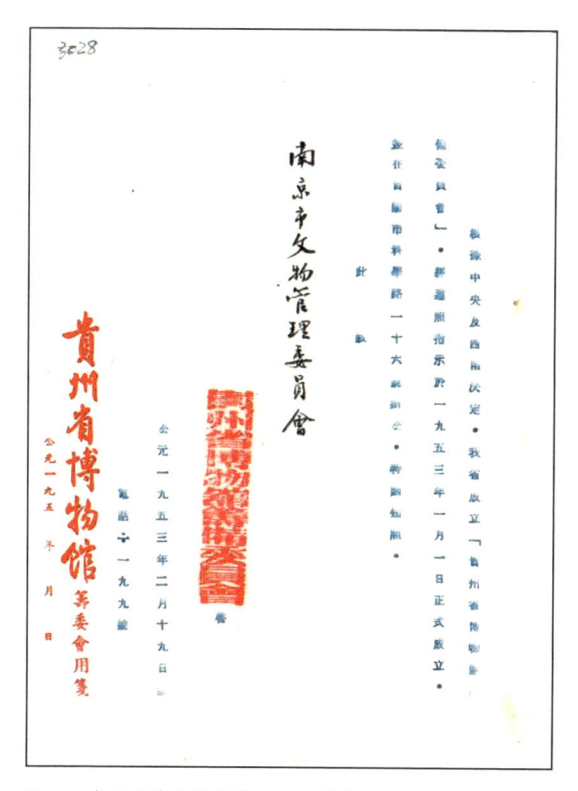

图四　贵州省博物馆筹委会1953年知照函

省文化事业管理处报告的庄重性我们已有分析，比较省博物馆筹备委员会知照函，当然很容易判断后者所公告的时间存在问题。但毕竟省博物馆筹委会知照函也是完整的官方文件，首次向社会公告贵州省博物馆筹委会成立的时间，无论从法理意义上还是历史意义上，还不能如此简单地将其否定，有必要对其中的时间问题作进一步分析。

知照函公告的时间与《罗张记》的时间不相符，显然是寻找问题原因的切入点。《罗张记》作者罗会仁先生是省博物馆筹委会成立时秘书处唯一的秘书，知照函制作时罗必定是主要参与者。但罗撰文回忆一再称筹委会成立时间为1月3日，而知照函公布的时间却是1月1日，这当中必定有特殊原因。罗与曾经的当事人都已离世，我们无从咨询，只能分析现象作出推测。

1月1日不是省博物馆筹委会成立的真正时间，无论从罗个人的回忆，还是省文化事业管理处报告都能说明这一点，知照函应该是特意变通选择了这一天。我们在知照函上看到一句话颇值得寻味，说省博物馆筹委会"经遵照指示于一九五三年一月一日正式成立"，分明显示出这是认真考量后作的决定。

1月1日是元旦，是万众共贺吉祥的日子，省博物馆筹委会成立日变通选择到这一天，顺理成章。这既能表达博物馆人祈望事业兴旺发达的良好愿望，也使社会各界更好关注到博物馆的成立。同时，这一天与实际成立的时间相隔很近（按省文化事业管理处报告推后6天，按《罗张记》则提前2天），并不铸成大错，就社会大众心理和省博物馆筹委会自己的愿望来说，无疑是最佳选择。

另外，知照函在当时未必被人们看作十分严格的文件形式。从内容和制作形式看，这份知照函是批量制发，邮寄给有工作联系的相关单位的一种通知，制作者对其庄重性的要求并不高度重视，出现模糊叙事空间也就不足为奇。

这些推测只是一家之言，不过我们从中体悟到，知照函上时间的准确性问题已经不重要，知照函整体的历史意义，才是其价值所在。客观地说，省博物馆筹委会所作对社会公告成立时间的变通选择，其实无可非议，其目的并非要改变一个事实，而是企望一种吉祥，表达一种希望。更该注意，这是七十年前开创贵州文博事业的老前辈们善意的选择，寄托了老一辈文博人曾经美好的梦想，珍藏了一份不该忽略的历史之重。

七十年光阴已往，我们如今或许也该理性地再作一次选择：一方面尽职责理清省博物馆筹建期的历史，如实载入博物馆史册；另一方面，对文博前辈们的选择不予改变，延续那曾经的梦想，将贵州省博物馆筹建起始时间依然宣告为1月1日。

至此，关于贵州省博物馆的筹建历程可以厘清一份完整表述了：

1952年12月26日，贵州省人民科学馆撤销，改建为贵州省博物馆筹备委员会，筹备委员会秘书处同日开始办公。

1953年1月1日，向社会公告贵州省博物馆筹备委员会正式成立，博物馆各项职能全面开始履行，贵州现代化意义的省级博物馆从此诞生。

1954年2月9日，名称更改为贵州省博物馆筹备处，1960年6月11日再批准更名为贵州省博物馆，标示博物馆建设完善的两个阶段，博物馆持续发展之路日益宽广。

（撰于2022年8月26日）

附记：笔者查阅有关省博物馆筹建时期文档的过程中，得到贵州省档案馆和贵阳市档案馆大力支持。尤其省档案馆接待利用处处长韩雯女士，几次热心接待，耐心选汇各类文档资料四百余份，配合查阅，提供方便，解决困难。谨此予以衷心感谢！

历史考古

贵州省博物馆藏《黔南田氏宗谱》述评

胡进

（贵州省博物馆）

摘　要　《黔南田氏宗谱》是一部相对系统的家族史料。该谱记有从隋代田宗显开拓黔疆直至清代康熙年间的若干支系，世系最长至三十五世。其房族众多，内容庞杂，对于了解古代思州田氏具有重要的参考价值。

关键词　贵州省博物馆；思州田氏；《黔南田氏宗谱》

古代贵州之地，田氏为大姓之一，而历史文献记载极为模糊。贵州省博物馆收藏有一本《黔南田氏宗谱》，是一部相对系统的田氏家族史料，至今还没有作过系统整理，本文将对其作简略评介。《黔南田氏宗谱》，单册，雕版印刷，现存本封面为牛皮纸，已不是原本装帧样式。开本28.3厘米×16.2厘米，每页9行。白口，单黑鱼尾，书口鱼尾上面印"黔南田氏宗谱"，下面为页码。首页和最末一页板框及每页行数、字体等都与中间书页不一致，而内容又能连接，显然经过后人补刻和重新装订。现存本计有140余页，因为有一些书页残破较为严重，已难以识别全谱总共是多少页，按现存页数分析，大概会有缺页。

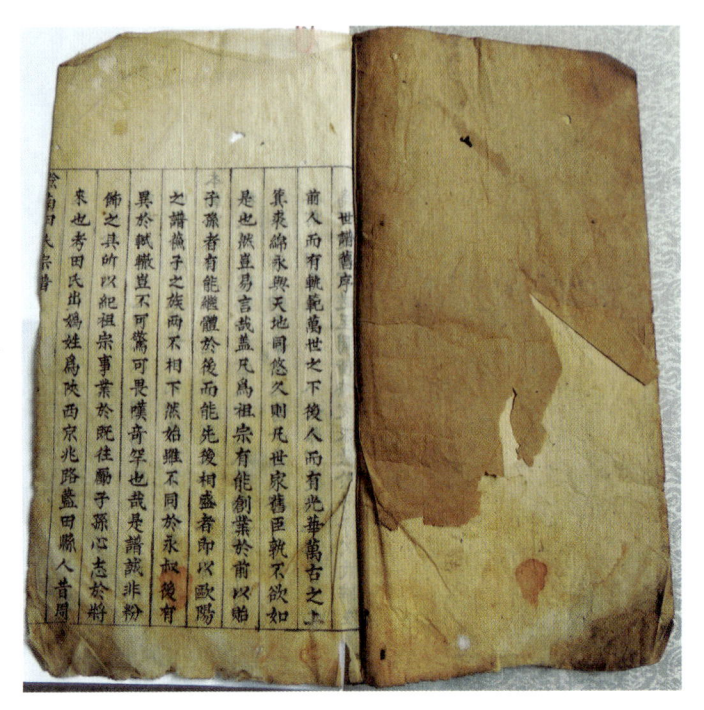

图一 《黔南田氏宗谱》首页

一、篇目简介

1.《世谱旧序》

落款:"明正德十五年庚辰中浣吉日。赐进士第云南按察司佥事前南京监察御史雾峰姚学礼序。"

简评:只有第1页完整,接后几页破损较多,内容不能完全读出。从可阅读的文字看,主要是追溯田氏来历及修纂家谱的意义。该序是第二十八世田庆懿请姚学礼撰写的,田庆懿是思州田氏嫡系二十一世田谨贤之弟田谨珍一支。

谱中记载:

长二房稷祖一支

二十八世　庆懿，岁贡，任四川犍为县主簿。生兴表。

2.《田氏宗谱序》

落款："康熙陆拾壹年壬寅夏四月望五日。督黔学使张大受撰于贵阳公署。"

简评：篇幅残破严重，难于读通。其内容大致是对田氏先祖一些事迹的赞颂。

3.《少师公家谱原序》

落款："宋绍兴二十三年春正月吉旦，十四世田祐恭垂训于翠松亭。"

简评：篇幅也很残破，不能完全读出。内容大概是从南宋追溯至唐代。其中有一段或为其要旨："……自宗显公以及予躬代越十四，历世之出没□封群公之宏猷伟绩，一一备述，汇成谱牒。另，后世观者，如去祖宗未远焉……"但前面有一段记述似乎又让人对其撰写时代产生怀疑："宠沐皇恩，念奇绩之难酬，世盟带砺，喜英雄之辈出，崇锡圭璋，以故分茅胙土，荣封遍楚、蜀、滇、黔……"在宋代就把"黔"与楚、蜀、滇等地相提并论，确实值得打一个问号。

4.《祐恭祖墓志》

落款："宋朝请郎通判黔州提举别驾于观。"

简评：叙述田祐恭生平。(嘉靖)《思南府志·丘墓》载有一篇《宋敕赠少师思国公田祐恭墓》[1]，即为《田祐恭墓志铭》。将其与《田氏宗谱·祐恭祖墓志》相核，宗谱所载墓志的内容要少很多，似为摘抄。

---

[1] （明）钟添纂次，田秋删定，洪价校正，黄尚文点校：(嘉靖)《思南府志》，贵阳：贵州人民出版社，2017年，第54—59页。

5.《宣抚公续谱原序》

落款:"明洪武壬子中秋二日,沱江宣抚使田儒铭尚贤氏谨撰。"

简评:按本谱所记,田儒铭是思州田氏庶支田谨珍的长子。谱序中主要讲其奉祖训修纂家谱的愿望。

谱中记载:

儒铭,字尚贤,至正间征十五洞有功,敕封昭信校尉、定蛮威武大将军、敦武侯。洪武元年,奉调助剿周文贵于鄱阳湖有功凯旋,招服中林验洞、箪子、五寨、朗溪、平头、都平、万山等处蛮夷,冠服辰蛮,招降夷洞,开通云贵大道。敕赐三品服色,榜文一道,诰封忠顺大夫,任沱江宣抚使。

五子从征,俱各有功,将所辟地方赐各分守,听封敕命……

经查元明史料,谱中所述皆不见有相关内容的记载。而且从明洪武初在田氏辖地设置思州宣慰使司和思南宣慰使司后,并未见设有沱江宣抚司这样的机构,所以此谱记载田儒铭任沱江宣抚使似有疑问。

6.《修田氏谱序》

落款:"皇清康熙丁亥秋前三日,三十三世孙茂颖逢年氏撰于大衍堂。"

简评:撰写时间为康熙四十六年(1707),主要讲述作者主持修纂家谱的经过。

谱中记载:

石马一支

三十三世　茂颖,前庚子科第二名。历官文林郎。生四子:仁治、仁淳、仁渐、仁翰。

7.《续光裕宗谱序》

落款:"皇清康熙巳酉岁嘉平月,三十三世孙泰遇庚飏氏记。"

简评:序中首先追溯田氏源流,接着谈及其在修谱时收集到的一些材料,并编纂成册。

"光裕",按后面内容了解,这本宗谱也称《雁门光裕谱》,而这个序却是"续"此谱的另一本谱的"序",推断应该是后人收罗进来的。

其落款为康熙巳酉岁,疑是书写或刊印错误,应是康熙己酉年,即康熙八年(1669)。按此时间计算,此序的撰写时间是早于本谱的,而且谱中未能见到田泰遇的资料,综合起来看,此序疑点颇多。

8.《察院公诰命》

受赠人:"广西道监察御史田景新。"

简评:这是委任田景新为资政大夫、都察院右御史的诰命。此谱记载,田景新属朗溪长官司一支,其云:"三十一世:景新,字瞻明,号陇蓝,万历乙卯举人,己未进士,历任广西试监查(察)御史,又转河南道坐道御史……"据《明实录》记载,天启五年(1625),广西道试御史田景新弹劾云贵张我续及广西巡抚何士晋等在奢安之乱时贪赃枉法等不法行为。[1]此诰命应该是田景新因此事而颁发。

9.《太仆寺公敕书》

受赠人:"天启壬戌进士田景猷。"

简评:田景猷是思南田氏另一分支,谱中记载:"三十一世,景猷,字禄之。天启辛酉举人,壬寅联捷进士,任兵部职方司主事,奉命抚水西,因援兵不至,身殉国难,赠太仆寺正卿,入祀乡贤。生一子,士特,以父殉难有功,恩荫监生,寿九十。"

此事在《明实录·熹宗天启实录》中有零星记载。天启二年五月,"贵州

---

[1]《明熹宗实录》卷五八,台北:"中央"研究院历史语言研究所,1962年,第2712—2715页。

进士田景猷自请赍敕往谕安酋。许之"[1]。天启三年二月,"至于进士田景猷慷慨奉敕深入水西贼巢,今全未见消息,并乞敕督抚各官设法探取"[2]。天启四年六月又记:"《两朝从信录》贵州巡按陆献明请恤录大方班师阵亡将吏文臣:同知方明栋、梁思泰,进士田景猷……"[3]

综合起来,事情经过大致是这样:明天启初年,四川永宁宣抚司奢崇明和贵州宣慰司安邦彦发起叛乱,西南震动。进士田景猷是贵州人,且为土司后裔,自认为对贵州情况较为了解,便主动提出代表朝廷前往贵州宣慰司安氏行政中心(今大方县)去招抚,被安邦彦扣留两年后杀害。平叛以后,朝廷向田景猷颁授诰命。谱中所记即是此事。

10.《雁郡考略》

简评:对田氏祖籍地雁郡及田氏迁移等历史作简略介绍。

11.《易学考略》

简评:述及汉代田何传播易经之事。

12.《紫荆考略》

简评:讲述"田氏感荆"。这是全国田氏家族中留传非常久远的故事,其梗概为:很早以前,田氏弟兄三人商议分家,庭院中一株紫荆花分裂枯败,兄弟感喟,重归于合,紫荆花复又生机勃勃。

13.《田姓原委歌》

简评:用七言诗形式吟诵田氏历史,从周朝而下,田姓来历及家族典故等皆有述及,最末归结到入黔田氏一支。原文:

肇自姬轩继舜华,陈妫齐田称世家。

---

[1]《明熹宗实录》卷二二,台北:"中央"研究院历史语言研究所,1962年,第1094页。
[2]《明熹宗实录》卷三一,台北:"中央"研究院历史语言研究所,1962年,第1581页。
[3]《明熹宗实录》(梁本)卷四十三,台北:"中央"研究院历史语言研究所,1962年,第2409页。

秦徙汾阳雁门地，汉移京兆易学夸。

晋代衣冠频接踵，和气祥兆紫荆花。

宗显自隋开黔后，南服文光映彩霞。

14.《历代祖讳歌》

原文："宗显惟康与阳明，克昌道远及公荣。载龙时丰传佐禹，凤翔承文正允兴。士儒祐恭儒端显，祖衡宗翰庆裕承。兴隆应寅偕应丙，谨珍分派继儒铭。"

简评：此歌从田宗显开始，将历代世祖名字排列下来，而最后却接续到庶支谨珍、儒铭及其五子，可以推断该祖讳歌是由这支后裔编排的。

15.《历代敕封歌》

原文："隋唐刺史节度封，宋赠少师恩遇隆。应丙应寅各分守，宣慰爵赏伯仲同。昆嗣谨贤万户府，季孙儒铭建殊功。祥钟五桂列五土，应袭世代永无穷。"

简评：此歌追溯入黔田氏一支历朝历代受朝廷封赠的职官，但大多在文献中难以证实，最后仍转到庶支田儒铭及其五子，作者所属支系不难推断。

16.《黔南田氏历代相承分派宗图》

简评：此宗图把思州田氏历代及分支列出，计有二十八世，从唐代到明代永乐时截止，只有少数世祖列有分支，大多都只记一人，可能是资料缺乏，或主修宗谱的族人认为其他支系与他们已经疏远而省略；从二十世应丙和应寅开始较为详细。应丙、应寅是祐恭直系。嫡系应丙及长子谨贤以下，其脉络基本清楚，有元明史料印证，现在对明代思州宣慰使司和思南宣慰使司两支世系的了解就是以此宗图为蓝本。而庶系应寅一支，谨珍传儒铭，至儒铭五子茂文、茂武、茂弼、茂良、茂能，各领五寨、万山、平头、验洞、朗溪五长官司，所说的是明洪武时之事，但在明代文献中没有见到印证材料。

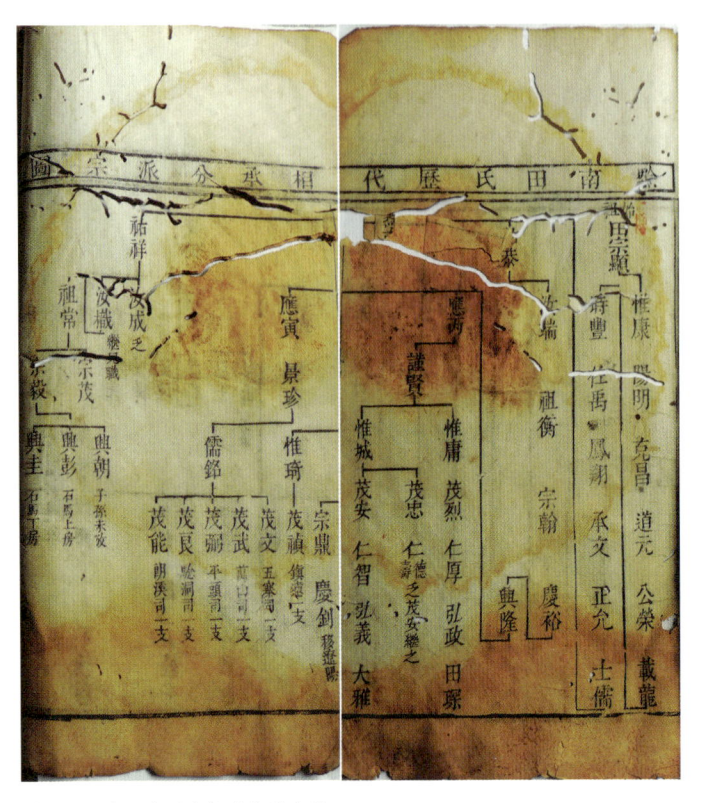

图二　黔南田氏历代相承分派宗图

17.《朗溪司顶袭宗图》

简评：此宗图即为朗溪长官司世系表，从明洪武至清康熙、雍正时截止。以田茂能为本支一世祖，明初袭职，传十余世至田大爵。据《明实录》记载，洪武七年（1374）"置思南宣慰司平头著可及沿河佑溪二长官司，厥栅、朗溪二蛮夷官，本部苗民及蛮夷二长官"[1]。其设置时间明确，但未提及田茂能。

2011年，笔者曾到贵州省印江土家族苗族自治县作调查，发现在木黄镇盘

---

[1]《明太祖实录》卷九三，台北："中央"研究院历史语言研究所，1962年，第1629页。

龙村关河组仍有田氏后人居住，据称，其为朗溪田氏嫡系，其地就叫木黄老寨。他们保存有一套清道光、咸丰时朗溪长官司承袭的文件，其中有一份《贵州思南府朗溪长官司正长官应袭田应朝造送顶代宗枝图册》，这是按朝廷要求，土司在承袭时必须上报的世系情况，上面所列从第一世祖田茂能至十三世祖田大爵。将其与这份朗溪长官司世系表相核，基本相同。

据清道光、咸丰时郎溪长官司呈报的《贵州思南府朗溪长官司正长官应袭田应朝造送顶代宗枝图册》记载，田茂能是明洪武初袭职，传十三世至清雍正九年（1731）其嫡孙田大爵袭职，乾隆三十九年（1774）田大爵因病告休。

图三 朗溪司顶袭宗图

18.《雁门光裕谱》

简评："雁门"，谱中或称雁郡，指山西北部，田氏认为是其原籍地；"光裕"即推广、扩大，以作本谱中的谱系名称。本谱因支系纷繁，内容庞杂，下面将其一、二世先祖和思州、思南分裂时有关的谱主及大的分支，以及值得探讨的内容摘要如下。

①谱记：

宋少师公祐恭修辑。

明宣抚公儒铭嗣续。

世系开原，黔始祖一世宗显，字辉先，号跃华，本贯陕西河州军民千户世职……

二世惟康，字文钦，号敬之，授黔州刺史。公生于隋炀帝大业四年（608），卒于唐麟德元年（664）……

简评：至二十一世祖分为谨贤和谨珍两支。

②谱记：

二十一世　谨贤，字德孚……生于（元）成宗元贞二年（1296）丙申，卒于至正十七年（1357）丁酉，享年六十二，葬于龙岗之阳。

祖妣钱氏，生子二，惟墉、惟城。

简评：惟墉即明代思州宣慰使司一支，惟城为明代思南宣慰使司一支。惟墉一支记到二十六世田琛，惟城一支记到二十八世庆钊。后面着重记谨珍一支。

③谱记：

二十二世　惟城，字保邦，至元十二年（1275）授古州八万军民总管。成宗大德间，加龙虎卫上将军都指挥使，佩三珠虎符，赐名喇哈不花，三十一岁早卒。赠怀仁秉义功臣，晋阶荣禄大夫，平章政事，封国忠宣公。

简评：20世纪50年代初在贵州省德江县出土一通《田惟城墓志》，其中的内容与谱中所记有较大出入，兹将志文录出：

思州公，字局，故龙卫宣慰使田惟城。元命癸酉（1273）生人，享年二十三岁，于乙未年（1295）七月二十日薨逝。卜次丁山安葬，祈后昆绵远，世禄炽昌者，急急一如太上诏书律令。

丁酉大德元年（1297）七月吉日诰下[1]

两相对照，其生平出入较大。《田惟城墓志》是出土实物，可信度要高很多。

④谱记"五土司共祖"：

二十一世　谨珍，字谷宝……公生于（元）成宗元贞元年（1295）乙未，卒于至正十年（1350）庚子，享年六十五，葬于思郡八十里许，地名东瓜溪。

祖妣生一子，儒铭，又名谷。

二十二世　儒铭，字尚贤……洪武元年（1368）奉调助剿，五子从征，俱各有功，将所辟地方赐各分守……

茂文，敕授承德郎五寨直隶长官司。

茂武，敕授承直郎万山箪子长官司。

茂弼，敕授承务郎平头著可长官司。

茂良，敕授承务郎中林验洞长官司。

茂能，敕授承直郎朗溪蛮夷长官司。

简评：本谱着重记茂能（即朗溪长官司）一支，从二十三世茂能记到三十五世宏鼎。

---

[1] 贵州省博物馆编：《贵州省墓志选集》，贵阳：内部出版，1986年，第12页。句读及个别字与《贵州省墓志选集》稍有不同。

⑤谱记：

朗溪司一支

二十三世　茂能，字惠敷。从父儒铭征治古答意有功，封朗溪司正官、承直郎世职。受封未赴朗溪任，客守五寨司，居生牛坪、孔大湾、小溪等处地方，系受分官庄。公生于至正五年（1345）乙酉，卒于洪武二十一年（1388）戊辰，享年四十四，葬于五寨司生牛坪。

…………

三十五世　宏鼎，字正位，康熙四十二年（1703）袭世职，娶邑梅长官女杨氏，生大爵、大疆、大国。

简评：此后又记有若干分支，计有：长二房稷祖一支，长三房租祖一支，长四房和祖一支，长五房穰祖一支，长六房秋祖一支；木黄老寨一支；石马一支，长房一支，三房一支，四房一支。各支谱主都记得较为简略。

19.《朗溪司舆图公据》

简评：是洪武二十一年朝廷颁发给朗溪长官司长官田仁泰的印信抄录件，主要内容是其因功受赏，并划定朗溪长官司的管辖范围。

关于田仁泰，《明实录》中有记，正统元年（1436）二月，"贵州乌罗府朗溪蛮夷司土官田任（仁）泰……遣人贡马，赐彩币等物"[1]。他在洪武至正统间任朗溪蛮夷长官司长官。

20.《郡城宗祠合约》

简评：记述康熙三十五年（1696），随府办事宗官田仁溥和朗溪司宗官田仁寿为首，与同族各支各房共同出资购得廖氏官宅作田氏宗祠之事，因而共立公约。

---

[1]《明英宗实录》卷十四，台北："中央"研究院历史语言研究所，1962年，第258、259页。

21.《跋》

落款："皇清乾隆五年（1740）庚申春三月，三十二世孙宏祚丕业氏谨跋与，书于乐会县署。"

简评：跋文对修谱之事称赞一番。

谱中记载："三十五世　宏祚，字丕业，庚子举人。今授文林郎，广东乐会县。娶周氏，生大田、大亩、大畇。原配汪氏。"但田宏祚在此谱的《跋》后落款却是三十二世孙，不知是刊印错误还是其他原因。

此《跋》为最后一页。

二、总评：关于《黔南田氏宗谱》的几个问题

1.此谱共收有六篇序，排列并未按时间早晚。时代最早的一篇是宋绍兴二十三年（1153）。明代有两篇，分别是洪武五年（1372）及正德十五年（1520）。再有三篇都是清代的，时间落款一篇为康熙三十一年（1692），一篇是康熙丁亥，即康熙四十六年，还有一篇记为康熙"巳酉"。这个干支年份有错误，应该是"己酉"，即康熙八年。订正为这一年，还有一个依据，即作者在序中提到写此序之前，曾于丙午年"公车游北上"，这一年是康熙五年，故作此推断。

从这些序所述之内容，大致可了解思州田氏曾数次修谱的情况。而康熙朝的三篇序，时间相距不是很久，从内容上看，相互间没有太大关系，应该不是为同一次修谱而作，有可能是不同支系在同一时间分别修谱而作，而在整理此谱时一并将之收集在一起。

2.此谱中记载有明确时间的最后一位谱主是朗溪长官司三十五世田宏鼎，生活于清康熙至雍正间，再就是末尾《郡城宗祠合约》于康熙三十五年（1696）订立，这是谱中所见时间最晚的家族文件。从这些内容可以推断，这本族谱的修撰时间大约是康熙年间。但在谱中《朗溪司顶袭宗图》的世系表，

田宏鼎下还记有一世"田大爵"，以此推算，田大爵是三十六世。并且，《雁门光裕谱》的谱主栏里所记田宏鼎之子有大爵、大疆、大国，但在谱主栏中却没有单列栏目记载。据笔者在朗溪长官司后裔处所调查的资料《贵州思南府朗溪长官司正长官应袭田应朝造送顶代宗枝图册》记载，田宏鼎是康熙四十二年（1703）袭职，雍正九年（1731）因病告休，由其嫡长子田大爵承袭，任职至乾隆三十九年（1774）告休。而所有支系最晚的记录也只到三十五世，这就是说，修谱时到三十五世截止，田大爵及兄弟虽然已经出生，但可能是尚未成年等原因，所以没有列入。另外，最后一篇乾隆五年（1740）所作之跋，我们从整部宗谱的版式、字体来看，包括首页，二者都与中间部分完全不同，因此推断该跋是后来增补的。综合分析，贵州省博物馆所藏《思南田氏宗谱》是康熙年间修撰，乾隆年间作过修订增补。

3.田氏为黔东大姓，支系纷繁，而思州嫡系一支，元末分为思州、思南，成为田氏两大主支，并于明洪武初分别设置思州宣慰使司和思南宣慰使司，而在永乐年间"改土归流"后，"两宣慰废，田氏遂亡"[1]，这两支的去向一直都不太明确。在此谱《黔南田氏历代相承分派宗图》所列世系表中，田惟城一支之下，明代思南宣慰使司最后一任宣慰使田宗鼎之子田庆钊的后面有"移辽阳"三个字（见图三），注明了这一支系的去向。可与之相佐证的材料还有，明成化时，播州宣慰使杨爱与其兄杨友相互揭发违法乱纪，成化二十二年（1486），朝廷派遣刑部左侍郎何乔新到播州调查，其将调查内容写成《勘处播州事情疏》，其中就有一条："革罢思南宣慰使田宗鼎孙男田贵与伊堂兄田忠、嫂冉氏，俱从辽东配所逃回播州地方躲住，杨辉因与田贵等关亲，亦不合容隐在地名水车坝庄所住过。"[2]是说被革职的思南宣慰使田宗鼎的孙子田贵等从被发配之地的辽东逃到播州，杨辉碍于是亲戚的关系包庇下来，后被朝廷派人调查落

---

[1] （清）张廷玉等：《明史》卷三百十六《贵州土司》，北京：中华书局，1974年，第8178页。
[2] （明）何乔新：《勘处播州事情疏》，载《遵义丛书》编委会编《遵义丛书》第37册，上海：上海古籍出版社；北京：国家图书馆出版社，2018年，第143、249页。

实。两相印证，可断定思南一支确是被发配到东北。而思州一支的去向，史料中没有一点线索。据笔者分析，很有可能是留在本地。理由是思州田氏与播州杨氏至迟从南宋开始就世代开亲，自明永乐时思州宣慰使司被废除后，两家的姻亲关系却一直延续，从明宣德、正统、景泰、天顺、成化、弘治直到正德的百余年间，数任播州宣慰使杨昇、杨炯、杨纲、杨辉、杨爱、杨斌等所娶夫人都是田氏，而且考古出土资料证明，她们都是思州田氏一支。如果这一支迁徙很远，这种关系就不可能保持这么长久，而且延续好几代。不过，即使留在本地，他们在政治上已没有任何地位，很可能还会受到种种限制，所以在文献中才会杳无音信。不管怎么说，思州和思南田氏这两大主支早已衰败，已不可能再修家谱，因此可以断定此谱不是他们修撰的。

4.《黔南田氏宗谱》的谱主从一世祖田宗显开始，沿世系顺序而下，支庶各房都有所记载，但从各支记录及材料来看，思南、思州两大主支记述较为简略，并且错误也多，大概是因为在修谱时这两支的材料已经极度缺乏。此宗谱记载朗溪长官司一支最为详细，并且与一些文献资料也基本相符，因此推断此谱是以朗溪一支为主修撰的。

5.思州田氏是贵州历史上的一个部族大姓，对贵州之地的发展具有重要影响，但早在明永乐时期，其两大主支由于政治原因迅速消失，故而有关田氏的早期资料缺失甚多。《黔南田氏宗谱》虽然不是思州田氏主支修撰，而且时间也不是很早，但所记述的有关田氏的起源及谱系，以及零零散散的一些史实等，对于研究思州田氏早期的历史仍然具有重要的参考价值。但是，其中很多资料有明显谬误，这是值得我们注意的。

宋斌墓志铭考释

刘秀丹　　　　　　宋尔宁
（贵州省博物馆）　（乌当区文物管理所）

摘　要　本文释读、考证宋斌墓志铭，指出宋斌生于1385年，卒于1447年，是明代水东宋氏第三任土司，在任44年（按虚岁算，45年）。其任职期间，对外与中央王朝保持密切关系，积极参与朝廷的市马活动；对内在水东地区大力推行文化教育，为水东地区的经济、文化发展做出了重要的贡献。与其他史料相比较，宋斌墓志铭所载史实更为准确可考，是研究贵州水东地区历史的重要实物资料。铭文所载宋斌平"刘觉能之乱""平底寨苗乱"等，补充了史料的不足；其他如"娶杨氏，播州宣慰使铿之女"，是水东宋氏与播州杨氏联姻的实物资料。总的来看，宋斌墓志是贵州明代墓志中的重要文物，对于研究明代贵州土司问题大有裨益。

关键词　宋斌墓志铭；水东土司；贵州宣慰使；考释

明代贵州四大土司之一的水东宋氏，世居贵州省城贵阳东北侧（今贵阳乌当区），亲领"洪边十二马头"，管水东、贵竹等十长官司。其历史可追溯到唐代，一直是鸭池河以东地区地方大姓，故称水东宋氏。明洪武初，朱元璋将水西安氏与水东宋氏合并设置贵州宣慰使司，同任宣慰使，安氏为正，宋氏为副，规定安氏掌印。明末，宣慰使宋万化参与"奢安之乱"，朝廷革除宋氏之职，以水东十二马头之地置开州（今开阳），彻底结束了水东宋氏数百年的世袭统治。

1995年7月，乌当区文化馆、文物管理所在贵阳乌当区北衙村发现宋斌墓志，对于研究明代水东宋氏的历史裨益颇多，然因石碑碎成数块，部分文字无法释读，对碑文的研究造成诸多影响，现行关于此碑刻的文章中亦有疏漏，尚未得到纠正。笔者特仔细查对原文，拟成此文，考证宋斌生卒年及其生平事迹，以补前人之阙，并就教于方家。

一、铭文释读

墓志由志盖和志文组成，均为白棉石（属砂岩，色白者称白棉石，色红者称红棉石，贵州各地多有）石材。志盖宽75厘米，高80厘米，篆书5行，每行5字，共25字。（图一）志文宽75厘米，高80厘米，楷书35行，每行3~46字，共1091字，字体结构工整，大小均匀，行列排列整齐，为铭文漏字个数的推定提供了依据。（图二）

志盖铭文：

大明故怀远将军轻车都尉贵州宣慰使司宣慰使宋公墓志铭

墓志铭文：

□□□怀远将军轻车都尉贵州宣慰使司宣慰使宋公墓志铭
亚中大夫贵州等处承宣布政使司左参政南阳王礼篆盖
中宪大夫赞治尹贵州等处提刑按察副使济宁李睿撰文
贵州宣慰使司儒学训导前乡贡进士昌黎王训书丹
皇明有守边世臣贵州宣慰使司宣慰使宋公，以正统丁卯（正统十二年，1447）冬十月丙子（二十日）卒于家，将以是岁十二月庚午（十四日）葬于红边繡（绣）岭之//阳，而合其配淑人杨氏之墓。其冢子宣慰使昂，扶苴含泣，来请墓铭。且曰："先人久服公政，知先人者宜莫如公也，铭而//非公则

图一 宋斌墓志盖拓片

不可。"予重闵其言，□悲不容已于辞。按，公讳斌，字尚德，号澹斋。其先真定人，自十七世祖讳景阳，仕宋节度使。//□（开）宝初，偏师讨瓯、黔□□□□（蛮，卒，赠太尉），谥忠成（1）。后世累拜公侯及将军、大夫者，代不乏人。至大□□（父讳）钦，元赐名"蒙古歹"。//国初，慕义歁（款）附，授明威将军、贵州宣慰使，□□□（赐今名），授怀远将军。（2）考讳诚，授亚中大夫贵州宣慰使，配□（淑）人蔡氏，生公。（3）□（始）成童，（4）亚//中请老，公继其政。当亚中时，外戚刘觉能者，□□□理庶务，至是物论不与，威权日削。觉能□，乃党族人宋思文辈，将//谋害公而夺位。赖其门士宋致学、宋睦、宋升、高□□□□□添祐等数十人，或以死拒其□命，或以计发其邪谋，始//克，脱公于难而位卒不动摇。岁壬午（建文四年，1402），//大宗正位南京，公先朝……，//上遣中使迎劳采石。（5）既……//召

图二　宋斌墓志铭拓片

见御帷，因屏侍近，留公条奏边状，宠荷//俞命。会//蜀献还国，飨亲礼之□，惟公与焉。（6）已而颁//诰："如怀远爵。"命宴赐有□，盖希世之宠也。永乐甲申（永乐二年，1404），部落苗叛，劫谷溪，康翁、□□□□，捕戮之。戊子（永乐六年，1408），以残苗窜入清水江险//地，恐久成釁（衅），乃抵巢招复其众，以户计者五百三十有七，以口计者一千一百有七，得不养□以速死，至今为平民。洪//□□□□（熙仁宗元）年（1425），公朝//京师，因以□□□（昆祖、乖）西、□□（巴香）卓把同梗化流毒为请，//朝廷命将发兵讨之。（7）计□□□□□□□□其从若干人，师旋而边患平。宣德丁未（宣德二年，1427），底寨苗酋贡□窃掠边境，公以兵克//平之。正统丙辰（正统元年，1436），普定夷□□□□□（阿迟阿哈二）妖僭号，蚁聚蜂屯，邻番之夷翕然响应，围急，有司屠其□□其廱，惟公之民奉化//不畔。（8）时元戎举兵伐之，□□□□功焉。先是邻番咸隶贵州卫，至是藩镇重臣以其吏治不□有激而然议改隶宣慰//司，盖以公善政故也。//上可其奏，由是增隶诸番长官司一十有三，人民土田倍蓰于昔，先世以来未之有也。公为政四十五年，奉职惟谨，享贡有//常，不懈臣节。//朝廷屡市南马习战，又数发兵讨贼。公尽心输发，累被//恩赏，其盛烈如此，而细□□（陈其）善，可略也。（9）间以疾风，乃命昂继序之而休致焉，时年五十有九矣（正统八年，1443年，为宋斌中风退休之年）。□□（丁卯）年而卒（正统十二年，1447），享寿六十有三。（10）//公为人天性谨厚，□□仪，遇事则明有断，好古而嗜文，尤喜澹泊，其自奉朴如也。御子弟以严正，待族人以恩礼。持己//廉平，仁怒自始，□□不少衰。娶杨氏，播州宣慰使铿之女，生子男二人，长即昂，次曰昱，孙男二人，曰孜、曰徹。铭之曰：//

公禀间气，绳其祖武。于蕃于宣，保兹南土。薙刈凶渠，辑和按堵。//蠢彼耄倪，维仁是抚。齐赫其先，肇基前古。累公累侯，风云龙虎。//载绩汗青，策勋盟府。惠流边人，永绥厥所。世业克承，曰维公甫。//公之后□（是？），无忝尔祖。以似以续，维庆之溥。刻此好辞，以铭公墓。

二、铭文补缺

（1）□（开）宝初，偏师讨瓯、黔□□□□□（蛮，卒，赠太尉），谥忠成。

据《黔记·卷五十六》记载，"宋景阳，真定人。开宝八年，广右诸蛮作乱，诏景阳率师征之，悉定广右。复进兵都云等处，西南以平。诏建总管府于大万谷乐等处，授景阳宁远军节度使、都总管以镇之。景阳抚绥劳来，甚得远人心。而柳州、庆远民多归附，其苏、赵、周、高、兰、蔡、南容七姓者，举族附焉。卒，赠太尉，谥忠成，子孙世爵兹土。今宣慰宋氏其裔也"。[1]据《黔记》，宋景阳入黔时间为开宝八年（975），则"宝"前漏字为"开"字；宋氏入黔，先讨广右，复定都匀，柳州、庆远诸姓来附。墓志铭所言"瓯、黔"，即广西、贵州，结合下文"谥忠成"，则脱漏五字当为"蛮卒赠太尉"。

（2）至大□□（父讳）钦，元赐名"蒙古歹"。国初，慕义歆附，授明威将军、贵州宣慰使，□□□（赐今名），授怀远将军。

宋钦为宋斌的祖父，祖父亦称大父，故推测所漏为"父讳"二字。据郭子章《黔记》记载："洪武初，同霭翠归附，赐今名。授怀远将军。"[2]（万历）《贵州通志》记载与《黔记》同，故补入"赐今名"三字。

（3）考讳诚，授亚中大夫贵州宣慰使，配□（淑）人蔡氏，生公。

亚中大夫，从三品，则推测其夫人当为淑人。又据《黔记·卷五十六》记载："宋诚，钦之子。洪武十年，嗣宣慰使，赐三品冠服。十五年入朝，太祖嘉其忠谨，授亚中大夫。"[3]则蔡氏当为淑人无疑。

（4）□（始）成童。

---

[1] （明）郭子章著，赵平略点校：《黔记》卷五十六《宣慰列传》，成都：西南交通大学出版社，2016年，第1121页。
[2] （明）郭子章著，赵平略点校：《黔记》卷五十六《宣慰列传》，成都：西南交通大学出版社，2016年，第1122页。
[3] （明）郭子章著，赵平略点校：《黔记》卷五十六《宣慰列传》，成都：西南交通大学出版社，2016年，第1122页。

"始"字据前后文补入。

（5）大宗正位南京，公先朝……，//上遣中使迎劳采石。

宋斌袭职在建文元年（1399），时年14岁（虚岁15岁）。其父任宣慰使晚期，"外戚刘觉能者，□□□理庶务，至是物论不与，威权日削。"宋斌世袭宣慰使后，"觉能□，乃党族人宋思文辈，将//谋害公而夺位""赖其门士宋致学、宋睦、宋升、高□□□□□添祐等数十人……脱公于难而位卒不动摇"。依例，土司"袭替必奉朝命，虽在万里外，皆赴阙受职"[1]。宋斌袭职，按例当入京受职，获得朝廷的认可。未能及时服阕受职，或为袭职之初，内乱未平；同时"靖难之役"已发，作壁上观或许是最好的选择。建文四年（1402）六月十七日，朱棣继位，宋斌才与杨昇、田大雅等入朝进贡，对新皇帝表忠心，亦是必然选择。而朱棣也"遣中使迎劳采石。既……召见御帷，因屏待近，留公条奏边状，宠荷俞命。会蜀献国，飨亲礼之□，惟公与焉。已而颁诰：如怀远爵"。这次朝贡，《明实录》亦有记载，洪武三十五年（建文四年，朱棣改建文四年为洪武三十五年）九月癸卯，"播州宣慰使杨昇、思南宣慰使田大雅、贵州宣慰使宋斌来朝，贡水银、朱砂等物。赐昇等白金、锦绮、彩帛，赐其兼从有差"。[2]

（6）蜀献。

即蜀献王朱椿。

（7）洪//□□□□（熙仁宗元）年，公朝//京师，因以□□（昆祖、乖）西、□□（巴香）卓把同梗化流毒为请，//朝廷命将发兵讨之。

据《明宣宗实录》卷十四记载，宣德元年（1426）二月乙丑朔，"贵州宣慰使司土官宣慰使宋斌奏：'所辖乖西、巴香等处山箐深险，诸蛮杂处，连年攻劫各寨，杀伤官军，劫掠财物，发人家墓，官司追捕则深入山箐，而昆阳比

---

[1]《明史》卷三百十《土司》，北京：中华书局，1974年，第7982页。
[2]《明太宗实录》卷十二下，台北："中央"研究院历史语言研究所，1962年，第222页。

等寨蛮人卓把同等不服输税，土官刘得秀往谕，蛮人欲杀之，邻寨救之，得免。计其为恶，十年之间八十余次，虽经赦宥，终不悔过，肆行劫杀，军民不安。'上命总兵官都督萧授，同三司官体覆，果若不悛，调军剿之"。[1]宣德二年三月庚子，"贵州总兵官都督萧授奏：'讨贵州苗寇卓把同等，平之。'先是贵州土官宣慰使宋斌奏：'昆阻比等寨苗寇卓把同等不服输租，邀劫土官刘得秀连年为恶，请兵讨捕，以除民患。'上从之，授遣都指挥苏保等率兵会斌军，临其寨，寇出迎敌，杀其从仡马等，寇败走入谷王山箐，保等督兵追之，寇穷迫转斗，杀卓把同及其余众。乖西诸寨苗蛮皆震慑归顺，寇平"。[2]

（8）正统丙辰（正统元年，1436），普定夷□□□□（阿迟阿哈二）妖僭号，蚁聚蜂屯，邻番之夷翕然响应，围急，有司屠其□□其廨，惟公之民奉化//不畔。

据《明实录》记载，正统元年十一月，"湖广贵州总兵官都督同知萧授等奏：'比者蛮贼阿迟、阿哈等作耗，伪拟名称，传写妖书，焚毁衙门，大肆劫掠。屡委都指挥等官顾勇等领兵剿捕，多所杀获。即今首贼阿哈等一十七人并其徒属，俱械于狱'。"[3]则"普定夷"后或为"阿迟阿哈二"五字。

（9）而细□□（陈其）善，可略也。

"陈其"二字，据文意补。

（10）□□（丁卯）年而卒（正统十二年，1447），享寿六十有三。

"丁卯"二字，据上文补。

三、宋斌其人其事

宋斌生卒，目前各家文章中多作"生卒不详"，其袭职时间多作建文四年。

---

[1]《明宣宗实录》卷十四，台北："中央"研究院历史语言研究所，1962年，第373页。
[2]《明宣宗实录》卷二六，台北："中央"研究院历史语言研究所，1962年，第678、679页。
[3]《明英宗实录》卷二四，台北："中央"研究院历史语言研究所，1962年，第474页。

据铭文，宋斌"以正统丁卯（正统十二年，1447）冬十月丙子（二十日）卒于家""而卒，享寿六十有三"。古人寿命，皆以虚岁记。宋斌实际寿命为62岁，由是反推，则宋斌当生于1385年，即洪武十八年，其生卒为1385—1447年。

宋斌之袭职时间，各家说法不一，（万历）《贵州通志》作"永乐间"[1]，当代学者多持建文四年（1402）。据墓志，"公为政四十五年，奉职惟谨，享贡有常，不懈臣节……间以疾风，乃命昂继序之而休致焉，时年五十有九矣。"则宋斌去职当在58岁（虚岁59岁），是为1443年。宋斌在职44年（头尾45年），袭职应当在建文元年（1399），时年14岁（虚岁15岁）。而卒于1447年，享寿62岁（虚岁63岁）。

综上可知，宋斌，号澹斋，生于明洪武十八年（1385），于建文元年（1399）袭贵州宣慰使职。袭职初，有刘觉能者，结党营私，谋夺其宣慰使之位。得门士宋致学、宋睦、宋升等数十人之助，挫败刘觉能的夺位企图。建文四年（1402），赴京师朝贡，获赐"怀远将军"。永乐二年（1404），平定其领地内的部落叛乱。永乐六年（1408），招清江苗1107人向化。洪熙元年（1425），昆祖、乖西、巴香卓把同叛，宋斌请朝廷发兵讨之。宣德二年（1427），平底寨苗乱。正统元年（1436），普定夷乱，水东之民奉化不叛。因宋斌善政之故，朝廷增隶诸番十三长官司，水东的人民土田较昔日增长了五倍。宋斌治理水东44年，奉职惟谨，享贡有常，不懈臣节。正统八年（1443），宋斌因中风，以其子宋昂袭贵州宣慰使。宋斌卒于正统十二年（1447），享寿62岁，葬于贵阳乌当云锦庄云顶山脚。宋斌为人天性谨厚，遇事则明有断，好古而嗜文，尤喜澹泊，其自奉朴如也。娶播州宣慰使杨铿之女为妻，生子男二人，长即昂，次曰昱，孙男二人，曰孜、曰徹。

---

[1] （明）江东之、王耒贤、沈思充修，许一德等纂，赵平略、吴家宽点校：（万历）《贵州通志》，成都：西南交通大学出版社，2021年，第157页。

四、结论

宋斌生于1385年,卒于1447年,是明代水东宋氏第三任土司,在任44年(按虚岁算,45年)。其任职期间,对外与中央王朝保持密切关系,积极参与朝廷的市马活动;对内在水东地区大力推行文化教育,为水东地区的经济、文化发展做出了重要的贡献。与其他史料相比较,宋斌墓志铭所载史实更为准确可考,是研究贵州水东地区历史的重要实物资料。铭文所载宋斌平"刘觉能之乱""平底寨苗乱"等,补充了史料的不足;其他如"娶杨氏,播州宣慰使铿之女",是水东宋氏与播州杨氏联姻的实物资料。总的来看,宋斌墓志是贵州明代墓志中的重要文物,对于研究明代贵州土司问题大有裨益。

贵州省博物馆藏两件羽人纹铜钺

黄 琳

（贵州省博物馆）

摘 要 本文以贵州省博物馆所藏的两枚青铜钺为例，结合馆藏其他铜钺的纹饰和器型，分析其与贵州省出土铜钺的异同，阐释铜钺上面的羽人纹样和羽人竞渡纹饰与古代南方百越民族的关系，追溯羽人形象的历史演变过程，展现百越民族鸟崇拜信仰与羽人纹饰的联系，结合其他带有羽人形象纹饰的具体器物分析羽人纹饰的意义，探讨百越文化羽人纹饰与东山文化的关系。

关键词 羽人竞渡；铜钺；百越；东山文化

钺是一种兵器，形制像斧，《尚书·顾命》言："二人雀弁执惠，立于毕门之内。四人骐弁，执戈上刃夹两阶戺。一人冕执刘，立于东堂。一人冕执钺，立于西堂。一人冕执戣，立于东垂。一人冕执瞿，立于西垂。一人冕执锐，立于侧阶。"[1]有学者从考古发现的视角认为，此处的"刘"与"钺"，其形制功能一致，均指代西周早期的耳形銎钺。[2]和一般使用的武器不一样，钺既具有一定的杀伤力，但更多时候，又是作为权力的象征。史载武王征伐商纣王，在牧野誓师时"左杖黄钺，右秉白旄"，纣王兵败自焚后，武王以黄钺斩下纣王

---

[1]（东汉）郑玄注，（南宋）王应麟辑，（清）孔广林增订：《尚书郑注》，载王云五主编《丛书集成初编》，上海：商务印书馆，1937年，第79页。
[2] 沈融：《〈尚书·顾命〉所列兵器名考》，《文博》1992年第1期，第20—30页。

的头，以玄钺斩下纣王两位嬖妾的头颅，并将斩下的纣王头颅悬于白旗之上。钺作为一种特殊的礼兵器，一方面具有一般武器的伤害性，一方面还代表了权威的身份，是具有权力象征的兵器，起着仪仗的作用。

在贵州省博物馆馆藏的青铜器中，铜钺数量并非最多，但由于其独特的造型和纹饰等，展示了当时社会的发展状态和审美情趣，具备特殊的历史意义，现以贵州省博物馆的两枚铜钺为例，试探其背后承载的文化内涵。

羽人纹扁圆銎弧形刃铜钺（图一），通高13.3厘米，两刃宽17.1厘米，銎口长5厘米，宽2.2厘米，深约8厘米。此钺整体呈"风"字形，銎扁圆，两刃对称上翘。钺身正面饰有两"羽人"，一羽人站立，头戴短羽冠，下身着羽裙；另一人头着长长的羽冠，呈半蹲状。两羽人联手持一羽状装饰，在他们的下方有一条菱形纹带饰。銎的上部有一梯形框，上宽下窄，周边饰有乳钉纹，框内

图一　羽人纹扁圆銎弧形刃铜钺

饰旋涡纹，銎内嵌有砂石，銎的下部有一半圆穿，圆弧外饰乳钉纹，背面素面无纹。

羽人竞渡纹靴形铜钺（图二），通高12.2厘米，两刃间宽16.4厘米，銎口长4.4厘米，宽1.7厘米。此钺整体为不对称靴形，斜弧刃，钺身正面饰羽人竞渡纹，一舟两头上翘，舟身饰栉纹、圆圈纹和雷纹。舟上有四人，四人均头戴短羽饰，呈坐式，双手持桨，作奋力划船状，头上的羽冠似迎风飞扬。舟下一条带，内饰菱形纹。銎之中部有一个三角形穿，钺身背面素面无纹，銎内填有砂石。

这两枚铜钺是2017年征集而来的，它们一个呈"T"字形，一个呈不规则靴形，与此前在贵州发现的铜钺在器型上虽有相似，但其纹饰风格却截然不同。据其原持有人称，此钺出自望谟桑郎河流域，桑郎河属珠江流域西江水系

图二 羽人竞渡纹靴形铜钺

红水河支流。红水河是中国珠江水系干流西江的上游,在贵州省和广西壮族自治区间。红水河往下汇合柳江,入郁江和桂江,到广东省三水附近折向东南,汇入珠江,注入南海。此流域毗邻广西壮族自治区,羽人纹扁圆銎弧形刃铜钺和羽人竞渡纹靴形铜钺的銎内都嵌有砂石,应是在河流内出土的,不排除是来自其他地区的船只沉没在这一水域的可能性。

这两枚铜钺器身上均饰有羽人形象,"羽人"指的是身上长有羽毛,或者穿着羽毛服饰的人。这一形象最早出现在商代,战国时期少有,汉代比较常见,之后至魏晋南北朝时期就开始减少了。大部分学者认为羽人形象的出现,应该是源于早期万物有灵的思想,体现当时社会的人们对鸟崇拜的信仰。

这种鸟崇拜的信仰早在新石器时期就存在了。最早的鸟形器物就出现在新石器时期,河姆渡文化遗址出土了"陶鸟形盉""圆雕鸟形象牙匕""双鸟朝阳纹象牙雕刻器""鹰形陶豆"等一批鸟造型的器物,在仰韶文化、良渚文化、龙山文化、百越文化遗址中也有不少迹象,不仅有雕刻的玉鸟,还在很多器物上雕刻有鸟形的图像,如上海青浦福泉山良渚文化遗址出土的玉琮上就有明晰的鸟形纹样。这些器物均反映了远古人类崇鸟、拜鸟的信仰。而羽人的形象犹如人鸟合一,它的出现可谓是将鸟崇拜的信仰以更加具体的形象融入生活。

羽人的形象虽然出现较早,但是关于"羽人"的记载,却至战国以后的文献中才见到。如西汉刘向、刘歆辑录的《山海经·海外南经》:"羽民国在其东南,其为人长头,身生羽。一曰在比翼鸟东南,其为人长颊。"《山海经·大荒南经》:"有羽民之国,其民皆生毛羽。"[1]

关于羽人形象的记载,则在西汉刘向辑录的《楚辞·远游》中:"仍羽人于丹丘兮,留不死之旧乡。"东汉王逸注:"人得道,身生毛羽也。"宋代洪兴祖补注:"羽人,飞仙也。"[2]结合这两种注释,可见汉代之后,羽人在一定程度

---

[1] 袁珂校注:《山海经校注(最终修订版)》,北京:北京联合出版公司,2014年,第175、313页。
[2] (东汉)王逸章句,(宋)洪兴祖补注,夏剑钦校点:《楚辞章句补注》,长沙:岳麓书院,2013年,第163、164页。

上已经代表了"羽化飞仙"的道家思想。而这样的思想和艺术体现，与本文所探讨的铜钺上的羽人形象有着不同的文化内涵。

这两枚铜钺上的羽人，与一些南方地区青铜器上的羽人形象所代表的意义相似，其更接近于原始人类鸟崇拜的延续，他们不是双肩展翅、身披羽衣、飘然飞升的仙人，而是将羽毛装饰在身上，或头戴羽冠，或手持玉翎，代表的是一种带有祭祀类意义的角色。这样的羽人形象应当是源于古代南方的百越民族，他们或头插羽毛，或身披羽翎，化身羽人，模仿着鸟的形象，将对鸟的崇敬之情刻入生活、融入祭祀，并刻划成纹饰留在一些青铜器物之上。

其中最具代表性的是浙江省宁波市出土的一件春秋时期的青铜钺，它的整个器身呈"凤"字形，一面素面无纹，另一面则有四个头戴羽冠、双手划船的人的纹饰，这就是典型的"羽人竞渡"图案。春秋之前，羽人竞渡图案出现的范围，都没有超出古代百越族群的生活区域，直至春秋战国时期，越人因为战乱的缘故而向华南乃至东南亚迁徙，其文化也随之逐步流传开来。据《史记·越王句践世家》记载："楚威王兴兵而伐之，大败越，杀王无强，尽取故吴地至浙江，北破齐于徐州。而越以此散，诸族子争立，或为王，或为君，滨于江南海上，服朝于楚。"[1]楚王伐越，"越以此散"，伴随百越民族的迁徙，羽人元素等百越文化的文化符号逐渐扩散，出现在湖南、广东、广西等长江中游以南的地区，甚至影响了东南亚地区，并与当地的文化互相影响、产生交融，诞生新的元素组合。

贵州省博物馆馆藏的一件汉代石寨山型铜鼓，便是这种文化融合的见证。该铜鼓1957年于赫章辅处出土（图三、图四）。铜鼓通高24厘米，面径45.5厘米，腰径40.3厘米，足径48.8厘米，重10.8公斤，造型凝重，器型适中。铜鼓，是中国古代南方土著民族铸造和使用的一种重器和特殊的打击乐器，它在战时可以用于进攻奏起号角，"击鼓而攻之"；祭祀时驱鬼拜神，寄托了浓厚的

---

[1]（汉）司马迁：《史记》卷四十一《越王句践世家》，北京：中华书局，1963年，第1751页。

图三　赫章辅处出土石寨山型铜鼓

信仰，是祭祀的重要器物。这件铜鼓鼓面略小于胴部，束腰，腰部有一对对称的带状扁耳在左右两侧。铜鼓口沿略敞，在近沿处又开始向内微收，通体均有纹饰。纹饰极其丰富，在羽人竞渡纹的基础上又有不少其他元素。鼓面中心有九出光芒，其间饰有四重圈点三角纹，及六只逆时针方向展翅飞翔的鹭鸟，胴部有四龙舟，周边配有圈点纹、锯齿纹，还饰有棹舟羽人，他们周身以羽为饰，呈奋力划桨的竞渡动作，其姿态生动各异。根据这件铜鼓的形制和纹饰内容来看，应属石寨山型铜鼓。

在中国南方其他地区发现的一些羽人竞渡纹青铜器，纹饰也与此有异曲同工之处。如广东省广州市的南越王墓出土的铜提筒上的羽人竞渡图案，此铜提筒纹饰"器腹中部的一组是主晕，饰羽人船4只，形象大同小异。4船首尾相连。船身修长呈弧形，两端高翘像鹢首鹢尾。首尾各竖2根祭仪用的羽旌，船头两羽旌下各有1水鸟……每船羽人5人，均饰长羽冠（个别无），冠下有双羽翼，额顶竖羽蘲，细腰，下有羽毛状短裙，跣足。其中1人高立于船台上，左

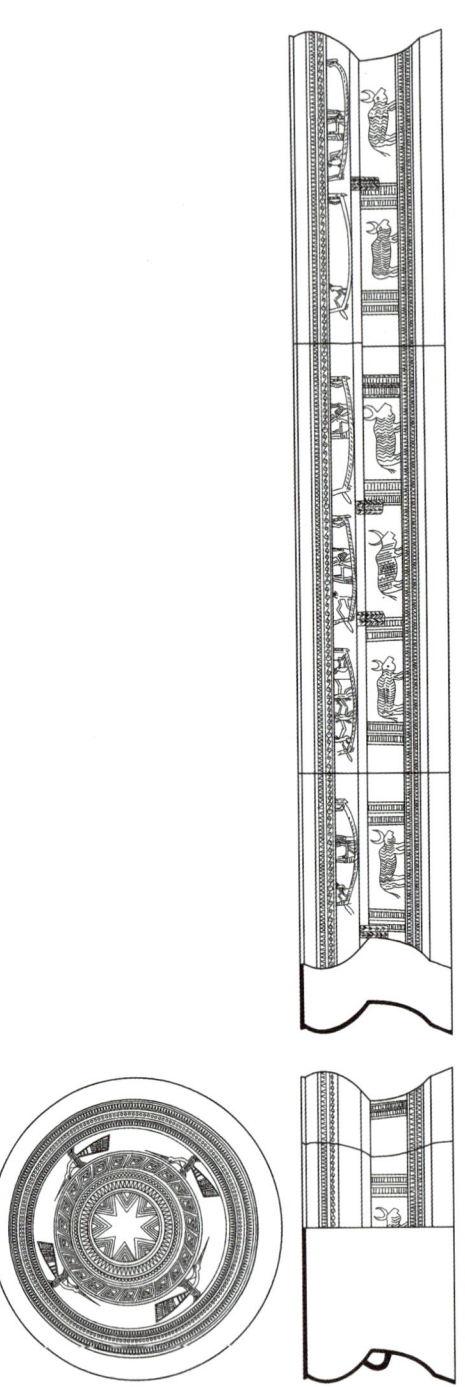

图四 赫章辅处出土石寨山型铜鼓结构线图（绘图：胡棽）

手前伸持弓，右手持箭。第2船立船台之羽人头着矮冠，左手持靴形钺，右手执首级（首级披发），似属主持祭祀的首领形象……每只羽人之船饰以水鸟、海龟、海鱼。从主要人物的活动看，应是杀俘祭河（海）神图像"[1]。俨然一幅生动、庄重的祭祀场景。

广西壮族自治区贵港市罗泊湾1号汉墓所出的大铜鼓（M1：10），器身上不仅有众多羽人图案，其纹饰内容也更丰富。鼓身共有九晕，第四晕圈在胸部位置，这一晕共饰有六组羽人竞渡纹，其中有三艘船的划船者全都头戴羽冠；第六晕圈在腰部，其间饰有八组羽人，他们头戴羽饰，下身穿着飞扬的羽裙，翩翩起舞。这些纹饰与上文所述铜钺上的羽人在形象上和代表的意义上都非常接近。

而更多的羽人图像，尤其是羽人竞渡纹图像，则是发现在越南东山文化的遗存之中。"越南位于中南半岛最东部，地形自北向南呈狭长的'S'形，北部与中国云南省和广西壮族自治区接壤，西部与老挝、柬埔寨接壤，东部和南部临海。越南境内江河众多，河谷地带和三角洲地区自古以来就是人类理想的栖居地。从19世纪20年代开始，在越南北部红河、马江、蓝江的中游河谷和下游三角洲地区，陆续发掘了一批遗址和墓地，出土了大量极具本地特色的青铜器，如铜鼓、铜提筒、铜盂、铜剑、铜矛、铜斧、铜钺、铜锄等，研究者以首次发现的典型遗址——东山遗址来命名这些遗存，称为'东山文化'。"[2]

东山文化是越南青铜文化的典型代表，也是东南亚青铜文化的重要组成部分。东山文化存在的时间大致从公元前5世纪延续至公元1世纪，它的地域囊括了自越南义静省以北到中越边境的大部分地区，越南的中部、北部各省几乎都有东山文化遗址的发现，其典型的遗址位于清化省内的马江畔，其遗址既有人们生活居住的痕迹，也有墓葬的发现，并有铸造工场的遗迹。东山文化遗址

---

[1] 广州市文物管理委员会等：《西汉南越王墓》（上），北京：文物出版社，1991年，第50页。
[2] 韦伟燕：《东山文化与越文化的关系——以越南海防市越溪二号墓的研究为中心》，《学术探索》2015年第11期，第129—135页。

出土的器物以青铜器为主，并发现有铸造铜器的各种模范。从使用途径来看，出土器物中大部分是武器，其中分布最广、数量最多的是靴形钺、斧和矛；以纹饰内容来说，在东山文化遗址出土的青铜器中，在铜鼓、提筒、靴形钺等器物上装饰有羽人纹样，其中有羽人纹饰的靴形钺数量很多，并有相对应的陶范出土。结合以上两点可见，靴形钺和羽人纹都是东山文化的重要组成元素。

而目前有不少考古证据表明，东山文化可能与中国古代南方的百越文化存在着联系，"'羽人'船纹图是南中国和东南亚地区青铜文化中特有的装饰图案，其流行地区为云南中部、广西南部和越南北部越人传统的居住区……反映出南中国地区由于相近的地理或环境，人群的交流与互动频繁，古代族群之间可能有着共同的族群记忆，'羽人'船纹图或许是他们有着共同信仰传统的体现"。[1]

再来看器型，本文所探讨的这枚羽人纹扁圆銎弧形刃铜钺呈"凤"字形，这个形制极具地域特色，主要在贵州西南部、云南东部及广西西北部等地有所发现，往南到越南北部也有出土，是这一地域范围内具有代表性的青铜器。这种器型出土地域很广泛，除云南东南部、广西和越南北部外，贵州南部、东南部直至湖南也有一些出土。

就目前所见材料分析，象征着精神信仰和宗教仪式的羽人纹、羽人竞渡纹很有可能是从中国古代南方的百越地区流传到越南的，并与流传于中国南方的铜钺融为一体，此类纹饰的铜钺成为东山文化的典型器之一。由此可见，这两枚铜钺，一枚饰着翩然起舞的两位"羽人"，另一枚为不对称靴形，其身饰有羽人竞渡纹，两者均体现了百越风情与东山意蕴的有机结合。

---

[1] 周志清、李晓帆：《中国南方青铜器上"羽人"船纹图刍议》，载广西壮族自治区博物馆、广西文物考古研究所、广东省博物馆、云南省博物馆、海南省博物馆、贵州省博物馆编《广西与东盟青铜文化学术研讨会论文集》，北京：科学出版社，2012年，第266页。

波赫发掘：柬埔寨的第一个黄金时代（上）*

Andreas Reinecke（德国考古研究所非欧洲文化考古委员会）
Vin Laychour（柬埔寨文化和艺术部文化事务总干事）　　著
Seng Sonetra（柬埔寨棉末考古中心金属修复实验室）

袁炜（贵州省博物馆）　译

序一

一提到柬埔寨，人们马上开始谈论吴哥窟的奇迹，以及在其附近可以找到的数百座寺庙和建筑。自2008年7月以来，柬埔寨又有了一个新的遗迹：世界遗产委员会认定柏威夏考古遗址为柬埔寨的第二处世界遗产。因为全世界范围内只有少数几个考古遗址可以与之相比，所以有必要关注这些古迹。

在德国考古研究所Andreas Reinecke博士的促使下，一支由德国和柬埔寨联合组成的考古团队在波赫进行抢救式挖掘。考古发现表明，早在2000年前就有一个高度发达的文化在我们今天所知的柬埔寨。不幸的是，盗墓者通常比试图为人类保存文化遗产的考古工作者更迅捷。因此，当德国—柬埔寨考古队到达现场时，发掘工作依然有所收获，这纯粹是一个巧合。墓地的某些部分恰好在部分村庄道路下，从而受到保护，非常幸运地让我们得以了解这种高度发达的文化。这有限的部分墓地竟然能提供如此丰富的文物，这让每个人都感到惊

---

* 本文译自 Andreas Reinecke, Vin Laychour, Seng Sonetra, *The First Golden Age of Cambodia: Excavation at Prohear*（Bonn, 2009）的序言至第五章（全文总计十二章，第六至十二章待今后翻译）。本文的翻译已获著作者 Andreas Reinecke（雷安迪）授权，感谢著作者提供文章配图的原版照片。

讶。据我所知，这些发现的价值还有待考古学家在未来几年内确定。

这本书的出版，对于了解波赫高度发达的文化及其与周边文化的互动，是一个重要的贡献。一位德国考古工作者能够为提高我们对波赫和2000年前在此居住的人群的了解做出贡献，我很高兴，我感谢德国—柬埔寨考古队的所有努力和德国考古研究所的支持。就像吴哥窟代表了地表上的柬埔寨文化，波赫的墓葬及陪葬品对于这个被遗忘已久的文化，也同样具有重要意义。

德意志联邦共和国驻柬埔寨金边大使 Frank M. Mann

金边，2009年10月26日

序二

自1996年以来，位于金边的王家艺术大学考古学院与德国学术交流服务中心（DAAD）开展了一项交流项目，目的是提供德国师资来培训柬埔寨从事考古工作的本科生。在此之后，2000年，棉末考古中心成立，并从此在柬埔寨考古领域中发挥了重要作用。

我谨代表柬埔寨文化和艺术部，对德国考古研究所主动协助研究、养护和公共宣传，并出版了这本关于波赫发现成果及分析的书表示感谢和敬意。

德国考古研究所Andreas Reinecke博士公布了这项研究成果。借此机会，我也对德国驻金边大使馆给予的帮助表示感谢。德国考古研究所以巨大的努力挽救2000年历史的波赫墓地并保护我们的遗产。如铜鼓和金银器等令人振奋的发现，帮助我们更好地了解尤其是柬埔寨文化在内的丰富的东南亚文化。

我希望这本名为《柬埔寨的第一个黄金时代》的书能将这种文化知识传播给东南亚人民，也传播给全世界人民。

柬埔寨文化和艺术部部长 Chuch Phoeurn

金边，2009年10月26日

前言

你手中握着柬埔寨东南部一个有2000年岁月族群惊人丰富且神秘的历史。他们住在波赫，也就是现在的波罗勉省，在高棉语中是"长久森林"的意思。波罗勉目前森林稀少，在旱季甚至没有灌溉用水，是柬埔寨最贫穷的地区之一。这篇报告的基础来自2008年和2009年柬埔寨—德国考古队抢救性发掘中发现的52座墓葬所出土的500件文物（不包括2700颗珠子和数千块碎陶片）。如果我们只想展示考古出土文物，一个目录就足够了。与之相反，我们想用一种让读者对2000年前波赫定居者的生活有一个印象的方式，来呈现和解释这些来自墓地的文物。对古代遗迹的科学分析，可以帮助我们了解遗址的历史背景。然而，由于2009年3月才结束最后一次发掘活动，所有正在进行的拟议分析中只有一小部分可以使用。

但由于人们对波赫发现的珍罕物品有极大的兴趣，我们冒险做一份简报。在此情况下不可避免的是，在完成所有分析后，我们将不得不在最终的科学报告的某些方面修改我们的阐释。这就是考古：新的发现和完善的分析逐渐引导我们不断改善视野，使我们更接近历史真相。我们不是站在知识的终点，而是站在知识的起点。已经确定的是，过去几年在柬埔寨和越南南部令人激动的发现，将完全改变我们对不仅是柬埔寨，而是整个东南亚史前的观点。我们将会比过去更好地理解柬埔寨史前史，更多地从外部而不是柬埔寨国内寻找吴哥窟的根源。

在很大程度上，柬埔寨的考古学仍然与似乎是由神创造的、由巨人建造的吴哥窟及其时代联系在一起。吴哥窟之前的时代就像一个黑洞，有着几乎未知的史前史。令人惊叹的高棉时代的根源仍然在寺庙的宽阔阴影中。（图一）尽管如此，柬埔寨考古学仍有快速上升的趋势，考古工作者在黑暗中发现了惊人的文物。在泰国和越南之间的考古地图上，以前的空白开始迅速被填补。年复一年，人们对公元前1000年到公元500年的青铜时代和铁器时代有了意料之外

图一　吴哥窟是1000多年来柬埔寨文化成就的巅峰（摄影：A. Reinecke，2007年3月）

的发现。它始于1999年，由一个柬埔寨—美国考古队在茶胶省吴哥窟进行发掘，在那里，来自2000年前地层的未知红橙色精细陶器激发了公众的好奇心。之后不久，更多的新闻报道让人们更好地了解了扶南时期（公元2—7世纪）吴哥博垒和商业中心沃澳（Oc Eo）间的古代运河系统。[1]这些成果巩固了长久以来寻求吴哥博垒作为中国古代记载中的"特牧"是扶南第一个首都的观点。我们将在本书结尾的第十二章重新讨论此问题。2007年，令人难以置信的消息传遍全球媒体：在柬埔寨西北部班迭棉吉省的Phum Snay，日本—柬埔寨考古队在约50座出土墓葬中发现埋葬着一群头戴头盔、手持"扶南军"刀剑的女性武

---

[1] Miriam T. Stark, "Some Preliminary Results of the 1999-2000 Archaeological Field Investigations at Angkor Borei, Takeo Province." *Udaya: Journal of Khmer Studies 2*, 2001, pp. 19-36; Paul Bishop, David C W Sanderson, Miriam T. Stark, "OSL and Radiocarbon Dating of a Pre Angkorian Canal in the Mekong Delta, Southern Cambodia," *Journal of Archaeological Science 31*, 2004, pp. 319-336.

士。即使这些都是媒体夸大其词,[1]从2001年开始,在Phum Snay的早期发掘中也有相似的不寻常发现,包括用镶有水牛角形铁器的陶器制成的"肩部饰物"(参见第七章第4节)。

柬埔寨南部边境以外,一些位于越南南部地区的新发现具有相同的文化背景。2004年至2006年,德国—越南考古队发掘位于越南隆安省Go O Chua有2500—3000年历史的大型盐业中心,此地位于柬埔寨柴桢城西南约10公里。[2]越南考古工作者在越南头顿市附近的Giong Lon发现了东南亚最早的三个出土地和年代都明确了的史前黄金面具(参见第十一章第4节)。[3]

而最后,在波赫的墓葬中发现了2000多年前的金银首饰(图二)、铜鼓和其他独特的青铜器。这一隐藏已久的古代柬埔寨文化,终于从千年的尘埃中揭开面纱,凤凰涅槃。我们可以为未来几年中更多的惊喜做好准备。在东山、沙黄、班东达潘、班清和滇等著名考古文化之间的广袤未知空间中,一个被遗忘的土著文化形象开始显露。这些发现中的大多数更令人震惊,因为它们来自那些已被盗墓者掠夺过的大量古墓和被贩卖的出土物中。在柬埔寨和东南亚的其他地方,每年都有许多这样的文物流失,它们的故事可以写成另一本书。[4]

如同整个东南亚,柬埔寨正处于经济繁荣时期。在一两代人的时间里,这个国家几乎一切都会改变。人们对该地区社会经济的快速发展期待已久,快速发展给各国人民带来了对美好未来的希望。公路网和电网将以惊人的速度取代少数族裔植根乡村的千年传统。一些考古遗址或文物将被视为史前毫无价值的

---

[1] 评论参见Sergey Lapteff, *Phum Snay Site and the Origins of Pre-Angkor Cambodia*, Moscow, 2009, p. 17.
[2] 安德列斯·芮内克(Andreas Reinecke):《越南盐业生产的早期证据:考古发现、历史记录和传统方法》,载李水城、罗泰主编《中国盐业考古(第二集):国际视野下的比较观察》,北京:科学出版社,2010年,第136—159页。
[3] Andreas Reinecke, Nguyen Thi Thanh Luyen, "Recent Discoveries in Vietnam: Gold Masks and Other Precious Items," *Arts of Asia* vol. 39, no. 5 (September-October), 2009, pp. 58-67.
[4] 另一个令人印象深刻的例子是,在此地区阻止针对考古遗址的掠夺活动十分困难,参见Sergey Lapteff, *Phum Snay Site and the Origins of Pre-Angkor Cambodia*, Moscow, 2009, pp. 9-10.

图二　不同墓葬发现的来自波赫的金银首饰（摄影：A. Reinecke）

东西，而其他一些文物作为多余的艺术品，将被非法卖到国外收藏。当地研究人员在没有任何支持的情况下，只有一线希望来阻止这一事态的发展。要想对抗在国内外数量超过考古工作者的诋毁者、掠夺者、中间商和富有的私人收藏家，考古工作者就必须结成联盟。因此，过去十年中所有成功的发掘都是柬埔寨考古工作者与法国、美国、德国、日本和其他国家的考古工作者合作完成的。柬埔寨考古工作迫切需要大家继续合作，对这一具有文化和历史魅力的地区进行考古调查。[1]

波赫只是最近被发现和掠夺的众多东南亚墓地之一。然而，当无数其他墓葬遗址被洗劫一空时，波赫保存下来了一小部分珍贵文物。尽管抢掠活动猖

---

[1] 了解柬埔寨的现状和国际合作努力，参见William A. Southworth, "Archaeology in Cambodia: An Appraisal for Future Research," *Siksācakr* 1, 2000, pp. 18-24; Alison Carter, "From Prasats to Phnoms: International Collaborative Research in Cambodia," *The SAA Archaeological Record*, vol. 9, no. 3, May 2009, pp. 11-14.

图三　从洞里萨河望向金边的王家宫殿（摄影：A. Reinecke，2009年4月）

图四　柬埔寨文化和艺术部部长 Chuch Phoeurn 阁下参观修复波赫文物的棉末考古中心（摄影：Seng Sonetra）

图五 访问棉末考古中心的柬埔寨—德国代表团（从左至右）：柬埔寨考古和史前史处负责人Ham Kimson先生、柬埔寨文化和艺术部国务秘书Ouk Socheat阁下、德国哥廷根大学Aditya Eggert、德国驻柬埔寨大使Markus F. Mann阁下，以及Seng Sonetra（摄影：Moul Komnet，2009年8月21日）

图六 2009年4月，柬埔寨文化和艺术部高棉新年庆典，柬埔寨文化和艺术部部长Him Chhem阁下出席了仪式（摄影：A. Reinecke）

獗，抢救性发掘面积小，但波赫遗址仍有许多独特的文物和有意义的特征显露出来。就波赫遗址本身而言，波赫的墓葬点位很快会被记录在南亚和红河三角洲间的每一张考古地图上。波赫对公元前最后几个世纪东南亚地区的远距离相互作用提出了新的观点，除波赫外，没有任何一个公元前的东南亚遗址能出土如此多的金银物品。尽管波赫远离海岸内陆，离湄公河也有一段距离，但波赫比丝绸之路旁的大多数贸易港口富有得多。实际上，在越南海岸发现的所有考古遗址中，只有沃澳比波赫更"富有"。我们一再被问："为何波赫如此富有？"这个墓葬遗址似乎不仅远离贸易，也远离今柬埔寨内地的主要交通路线。我们将试图在本书的最后给此问题一个惊人的答案。

由于多方面的支持者，我们过去两年的工作得以进行。我们要感谢德国驻金边大使馆和德国外交部的"文化保护计划"，感谢他们对正在进行的修复波赫珍贵文物和出版本书提供的赞助。我们还要感谢德国—柬埔寨考古项目的所有支持者，他们批准或协助了棉末考古中心和德国考古研究所（DAI）之间的合作，特别是作为柬埔寨文化和艺术部代表的 Chuch Phoeurn 部长阁下，以及该部其他所有官员。我们也感谢 Gerd 和 Bärbel Albrecht（德国巴登韦勒）、Sok Puthivuth（金边）、Pheng Sytha（考古学院院长）、Ham Kimson（考古系主任）、Heng Sophady（棉末考古中心主任），以及波罗勉省文化办公室的所有同事和波赫村村长 Chea Ry。

为了获得有益的想法、评论和信息，我们希望向我们的同事 Norbert Benecke（柏林）、Bùi Phát Diệm（越南乂安）、Emma C. Bunker（丹佛）、TzeHuey Chiou-Peng（伊利诺斯）、Magdalene von Dewall（德国内卡尔格明德）、Shawn Szejda Fehrenbach（夏威夷马诺阿）、Ian Glover（伦敦）、Karl-Heinz Golzio（波恩）、Wolfgang Hofmeister（美因茨）、Simone Krais（德国弗莱堡）、Bernd Kromer（德国海德堡）、James W. Lankton（伦敦）、Sergey V. Lapteff（日本信乐）、Lê Thị Hương（河内）、Lê Thị Liên（河内）、Phon Kaseka（金边）、Nguyễn Văn Việt（河内）、Astrid Pasch（德国魏玛）、Christophe Pottier（暹粒）、

Dougald J.W. O'Reilly（悉尼）、Thilo Rehren（伦敦）、Sandra Schlosser（德国曼海姆）、M. Mike Schweissing（慕尼黑）、William A. Southworth（波恩）、Miriam T. Stark（夏威夷马诺阿）、Nancy Tingley（美国伍德艾卡）和Sabine Werner（波恩）表示感谢。特别感谢Alison Kyra Carter（麦迪逊）对关于珠饰章节的投入和修订本书英文版。

我们也要感谢"德国之声"电视台，尤其是Jörg Seibold制作的电影纪录片《淘金者和寺庙救援者——柬埔寨探险队》，丰富了我们的野外工作文件，此电影纪录片可在互联网上下载。[1]他的电影让人们深入了解目前两个德国—柬埔寨项目：波赫考古发掘和科隆应用科学大学保护科学研究所Hans Leisen指导的"德国阿普萨拉保护项目（GACP）"修复工作。

德国考古研究所的非欧洲文化考古委员会为我们的发掘提供了慷慨的资金。它在促进这一项目和类似项目方面的协助，使波赫的丰富资料得以及时发表。

第一章　激动人心的前奏

这一切都始自一个距波赫西南仅8公里的村庄Bit Meas。2006年，盗墓者将村子附近田地的一个有2000年历史的墓葬遗址彻底洗劫一空（图七、八）。村民们告诉我们，在陪葬品中发现了许多金器。现在我们想知道，这个村庄的柬埔寨语名字"Bit"（粘附）和"Meas"（黄金）是否纯属偶然。2006年5月，柬埔寨王家艺术大学考古学院和金边棉末考古中心的一些工作人员参观现场，并保存了一些珍贵的文物。在墓葬遗址边缘附近的四个不同地方，到处都是盗洞，试发掘面积达28平方米。来自金边的Sok Puthivuth先生发起这次抢救活

---

[1] 英文版访问"德国之声"网站（网址http://www.dw-world.de/dw/article/0,,4644527,00.html）或德国考古研究所网站（网址http://www.dainst.org/medien/en/20090917_dw_prohear_en.mp4），德文版访问http://www.deutschewelle.com/dw/article/0,,4619521,00.html或http://www.dainst.org/mcdicn/dc/20090917_dw_prohear_de.mp4。

图七 波罗勉省Bit Meas和波赫（Prohear）的位置（绘制地图：A. Reinecke）

图八 2006年5月，盗墓者盗掘铁器时代的Bit Meas墓地（约公元前150年—公元100年）。整个区域到处都是月球景观一样的坑洞（摄影：Vin Laychour）

动，由于他的帮助，柬埔寨考古工作者得以从村民那里得到各种物品，并拍摄了一些物品的照片，包括耳环和金戒指，以及玛瑙、红玉髓和石榴石的珠子。不幸的是，在发掘过程中，除了被盗墓者放入的一些散落的陶器外，没有发现更多的文物（图九—十二）。[1]

盗掘活动使 Bit Meas 展现出奇异景象。但还有另外一个问题：周围地区的农民很清楚，其田地里的史前"垃圾"可以获得比按公斤计价回收普通铁或青铜废料更高的利润。在长达数月的盗掘过程中，一个中间商网络组织采购了这

图九　2006年5月，被盗掘的 Bit Meas 墓葬遗址的抢救性挖掘。来自柬埔寨王家艺术大学的 Vin Laychour、Seng Sonetra 和考古专业的学生保存了柬埔寨铁器时代最富有墓葬之一的最后证据（摄影：Vin Laychour）

---

[1] 2006年4月到访 Bit Meas 的摄影记者 John Vink 关于此地盗墓活动的报道："在村民的稻田里发现了一些古老的文物，田地的主人以每平方米1.25美元的价格把发掘权卖给了邻居们。很快，在一个多星期的时间里，近3000人彻底挖掘了此地，其中一些人发现黄金，其他人发现珠饰（价值0.25至1.25美元之间）、陶器和牙齿……但大部分都被毁坏……"(http://johnvink.com/story.php?title=Cambodia_Tomb_Raiders)

图十 带有星形装饰的金戒指，直径2.15厘米（摄影：A. Reinecke，自Bit Meas盗掘者处回收）

图十一 一对金耳环，直径1.7厘米（摄影：A. Reinecke，自Bit Meas盗掘者处回收）

图十二 Bit Meas被盗墓葬的不同形状珠饰和石头（长度0.9—1.9厘米，均由村民出售）：玛瑙（左数1—3）、红玉髓（左数4—6）和石榴石（左数7、8）（摄影：Seng Senetra）

些出土文物用于非法且暴利的古董市场。但是，Bit Meas的灾难也引起了在金边的柬埔寨考古工作者的注意。如果这样的盗掘在另一个地方再次发生，他们希望在为时未晚之前进行干预。

一年后的2007年4月，来自棉末考古中心和德国考古研究所非欧洲文化考古委员会的考古工作者，在柴桢省开始了第一次联合工作（图十三—十五）。虽然调查区域位于波赫以南60公里，但我们没有听到在波罗勉省发生盗掘的

图十三　2007年4月，在柴桢省调查：探测人员带着锄头和金属探测器遍及柴桢省，废弃物有些是史前宝藏（摄影：L. Reinecke）

图十四　2007年4月，在柴桢省调查：博物馆保存着来自 Toul Prasat Kro Houm 的石器，包括一个在柴桢省首次发现的单肩锛（长9.5厘米）（摄影：A. Reinecke）

图十五 2007年4月，在柴桢省调查：数百年来用粘土、竹子和米糠建造的煮糖窑是柬埔寨传统煮糖作业的重要组成部分。它们给人的印象类似于3000年前Go O Chua煮盐窑的简单建筑（摄影：A. Reinecke）

消息。

数周后，我们十几年来在东南亚的考古工作中经历的最激动人心的故事开始了。2007年5月20日，来自金边、Hong Ranet、Ngoy Sona和Huot Nora的考古学学生注意到波赫的盗墓者，向他们在棉末考古中心的同事们通知了这一消息。5月23日，考古工作者Vin Laychour和Seng Sonetra长途跋涉150公里来到波赫，但未能阻止盗掘活动。他们所看到的一切敲响了警钟。回来后不久，Seng Sonetra发了一封简短的电子邮件，情绪激动地描述了他们遇到的情况："亲爱的各位，盗掘区域在波罗勉省波罗勉区Chrey乡波赫村。附件是一些在该地点发现物品的照片。盗掘仍在持续。到目前为止，发现并倒卖了近20个铜鼓。商人很快将这些铜鼓从现场运走，我们没有任何机会看到铜鼓……"

他们附上的照片展示了我们在柬埔寨或东南亚邻国从未见过的黄金、宝石和青铜等物品。他们还展示了与Bit Meas非常相似的情景：在一个类似布满陨石坑的环境中忙碌盗掘的农民、波赫的居民和附近的"专家"。有一个足球场那么大的区域，一个个盗洞连成一片。这些盗洞是被盗掘墓葬和柬埔寨史前史的最后证据。因为雨季已经开始，盗洞里面充满了水，寻宝活动也结束了。但是，从2007年初开始的几个月里，每一位观察者都清楚地看到了这些最迫切的照片，为了寻找丰富的陪葬品，数百座古墓葬被彻底摧毁（图十六至二十三）。

起初，Seng Sonetra的求助传到了德国巴登韦勒的Gerd Albrecht处。自1996年以来，Gerd Albrecht和他的妻子Barbara以及其他同事一起为柬埔寨培训未来的考古工作者，并通过德国资金和捐赠者的帮助，为金边的棉末考古中心和棉末博物馆提供设备。Seng Sonetra和Vin Laychour都是他们的学生。同日，Gerd Albrecht向来自德国考古研究所，几天前刚从东南亚考古工作中返回德国的Andreas Reinecke传达了一个坏消息：这些极其丰富的墓葬被大规模盗掘，

图十六　2007年5月中旬的波赫，村民们正在挖掘每寸土地（摄影：Hong Ranet）

图十七和图十八　2007年5月中旬，村民们发现的数十件铜鼓中的一个（摄影：Hong Ranet）

图十九　2007年5月底，被盗掘的波赫古墓葬。雨季已经开始，盗洞里充满雨水（摄影：Seng Sonetra）

图二十　波赫村民以每公斤900柬埔寨瑞尔（0.2美元）的价格将从墓地中找到的铁卖给了废品站（摄影：Seng Sonetra）

图二十一　来自金边的考古工作者发现了一系列铁制工具和手镯（摄影：A. Reinecke）

图二十二 2007年5月，收获颇丰却难以销赃——对商人来说，部分来自波赫的柬埔寨文物不够好，故留在村民的房子里。左侧是一长段青铜钺（残长36.5厘米），躺在下面的是一个底部有圆弧、表面有棱纹的青铜碗（口径15.6厘米），右侧是高底座陶碗和一个罐子（摄影：Seng Sonetra）

图二十三 从被盗掘的波赫墓地里得到的珠饰：玻璃珠（蓝色）、红玉髓（红褐色）和玛瑙（棕色）（摄影：Hong Ranet）

其中包括无数的金器和数十个铜鼓。然而，大家都清楚，我们必须迅速采取行动。Gerd Albrecht为抢救性发掘提供财政支持，德国考古研究所也马上提供了援助，Andreas Reinecke准备立即返回柬埔寨。然而，直到2007年底，波赫的发掘才被批准。

2007年3月至2008年2月，在Bit Meas一些经验丰富的"专家"指导下，波赫村民从地中挖出了他们的史前历史。所有有价值的物品都被卖给中间商，中间商安排这些物品进入东南亚的古董市场。就像许多其他来自柬埔寨的古董一样，波赫文物也会出现在那里。很快，曾经有两个足球场那么大的波赫墓葬遗址中心，变成如同Bit Meas般弹坑样的景象。然而，因祸得福，与Bit Meas不同，波赫考古遗址不是坐落在开阔的田野上，而是位于有一条4米宽的市政公路的村庄中间。这条路是2008年2月至5月和2009年2月至3月间考古发掘的重点，我们将在接下来的章节中汇报。

第二章　波赫的最后机会

旅游地图上找不到有数百户居民的波赫。通往这个未知村庄的路线的起点是省城波罗勉。这里有几家小旅馆和一些竹制"露天"酒吧，散发着如同美国西部拓荒时期小镇的魅力。摩托车是去波赫最实用的交通工具，路途的第一个20公里是在维护良好的11号国道上，到小镇Svay Antor。路的后半段是一条不断变化的土路，路上要避开尘雾和深水坑。在发掘的第二年，我们注意到一条新的混凝土道路从Svay Antor向东，现已经到达通往波赫2公里远的小田野道路上（图七、图二十四至二十六）。

我们从亨利·穆奥（Henri Mouhot）的游记中可以看到，在过去150年中，目前这片被砍伐的土地发生了多大的变化。这位法国探险家在19世纪60年代向欧洲宣布了吴哥窟遗址的消息。1859年8月，他参观了位于波罗勉至今越南西宁、平福北部的茂密且有丰富猎物的森林。他在斯丁族（Stiên）中生活了近

图二十四　铁器时代的墓地位于波赫村中心，海拔1320米（谷歌地图2008年）

图二十五　左，对每天有"靠不住行为"的汽车来说，2008年的波赫道路，有时尘土太多，有时泥泞难行（摄影：L Reinecke）；右，2009年，为道路建设做准备（摄影：J. Seibold）

图二十六　波赫村在照片视线角度的前方。铁器时代的墓葬遗址位于村庄中心道路的右侧（摄影：Seng Sonetra）

三个月，斯丁族是一个一直生活到现代的少数民族。在前往吴哥窟之前，他详细地描绘了这一地区的古代景象，有大量大象、水牛、犀牛、老虎和野猪的森林围绕着他，他最怕蝎子、蜈蚣和蛇，蚊子和水蛭也常来骚扰他。[1]将来，花粉分析将使我们对波赫和Bit Meas的古代环境有一个更具体的了解。通过花粉分析，或许能证实我们关于2000年前丛林中出现由"定居岛"组成这一景观的假设。从更广泛的角度看，在铁器时代早期，丛林一定也影响了波赫人的生活。

2008年2月，当我们抵达波赫时，村民们的情绪很紧张。在一群群热烈讨论我们到来的农民后面，有两幢新建的房子。这些新房子证明了那些成功的盗掘者家庭的新繁荣。小道消息在不断地增加，"外国人想挖我们的宝藏"是对

[1]　Henri Mouhot, *Travels in Siam, Cambodia and Laos 1858-1860*, vol. I, Singapore, 1864/1992, pp. 240-255.

我们的指控中一个更有外交意味的版本。盗墓者喊道"阻止小偷",他们当然没有意识到自己的罪行。"我们私有土地内的一切宝藏都是我们的财产"——尽管国家有各种规定,但这就是"传统的智慧"(图二十七)。[1]

柬埔寨的考古工作者们忙了好几天,以便更清楚地了解我们的考古活动,并改变不安的村民们的不满气氛(图二十八)。然而,在考古发掘视线所及的范围内,没有一块私人土地没被盗掘。在最开始的几个晚上,我们的考古工作者似乎应睡在穿过村庄的主干道中间,甚至直接睡在新发现墓葬上的A发掘探方中。(图二十九)

波赫的口述历史可以追溯至19世纪。"波赫"最初的名字是"圣塔"(Preah Vihear),这是村庄中心建筑——供奉着佛陀的宝塔的名字(图三十)。午饭休息时,我们采访了Kong Chuong,他出生于1919年,是村里年龄最大的居民之一。机警的他津津有味地抽着手卷的雪茄烟,述说20世纪80年代时,人们已经在地下发现了奇怪的物体(图三十一)。然而,在那个时候,所有这些奇怪的文物都被认为是毫无价值的垃圾。

我们可以通过盗墓者的盗洞分布来估计这个古墓葬遗址的规模。这些盗洞分布的长宽约为125米×150米,面积约为2万平方米。我们在村道上的挖掘区域穿过墓葬遗址的中心。发掘开始前,穿越村庄的道路必须从相邻人家的前院和花园中改道(图三十二)。为此需要与业主进行艰苦的谈判。

2008年和2009年春季的发掘活动中,我们在道路上设置了总长度为45米,宽度为2—3米的4个探方(A—D),整个发掘面积为116.4平方米,发现52座墓葬,其中很多在过往的盗掘中只被部分破坏。[2]平均每2—3平方米发现1座墓葬,但探方A、探方D比探方B、探方C密集。距墓葬中心越远,墓葬密度下降趋势越明显。我们可以想象,在盗掘整个20000平方米的过程中,至少有

---

[1] 1996年,西哈努克亲王颁布柬埔寨《文化遗产保护法》,其中包括无论考古文物是在公共还是在私人土地发现,均受保护的规定。
[2] 奇特的M1、M6、M17、M37、M52。

图二十七 2008年4月，考古工作者在穿过波赫主要道路上的发掘，图片前景是被盗掘墓葬的盗洞。左侧背景是一栋全部靠售卖盗掘出土文物获得资金而新建成的房屋（摄影：A. Reinecke）

图二十八 2008年2月，发掘开始前，柬埔寨考古工作者在波赫开会，告诉村民墓葬地点的重要性和考古发掘的必要性（摄影：Vin Laychour）

图二十九　发掘队准备直接住宿在发掘现场（摄影：Seng Sonetra）

图三十　位于村庄中心的宝塔"Preah Vihear"，村庄也因此得名"波赫"（Prohear）（摄影：Moul Kumnet）

图三十一　左图Kong Chuong夫妇的记忆中留存了波赫过去的60年，右图65岁的乐师Kong Quern，当他弹奏两弦琴时，周围的一切都和谐安宁（摄影：L. Reinecke）

图三十二　A发掘探方上与村民日常交通联系密切的主干道贯穿全村（摄影：Seng Sonetra）

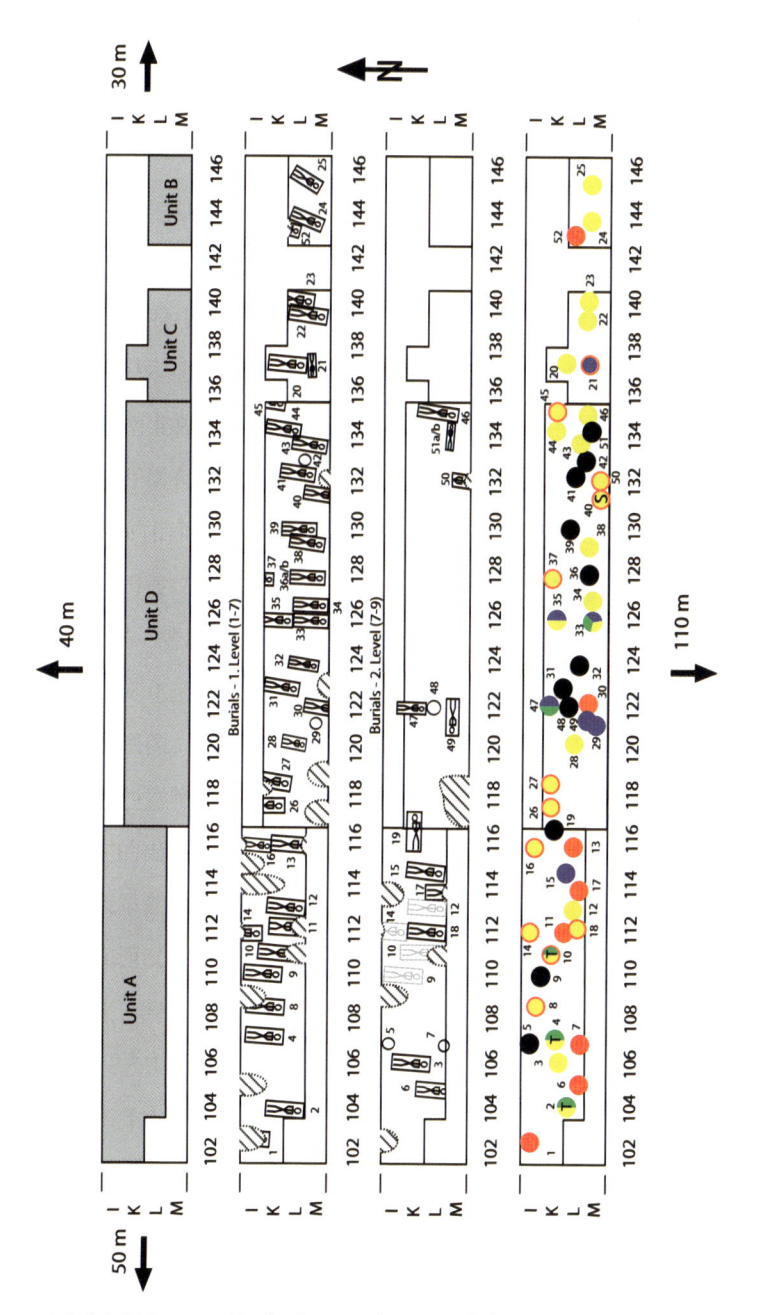

图三十三　波赫发掘探方A—D的概览［红点：部分被毁墓葬；红圈黄点：有金银器的部分被毁墓葬；黄点：有金银器的完整墓葬；黑点：没有金银器的墓葬；绿点：有重要青铜器的墓葬（不包含手镯）；蓝色：有石榴石的墓葬；字母T：铜鼓或铜鼓残件；字母S：剑］（绘图：L. Reinecke）

图三十四　在一些晚期墓葬的正下方有水平方向、部分穿过主干道、纵深0.5—1.0米间的盗洞（摄影：A. Reinecke）

1000座墓葬被毁。

路面下约0.6米的地方发现了晚期墓葬层位，伴随着成排陶罐，或散落的碎片，挖掘区域看起来像四周盗洞中的一个绿洲。然而，这种第一印象属于错觉。我们在发掘和清理掩埋物的过程中，有时挖掘机会突然挖穿地面，发现从市政道路两侧挖进去像地道一样长达2.5米、深0.7—1.2米的盗洞。几乎一半的墓葬被这些水平的"地道"部分摧毁（图三十四、图三十八）。

有些地方的地面非常坚硬，不得不用锤凿类工具挖出陶器。除陶片外，所有物品都有自己的文物编号。陶器被记录在面积列表中，然后根据埋葬编号进行归类。埋葬的地点往往很近，以至于相邻的墓坑经常互相接触。因此，在发掘过程中，并不总是能够识别出所有的墓葬及其陪葬品之间的明确区分。只有在绘图和资料完成后，才可辨识出从1—52编号的墓葬及其陪葬品。陶器在现场被清洗过。尤其是有丰富陪葬品的部分墓葬，被整体打包至金边的修复实验室进行研究。目前，这项耗时的工作尚未完成，他们仍在继续修复青铜器和铁器。

由于5月份雨季的开始，发掘活动受到限制。尤其是在2008年发掘的最后几天，一些提前到来的热带暴雨在短短几分钟内就把这些探方变成了小水池。雨水破坏剖面，危及未被发现的墓葬。但是，所有的墓葬都被记录并抢救出来，要归功于发掘队全体工作人员的聪明才智（图三十五、图三十六）。

在数月的盗掘活动后，我们的村民发掘助手在发掘墓葬、识别不同的墓葬类型和整理陪葬品方面有很好的经验。甚至在发掘的第一天，他们就能在我们看到任何东西之前，预测出特殊物品的外观。随着发掘持续，他们对考古发掘的过程产生了好感。由于发现了如此多的陪葬品，他们可以告诉我们，是否有一件特殊的物品以前从未在波赫发现过，或者这些金器、银器、青铜器和特殊陶器的类型出现的频率和地点。

在2008年2月及4、5月的发掘期间，以下来自柬埔寨王家艺术大学的考古学学生都属于我们的工作人员：Hang Nisay、Leng Vitou、Kim Virum、Ty Chanpheany、Nep Chanlaksmy、Chea Narin、Moul Konmnet、Chhun Sambor、Sakhoeurn Sakada、Em Kim Sreang和Chhim Sotha。此外，德国的Gerd、Barbara Albrecht和Matthias Heinzel参加了第一次发掘活动。他们都得到了村里"经验丰富的特别发掘队"的支持，包含的村民有Kong Sung、Rith、Sam-on、Wa、Pheak、Kosal、Yieng、Yong、Leang、Vath、La、Yith和Nhep（图三十七）。2009年2、3月，我们的发掘队包括考古学学生Moul Komnet、Em Kimsreang、Leng Vitou、Kim Phirum、Chea Narin、Ouk Neng、Kath Srim、Tol Marady、Khom Poline、Huon Savong、Pho Mala、Ou Kong Kea。村民Yong、Kong Sung、Leang、Kork、Phoan、Pheak、Hour、Say、Soeurn、Meuy、Pheak、Ranh、Nhep和Nhen，加强了我们考古队的实力（第十章图一百一十三）[1]。这两年，发掘团队都受到Nuon女士、Sokleang女士、Vanndy先生和Mi先生的接

---

[1] 按原书保留，下同。——译者注

图二十五和图二十六 雨季从5月份开始,所以没有办法继续发掘。在短短几分钟内,一场热带暴雨就把这个探方变成小水池(摄影:A. Reinecke)

图三十七　2008年发掘队（摄影：棉末考古中心）

待，我们感谢他们所有人的帮助和村民的热情款待。

附录一　Kong Sung 的故事

在这里，我们想告诉你我们的助手之一，参与所有发掘工作的 Kong Sung 的故事。这位35岁的 Kong Sung 保存了波赫这一最悲伤戏剧性事件的档案。他一共盗掘了7面铜鼓并将其列入《吉尼斯世界纪录大全》。像其他许多农民一样，他只能以每公斤铜7000柬埔寨瑞尔（不到2美元）的废金属价格出售盗掘出来的第一个铜鼓。不久之后，由于古董市场中间人的付款，每面铜鼓的利润上升到50美元。卖出6面铜鼓，他就能攒下300美元，足够买下他人生中的

图三十八 村民 Kong Sung 在波赫盗墓时发现 7 面铜鼓。后来他成了发掘队的助手。照片背景是他和其他村民从路边挖的一个水平盗洞（摄影：A. Reinecke）

图三十九 这头倔强的水牛相当于 6 面铜鼓的价格。照片背景是"铜鼓水牛"的主人 Kong Sung，他与自己的新财产保持着安全距离（摄影：A. Reinecke）

第一头水牛。有了水牛，他就不需要再租水牛来干农活。作为我们考古发掘的助手，Kong Sung目睹了他深挖的盗洞所造成的破坏，毁掉了许多墓葬（图三十八）。这些盗掘活动出现了比东南亚任何其他遗址都要多且数不尽的铜鼓。农民们报告说，这些铜鼓的直径为35—60厘米，里面装了包括金器在内的很多珠宝。

Kong Sung的水牛是一头不依惯例的两岁雌性水牛，它想要整天吃草，直到晚上很晚才回家，不喜欢被它的主人Kong Sung打扰。如果Kong Sung在白天来找它，它觉得Kong Sung不怀好意，会有麻烦，所以它拔腿就跑。为了拍下这只相当于6面铜鼓价格且倔强的水牛，我们竟然追了它2公里，然后包围它，让它原地不动（图三十九）。

第三章　试图解开墓葬遗址的秘密

迄今为止，我们共发掘出52座墓葬，其中包括47座土葬墓和5座儿童瓮棺葬，瓮棺直径约为50厘米（图四十四和图六十右侧）。通过观察葬式、头向、陪葬品、埋葬深度，我们可以把墓葬分为两个主要的埋葬时期（Ⅰ和Ⅱ）。目前，我们正处于分析和诠释的开始阶段，未来几个月将完成放射性碳年代测定（第八章第1节）。只有这样才可能有充分依据地确定一个跨度连续埋葬时期的绝对时间。我们汇集以下标准来区分"Ⅰ（早期）"和"Ⅱ（晚期）"的埋葬时期及其确定年代（图四十至四十三）。

Ⅰ期。埋葬时期Ⅰ在公元前500年至公元前150/100年之间。这一时期包含四座头向东（M19、M51）或向西［M21、M49（图四十三）］的土葬墓。此外，四座墓葬均有极深的埋葬深度（0.90—1.45米），这将它们统一起来，四座墓葬都没有金器，值得注意的是，其中两座墓葬（M21、M49）中有石榴石珠。关于这些陶器年代的测定，还有更多有趣的线索。其中两座墓葬（M19、M49）具有和越南南部隆安省Go O Chua墓葬典型陶器一致的器物（陶豆，图四十五：

图四十　2009年2月摄，墓葬编号M26—M51的探方D（摄影：A. Reinecke）

图四十一　2008年5月摄，墓葬编号M20—M23的探方B（摄影：A. Reinecke）

图四十二　M21中发现了石榴石珠,但没有金银器陪葬品,墓主头向西,M21比M20的前端深25厘米,M20南向,陪葬有陶器、铁器、玻璃器和金银器(摄影:A. Reinecke)

1、6;敞口深腹罐,图四十五:3、8)。Go O Chua的土葬墓主要属于公元前4世纪至公元前2世纪。

还有哪些墓葬可能属于Ⅰ期?这包括在M4墓主脚部很深位置发现的,用瓮棺埋葬孩子的M5(图四十四)。我们将不得不等待更多的时间,以决定最有可能是儿童墓葬的其他瓮棺葬[1]是否属于埋葬时期Ⅰ。M7更有可能属于Ⅰ期,因为此器物组包括一个Go O Chua样式敞口深腹罐。此外,这些瓮棺里没有一件金器或银器,总的来说,瓮棺葬的陪葬品相当简陋。

Ⅱ期。其他43座墓葬属于Ⅱ期(约公元前150/100年—公元100年),Ⅱ期墓葬统一了头部朝向,都是向南,或略微向西南。这种南北轴线的错位极小,我们应该注意到,没有古人在挖埋葬坑时手持指南针。因此,我们对墓主头部

---

[1] 瓮棺葬M5、M29、M42、M48,及可能是瓮棺葬的M7。

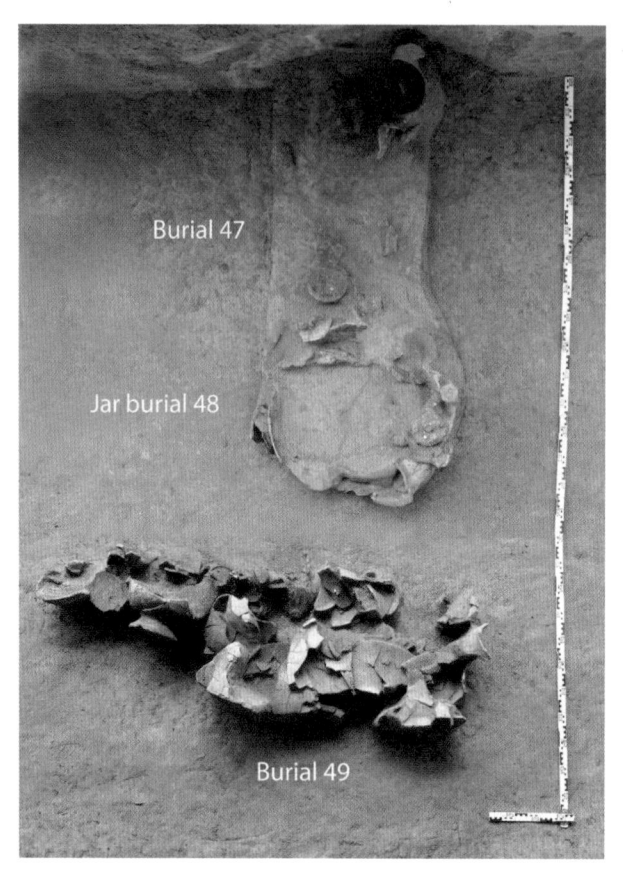

图四十三　可能是三个孩子并排埋葬的三座墓葬：介于瓮棺葬 M48 和 M47 间是一位头朝南的 9 岁男孩，M49 是一位头朝西的 6 岁儿童（摄影：A. Reinecke）

方向有宽泛的"向南"的界定。在所有史前文化中，墓主身体方位的变化既可以指文化或宗教上的变化，也可以指移民带来种族变化结果的显著突变（参见第十一章）。

墓主的埋葬方向可能反映了居民的日常生活。例如，瑞典考古学家 Olov R.T. Janse 提出越南北部清化省东山文化的房屋朝向与相似朝向墓葬有关的假设。[1]因此，波赫墓葬的方位似乎在公元前2世纪下半叶发生变化。

在波赫埋葬时期II的M9、M12和M16中也发现类似于上述Go O Chua中一些类型的古代陶器。这可能表明这些器物组合来自时期II的早期阶段，我们称之为埋葬时期IIa（约公元前150/100年—约公元前100/50年）。不幸的是，目前并没有修复和重组全部陶器。因此，我们必须等待，看看是否识别出更多的"古代器物"，并将识别出的"古代器物"指向从埋葬时期I到埋葬时期IIa陶器传统的延续，尽管墓葬朝向发生了巨大的变化。（图四十五）

根据典型的陪葬品和一些放射性碳年代测定法（参见第八章第1节），接下来要讨论属于埋葬时期II的晚期阶段，我们称之为IIb阶段（约公元前100/50年—约公元100年）。首先，因为M4、M44有类似于在茶胶省吴哥博瑞发现的精细橙色陶器，[2]故将这两座墓葬置于晚期。正如M4中发现的精细橙色陶器和铜鼓，村民通常会在波赫被盗掘墓葬中发现相同类型的精细橙色陶器和铜鼓。由于M44的陪葬品尚未修复，因此难以在这两座墓葬之间识别出其他类似的特征。然而，M4提供了一些有用的线索，以了解波赫晚期IIb阶段流行什么。首先也是最重要的是，这个时期的典型器物是铜鼓、由青铜或铁制成的"水牛手镯"、外来的青铜碗或青铜铃、大多数金银器陪葬品，以及包括玛瑙、红玉髓和玻璃制成珠饰的大量珠宝（参见第七章第1节）。

除了M4、M44，还有哪些墓葬属于IIb期？这一阶段还包括出土铜鼓碎片的M2和M10，出土罕见金器的M3、M33和M46。此外，M33还出土了一个典型的汉代青铜碗（参见第七章第5节）。最后，也可能属于IIb期的M47出土有

---

[1] Olov R.T. Janse, *Archaeological Research in Indo-China. Volume III: The Ancient Dwelling-Site of Đông Sơn (Thanh-Hóa, Annam)*, Bruges, 1958, p. 39.
[2] Shawn Szejda Fehrenbach, *Traditions of Ceramic Technology: An Analysis of the Assemblages from Angkor Borei, Cambodia* (Unprinted Thesis of Master of Arts in Anthropology at the University of Hawai at Mānoa), Mānoa, 2009, pp. 141-142. 精细橙色陶器被认为是吴哥博瑞遗址（公元前200年—公元300年）II期的标志性器物，见Shawn Szejda Fehrenbach, *Traditions of Ceramic Technology: An Analysis of the Assemblages from Angkor Borei, Cambodia* (Unprinted Thesis of Master of Arts in Anthropology at the University of Hawai at Mānoa), Mānoa, 2009, pp. 5-6.

图四十四 M5的瓮棺葬具（直径45厘米）及盖（口径29厘米）。罐内有一个猪下颌骨、一个青铜手镯和一个孩子的骨头（摄影：A. Reinecke）

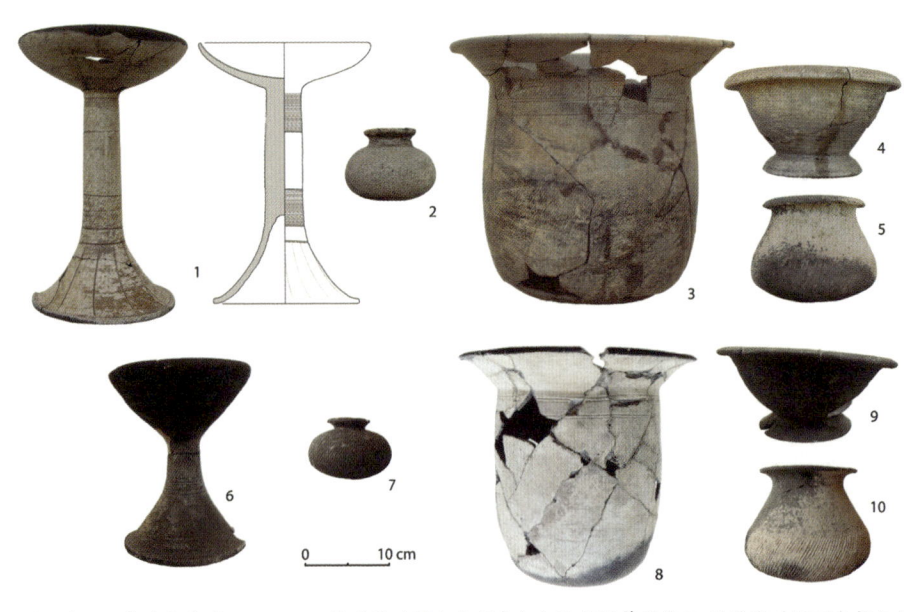

图四十五 越南隆安省Go O Chua的陶器（图上半部分）与波赫埋葬时期IIa的陶器（图下半部分）非常相似（摄影：A. Reinecke；绘图：Tô Trần Bích Thúy）

一个铜铃和一个铜盘（铜浅碗），尽管其放射性碳年代更早，墓葬埋藏得相当深。[1]

目前，我们可以选定M2、M3、M4、M10、M33、M44、M46、M47共8座墓葬为最后的埋葬时期IIb。当然，我们要完善这个划分，并在IIb期中增加更多缺少重要随葬品的II期墓葬。然而，现阶段的分析已经达到根据现有数据进行阐释的极限。将所有墓葬进一步划分为不同的埋葬段，将取决于特别是大量陶器在内的修复工作的持续进展。到目前为止，有一个令人兴奋的初步例子：在我们划分为属于IIb期8座墓葬中的6座中，发现了一种小口平沿圆肩鼓腹罐（图四十五：7），类似于Go O Chua遗址的10a型（图四十五：2）。这看起来不像是纯粹的巧合。埋藏时期I的墓葬中未再发现这种陶罐，但在埋葬时期II中还未进一步具体分类的6座墓葬中却发现了这种陶罐。这6座墓葬也是IIb期的"候选"墓葬吗？

此外值得注意的是，随葬陶豆或敞口深腹罐的情况在Go O Chua墓葬中非常常见（64座墓葬中的21座），而带有小口平沿圆肩鼓腹罐的则较少见（只在3座墓葬中发现）。这些小口平沿圆肩鼓腹罐从未与前面提到的陶豆或敞口深腹罐一起被发现。基于波赫埋葬时期IIb的墓葬发现大量小口平沿圆肩鼓腹罐，现在必须认真地重新考虑Go O Chua墓葬的年代。或许一些带有小口平沿圆肩鼓腹罐的墓葬时代可以追溯到公元前1世纪较晚的Go O Chua埋葬时期，但Go O Chua墓地随葬品要少于波赫墓地。这一假设得到了如下事实的支持：陶豆属于吴哥博瑞I期最古老的陶器组合器形之一，[2]与公元前4世纪至公元前2世纪的Go O

---

[1] 参见第四章图五十，第七章第6节图七十九、图八十。第八章第1节探讨放射性碳年代测定。
[2] 鉴于Shawn Szejda Fehrenbach, *Traditions of Ceramic Technology: An Analysis of the Assemblages from Angkor Borei*和Miriam T. Stark, "Some Preliminary Results of the 1999-2000 Archaeological Field Investigations at Angkor Borei, Takeo Province."，这些陶器应该属于吴哥博瑞I期特有的"磨光陶器组合"，参见Shawn Szejda Fehrenbach, *Traditions of Ceramic Technology: An Analysis of the Assemblages from Angkor Borei, Cambodia* (Unprinted Thesis of Master of Arts in Anthropology at the University of Hawai at Mānoa), Mānoa, 2009, pp. 32-33, Fig. 3.2, Tag 689.2.

Chua墓葬时代相对应,但小口平沿圆肩鼓腹罐属于吴哥博瑞晚期的Ⅱ期。[1]

这些小口平沿圆肩鼓腹罐是一种非常有意思的陶器,在邻近的沙黄文化中从未发现过。小口平沿圆肩鼓腹罐只有6—7厘米高,但腹径可达12厘米。这种陶罐的形状很不寻常,而且由于它的口很小,可以用塞子完全封闭,所以里面可能只装特殊的液体,比如药水、烈酒、香油、药膏,甚至是珍贵的种子。

Go O Chua陶器的年代框架可追溯到公元前4世纪至公元前1世纪,Vat Komnou陶器的年代框架可以追溯到公元前2世纪到公元300年,Go O Chua陶器和Vat Komnou陶器的年代框架都非常宽泛。[2]因此,目前我们只能认为,波赫的埋葬时期Ⅰ开始于Go O Chua的主要埋葬时期,而Prohear的埋葬时期Ⅱ应该与Go O Chua的最后埋葬时期和Vat Komnou的前半埋葬时期属于同时期(图一百一十九)。

第四章 不仅是墓葬——洞察一个未知社会

墓葬多方面地反映了墓主的命运和地位。然而,只有在埋葬2000年后,我们才隐约可见关于以往未知的葬俗和陪葬品的规则与影响。不同于现在,在那个古老的时代,有墓主信息的墓碑并不常见。可以设想古墓有石碑或木桩、竹桩的标记,但我们在波赫没有发现任何这方面的痕迹。

与柬埔寨和越南南部的大多数其他青铜器时代的墓葬一样,波赫墓葬的墓主通常被埋葬在墓穴里,墓主仰身直肢,有的双臂沿身体自然置于身侧,有

---

[1] Shawn Szejda Fehrenbach, *Traditions of Ceramic Technology: An Analysis of the Assemblages from Angkor Borei, Cambodia* (Unprinted Thesis of Master of Arts in Anthropology at the University of Hawai at Mānoa), Mānoa, 2009, p. 176, Subclass Ib, Tag 2758. 小口平沿圆肩鼓腹罐属于Shawn Szejda Fehrenbach陶瓷年表的Ⅱ期(约公元前200年—公元300年),参见此书第48页。

[2] Miriam T. Stark, "Some Preliminary Results of the 1999-2000 Archaeological Field Investigations at Angkor Borei, Takeo Province." *Udaya: Journal of Khmer Studies 2*, 2001, p. 28; Shawn Szejda Fehrenbach, *Traditions of Ceramic Technology: An Analysis of the Assemblages from Angkor Borei, Cambodia* (Unprinted Thesis of Master of Arts in Anthropology at the University of Hawai at Mānoa), Mānoa, 2009, p. 29.

的手臂弯曲，双手放在腹部或胸部。其中许多墓葬未存留有墓主骨骸，但是可通过耳环、手镯或其他珠宝的位置来确定墓主头部的朝向（图四十六）。前文已谈到，在大多数的墓主骨骸中，头部朝南或者略微偏向西南。在柬埔寨西北部的 Phum Snay 铁器时代墓葬遗址，Dougald J.W. O'Reilly 观察到一种"用非常坚硬的物体挖凿的墓葬"，M6-03 可能用的是树脂，M14-03 可能用的是竹

图四十六　1.探方 A 中的 M3 和 M12。M3，两个碗直接放置在墓主未保存下来头骨的两侧。2.取下左边的碗并观察碗的内部，发现两个金耳环。取下右边的碗时，又发现四个看起来材质更像银的耳环。3、4. M12，一个高足碗盖于疑是男性的左侧头骨上。5.在高足碗的下面，发现两个用银或金制成的簧形环状物和一个银耳环（1—2. 摄影：A. Reinecke；3—5. 摄影：Seng Sonetra）

095

子。[1]到目前为止，我们还没有在波赫发现类似的痕迹，也没有发现木棺的遗存。

也许波赫墓主的尸体被裹在席子里埋葬于墓坑。2009年在金边柬埔寨国家博物馆展出的暹粒Prey Khmeng铁器时代墓葬遗址发现了此类型墓葬。在13世纪末，中国使节周达观（约1270—1350年）对真腊的记述中也描述了这种葬俗。《真腊风土记》言："人死无棺，止贮以簟席之类，盖之以布。"[2]我们只有一个证据能证明波赫墓葬可能使用过垫子作为葬具。M4的铜鼓上还保留着一块荆席的痕迹。因为鼓里有一个人的头骨，可以想象，鼓和尸体一起被包裹在用竹子纤维编织的垫子里（图四十七）。

更多观察表明，用荆垫或编织的裹尸布包裹尸体，是暹粒省青铜时代Koh Ta Meas墓葬遗址所在地区的一种常见和普遍做法。[3]将这种做法与木棺的使用结合起来显然是寻常的，如同青铜器时代（公元前1000年—公元前900年）在泰国东北部的Ban Non Wat墓葬群，[4]以及一些铁器时代如越南北部兴安省Dong Xa或河南省Yen Bac的东山文化墓葬遗址（公元前600年—公元100年）。[5]

正如M4中发现的那样，波赫的富裕阶层有一个将头埋在铜鼓里的非常特

---

[1] Driesch Angela von den Driesch, O'Reilly Dougald J.W., Vuthy Voeun, "Faunal Remains from Phum Snay, Banteay Meanchey, Cambodia," *Zeitschrit für Archäologie Außereuropäischer Kulturen* 1, 2006, p. 108.

[2] Zhou Daguan, *A Record of Cambodia: The Land and Its People*, Translated with an introduction and notes by Peter Harris, Chiang Mai, 1297/2007, p. 66.［译者注，回译参见（元）周达观著，夏鼐校注：《真腊风土记校注》，北京：中华书局，1981年，第133—134页。］

[3] Christophe Pottier, "Under the Western Baray Waters," Elisabeth A. Bacus, Ian Glover, Vincent C. Pigott(eds.), *Uncovering Southeast Asia's Past: Selected Papers from the 10th International Conference of the European Association of Southeast Asian Archaeologists, London 14th-17th September 2004*, Singapore, 2006, p. 305.

[4] Charles Higham, Thomas Higham, "A New Chronological Framework for Prehistoric Southeast Asia, Based on a Bayesian Model from Ban Non Wat," *Antiquity* 83, 2009, p. 130.

[5] Nguyễn Việt, "Khảo cổ học và Bảo tàng học Vải Đông Sơn ở Việt nam"（《越南东山文化纺织品的考古学及博物馆学》）, *Khảo cổ học*（《考古学》）2006(3), pp. 88-89; Judith Cameron, "New Research into Dongson Cloth from Waterlogged Sites in Vietnam," Elisabeth A. Bacus, Ian Glover, Vincent C. Pigott(eds.), *Uncovering Southeast Asia's Past. Selected Papers from the 10th International Conference of the European Association of Southeast Asian Archaeologists, London 14th-17th September 2004*, Singapore, 2006, pp. 196-198.

图四十七　M4的南侧，在鼓内发现耳朵、脖子和头发上都配有珠宝的女性头骨。鼓的南边有一些罐子（上图摄影：Seng Sonetra）；在鼓的顶部，发现有可能由竹条制成的编织垫子留下的痕迹（下图摄影：A. Reinecke）

殊的葬俗。（图四十七和图六十三）村民们说他们很多次观察到这种奇怪的葬俗。到目前为止，这种葬俗只在东南亚以外，中国南方的贵州省可乐墓葬遗址中为人所知。我们将在第十二章回到这个问题。

波赫墓葬及许多其他墓葬两边都有一排排破碎的陶器。完整的陶器通常发现于墓主头部或脚部。很少的情况下，小型陶器直接放在墓主的腹部。（图四十八）由于波赫的酸性土壤条件，食物残骸和人类骨骼均保存不良。然而，从越南 Go O Chua 遗址了解到，靠近墓主头部的绳纹圜底罐中，保存着作为通往来世最后一餐的鱼和猪骨头的残骸。

检测波赫墓主的残留骸骨，并将其与陪葬品联系起来解读，能够显示一些关于波赫单个人物的命运。这种解释往往在真相和猜测之间游走，但值得为此付出不便和风险。不幸的是，由于土壤条件的原因，一半的墓葬都没有留下任何骨骸，尤其是上部地层，因为墓葬被破坏，只在墓葬的一端原地留下了陶器。我们在另外四分之一的墓葬中只发现一些骨头或牙齿的主要原因，就是这种破坏。保存最好的墓葬来自地表下约 0.90—1.45 米更深的地层。[1] 基于这种糟糕的情况，2009 年 4 月至 5 月，我们的人类学工作者 Simone Krais（弗莱堡）在棉末考古中心用数周时间对所有的小骨头碎片和牙齿进行了清理、保存和调查，他所发现的关于波赫古人的情况更加令人震惊（参见第八章第 2 节）。

52 座墓葬成为不同年龄的成年男性、成年女性和儿童的最终安息地。因此，就像该地区大多数其他金属器时代的墓地一样，波赫是一个典型的"混合"墓地。看一下统计数据，不幸的是，大约 12 座墓葬中，没有可供评估的人类学或考古学器物可将他们归类为"儿童、成年女性或成年男性"。当把所有的证据以及"模糊的怀疑"放在一起时，波赫墓葬总共有 6 个成年男性，18 个成年女性和 17 个儿童（婴儿 I 和婴儿 II）。

这种人口分布可能令人惊讶，但可以解释。2000 年前的波赫人口的高儿

---

[1] M4、M15、M16、M19、M21、M33 和 M49。

图四十八　探方C中的M22，摄于2008年5月（摄影：L. Reinecke）

童死亡率，与同期的其他一些墓地反映的情况一致。这比在 Go O Chua 发现的比例更具有史前人群的代表性，Go O Chua 的52名人类学可评估墓主中只有7个小孩。作为比较，在泰国东北部青铜时代的 Ban Lum Khao 墓葬遗址（公元前1250年—公元前400年）中，按估算年龄，结果110人中有51个儿童。[1] 同样在泰国东北部铁器时代晚期的 Noen U-Loke 墓地（公元前300年—公元400年），结果显示120人中有53人是亚成年人（14岁以下）。[2]

不同于 Ban Lum Khao 和 Noen U-Loke，因为我们对波赫墓葬的人口统计将随后另行发表，故并非完全基于生物人类学的考虑对其进行统计。在此，我们想用缺损的骸骨尽可能完整地描绘出波赫的古代人口情况。因此，我们没有根据 Go O Chua 或许多其他同时代墓葬的判断证据，而是将考虑由考古所呈现的性别和年龄来确定。

波赫的17座儿童墓葬中，有一些没有骨骸残留，但有4个儿童墓主的手指上戴着戒指，或手腕上戴着手镯。除了用人类学方法预估的8座儿童墓葬，我们还推测所有的5个瓮棺葬都代表儿童，尽管我们还不能证明这一假设。然而，在前扶南文化地区发现的早期铁器时代瓮棺葬几乎都是用于儿童墓葬。通过这种不同惯例的儿童墓葬，柬埔寨同一时代遗址明显地与分布在越南中部和越南南部同奈河地区的沙黄文化葬俗区别开。在沙黄文化葬俗中，儿童和成人都被葬于不同大小的瓮棺里，而普通的埋葬比较少见。[3]

---

[1] Kathryn M. Domett, "The People of Ban Lum Khao: Higham," F.W. Charles, Rachanie Thosarat(eds.), *The Origins of the Civilization of Angkor, Volume 1: The Excavation of Ban Lum Khao*, Bangkok, 2004, p. 117.

[2] Kate Domett, "Nancy Tayles, Human biology from the Bronze Age to the Iron Age in the Mun River valley of northeast Thailand: Oxenham," Marc, Nancy Tayles(eds.), *Bioarchaeology of Southeast Asia*. Cambrigde, 2006, p. 225.

[3] Andreas Reinecke, Nguyễn Chiều, Lâm Thị Mỹ Dung, *Neue Entdeckungen zur Sa-Huỳnh-Kultur. Das Gräberfeld Gò Mả Vôi und das kulturelle Umfeld in Mittelvietnam–Những phát hiện mới về văn hóa Sa Huỳnh. Khu mộ táng Gò Mả Vôi và vị thế văn hóa của nó ở miền Trung Việt Nam*（《沙黄文化的新发现——越南中部 Go Ma Voi 墓葬遗址及其文化背景》）, Köln, 2002; Andreas Reinecke, *Reiche Gräber-frühes Salz: 600 Tage Feldforschungen auf Dünen und Reisfeldern (Vietnam): Expedition in Vergessene Welten. 25 Jahre Archäologische Forschungen in Afrika, Amerika und Asien* (AVA-Forschungen Bd. 10), Aachen, 2004, pp. 223-228.

要理解在其他早期铁器时代墓葬中儿童墓葬比例异常高的原因，必须考虑可能因地区而异，[1]但也有文化条件导致的健康等因素。例如，其中一个可能的原因是，在一些聚落中，死亡的儿童可能没有被埋在成年人墓区中，或可能根本没有被埋在"正常的"墓地；另一个可能的原因是，儿童墓葬的陪葬品与成人墓葬的陪葬品没有什么不同，如果没有骨骸遗存，那么儿童墓葬可能不会被识别出来。[2]

我们该如何理解这种成年男性墓葬数量与成年女性墓葬数量间不成比例的现象？这只是小规模发掘的副作用吗？相比之下，作为"邻居"的Go O Chua墓葬性别分布非常均衡，有20个成年女性和21个成年男性。在Vat Komnou，男女墓葬比例与波赫相反，成年女性墓主是成年男性墓主的两倍多（24∶10）。[3]这一时期，怀孕、分娩和产后期间的并发症造成的较高产妇死亡率不能成为波赫有更多女性墓葬的理由，但这是史前遗址女性平均年龄较低的一个主要原因。

由于成年女性墓葬数量超过成年男性，作为假设，我们可以考虑对波赫这样的情况提出两种解释。首先，成年男性可能在离家很远的地方狩猎或战斗时死亡，被葬在死亡现场附近的地方，或根本不埋葬。这可能真实发生在波赫。[4]其次，成年男性墓葬可能比成年女性墓葬更难通过考古文物来识别。但在波赫却不是这样，因为两性墓葬都有特定随葬品。例如，通常通过两腿间阴茎状的石杵来识别成年男性。虽然我们在发掘过程中，只有两座墓葬（M2和M11）

---

[1] 此问题参见Kathryn M. Domett, *Health in Late Prehistoric Thailand* (BAR International Series 946), Oxford, 2001，基于对泰国几处公元前2000年—公元前400年墓葬遗址的分析记录。
[2] 此主题的概要，特别参见Eleonor Scott, *The Archaeology of Infancy and Infant Death* (BAR International Series 819), Oxford, 1999, pp. 90.
[3] Michael Pietrusewsky, Rona Ikehara-Quebral, "The Bioarchaeology of the Vat Komnou Cemetery, Angkor Borei, Cambodia", *Indo-Pacific Prehistory Association Bulletin 26*, 2006, p. 86.
[4] Phum Snay 墓葬遗址的比例是10个成年女性墓葬对应5个成年男性墓葬。Kate M. Domett, Dougald J.W. O'Reilly, "Health in Pre-Angkorian Cambodia: A Bioarchaeological Analysis of the Skeletal Remains from Phum Snay," *Asian Perspectives*, vol. 48(1), 2009, p. 73，该文得出了类似的考量，但样本量很小。

发现了这种石头，但村民说他们发现了很多这样的石头。村民给我们十几件这种典型的男性物品，到目前为止，还没有在该地区的其他墓葬中发现过（图四十九）。此外，Simone Krais 确认 M47 的遗骸属于一个 9 岁儿童，他的脸上覆盖着一个青铜盘。我们把幼年墓主大腿上部的青铜铃解读为男孩的象征（图五十、图七十九、图八十，第七章第 6 节）。

青铜、金、银、铁材质手镯或指环的直径，也可以区分成年女性、成年男性或儿童。M4 的青铜水牛手镯套不到成年男性的胳膊上，银戒指套不到成

图四十九　在不同的被盗墓葬（1—5）和被发掘墓葬（6—7）中发现的有使用痕迹的石杵，置于成年男性墓主大腿间（摄影：A. Reinecke）

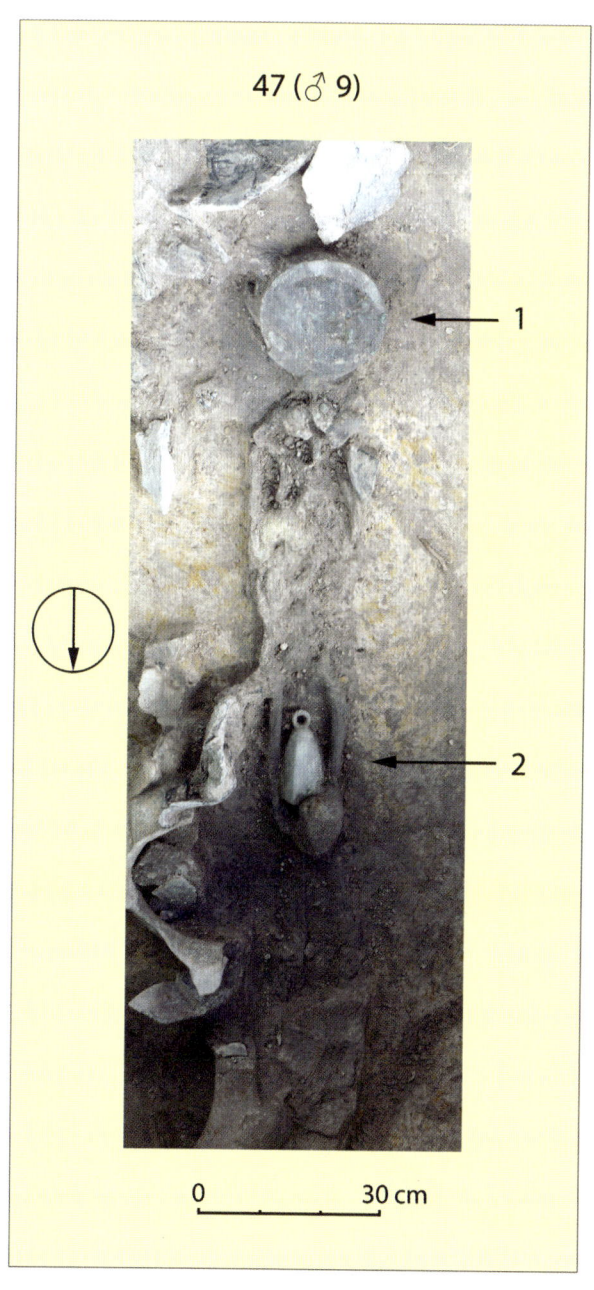

图五十　M47是一个9岁男孩的墓葬。他的脸上盖着一个可能是浅碗或装饰圆盘的青铜盘（1）。他的大腿间放着一个青铜铃（2）（图解：A. Reinecke）

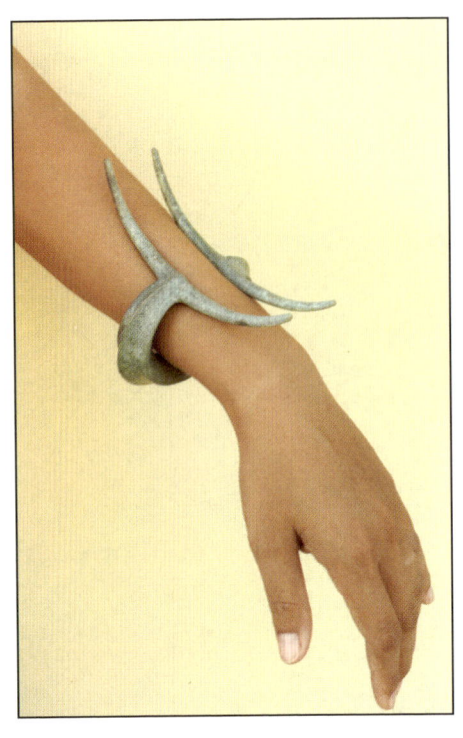

图五十一　M4墓主右臂骸骨上的"水牛手镯"完美地佩戴在一名成年女性的小臂上（摄影：A. Reinecke）

图五十二　修复前的M40出土银手镯（直径5.5—6.2厘米），部分部位包有黑色氧化膜，墓主很可能是52座发掘墓葬中唯一陪葬短剑的死者（摄影：A. Reinecke）

年男性的手指上（图五十一，第七章第4节）。另一个例子是M50的金戒指（图六十八：10），这枚金戒指也不适合最小的成年女性手指，原本必然戴在儿童手上。

尽管"装饰更华丽的女性"和"武装更强大的男性"作为基本趋势的总体观点与我们在波赫的观察结果普遍匹配，但还不太清楚纺轮、珠宝或武器拥有者的性别及年龄特征。让我们从用于纺织纱线生产指标的陶纺轮开始（参见第五章）。纺织肯定是成年女性所掌握的工作，因此经常在成年女性的墓葬中发现陶纺轮。我们必须确定纺轮不是在重新填埋墓坑时偶然掉入的。这意味着，发现纺轮最多的情形应是纺轮与死者密切联系或清晰接触，或在坟墓中发现的纺轮越多，这些是成年女性墓主陪葬品的可能性就越大。因此，M33发现的6个纺轮和相邻的M34发现的4个纺轮是2座墓葬为成年女性墓葬的明确证据。2座墓葬的其他陪葬品（手镯、戒指和丰富的珠饰）也支持这种诠释。

在我们认为可能是成年男性墓葬的M12发现了纺轮的碎片。更重要的是，此墓葬陪葬了一个金银戒指，毫无疑问，这是波赫唯一一个在成年男性墓主手指上的戒指。目前，在已发现的墓葬中的众多纺轮陪葬品和留存骨骼中，用于人类学分析的数量仍然比预期的少。然而，在Phum Snay，纺轮也被报告为成年女性墓葬的典型特征。[1]泰国呵叻府的Ban Lum Khao青铜时代遗址向我们提供了112座墓葬，110个被分析个体，以及富含96个纺轮的聚落地层的情况，[2]但只有8个纺轮散落在有成年女性、成年男性和儿童的墓葬中，[3]这显然与铁器时代的Noen U-Loke墓葬情况一致。[4]

M47中9岁的男孩陪葬有2个纺轮，这一事实可以解释为，孩子帮助母亲生产纺织品，直到他们能够接替典型的成年男性角色。M27证实了这一点，在此墓葬中，一个5至7岁的儿童陪葬了4个纺轮。这表明，波赫的儿童不仅仅是"微型成人"，他们在生死中也有自己的角色。

一般来说，人们认为成年男性陪葬更多的是铁器或武器，成年女性陪葬更多的是金银器和珠宝。从M40的陪葬品中就可知这是一个典型的男性墓葬。就能辨认出的未修复铁器而言，其中有短剑、空首斧、匕首、刀刃和锥，但没有任何珠饰。这名全副武装的成年男性仅戴的饰品是右手腕上的银手镯（图五十二）和左手腕上的青铜手镯。因此，不仅成年女性用金银珠宝作为装饰，

---

[1] Kate M. Domett, Dougald J.W. O'Reilly, "Health in Pre-Angkorian Cambodia: A Bioarchaeological Analysis of the Skeletal Remains from Phum Snay," *Asian Perspectives*, vol. 48(1), 2009, p. 60.
[2] Judith Cameron, "Spindle whorls," Charles F.W. Higham, Rachanie Thosarat(eds.), *The Origins of the Civilization of Angkor: The Excavation of Ban Lum Khao*, Volume 1, Bangkok, 2004, p. 211.
[3] Charles F.W. Higham, Rachanie Thosarat, "The Burials from Mortuary Phase Three," F.W. Charles, Rachanie Thosarat(eds.), *The Origins of the Civilization of Angkor: The Excavation of Ban Lum Khao*, Volume 1, Bangkok, 2004, p. 99.
[4] Sarah Talbot, "The Analysis of the Mortuary Record", Charles F.W. Higham, Amphan Kijngam, Sarah Talbot(eds.), *The Origins of the Civilization of Angkor: The Excavation of Noen U-Loke and Non Muang Kao*, Volume 2, Bangkok, 2007, pp. 335,338-339, table 18:9, table 18:13.

成年男性和儿童也用金银珠宝作为装饰。作为一个令人印象深刻的例子，我们稍后将介绍波赫最富有女性之一的墓葬M4（参见第七章第1节）。

有趣的是，还有一些墓葬似乎相互关联。举一个激动人心的例子，我们可以讨论相邻的M2和M3的墓主，这两座墓葬中发现有类似至少10个相同器型的陶器组合：装特殊液体的小口平沿圆肩鼓腹罐（图四十五:7）、盛有食物的绳纹圜底罐（图四十五:10）、平沿敞口罐（图六十最后一排左数第二个）、敞口鼓腹罐（类似图六十最右侧）、陶碗（图六十第一排最右侧）。因此，两座墓葬可能属于同一埋葬时期IIb。然而，其余的陪葬品明显不同，并表明了墓主性别。M2墓主明确是一位青年男性，陪葬有青铜或铁制的武器和工具，还有一些玛瑙珠饰、玻璃制品和黄金首饰，手腕戴有一个铁手镯和一个青铜手镯，大腿间有一个石杵。由此而论，同样令人感兴趣的是这个成年男性墓葬包含青铜鼓的两个耳，这可能是通常放在墓主头部附近的青铜鼓残件，但类似于M10，青铜鼓已被盗墓者盗走。由于M2南端遇到被扰动的发掘探方A的边墙，M10的南部被水平盗洞破坏，故无法完全澄清这一假设。相较而言，M3墓主似乎是一位20多岁的成年女性（图四十六：1、2）。她下葬时没有陪葬武器和铁器，但陪葬有两个纺轮和比临近M2丰富得多的金银首饰。因此，我们很有可能已经找到了一对夫妻合葬墓。

M15中发现了另一个不同寻常的陪葬品。在头骨的两侧各放着20枚显然用有机材料所制的绳子串在一起的玻璃耳饰。此外，根据生物考古学判断，遗骸可能属于一个壮年男性，陪葬有一些青铜手镯和铁制的工具或武器，以及几十颗石榴石珠饰。墓葬位于探方A的深处，墓主头部朝向南—西南方向，可能属于埋葬时期IIa（图五十三）。在探方A—D所有墓葬里最深的M49中，也同样发现了引人注目的由许多玻璃环制成的耳饰，墓主头部朝西，为典型的I期墓葬。显然，这种特殊耳饰和对石榴石珠饰的偏爱，就像许多当地的陶器类型一样，从导致墓葬方向改变的新文化影响中"幸存"下来。

当然，我们不仅对不同葬俗和成年男性、成年女性、儿童的陪葬品感兴

图五十三　M15墓主可能是一位20—29岁的成年男性，有丰富的随葬品：双耳位置上大约各有20个蓝绿色玻璃耳饰（直径1.5厘米）串为一串，两只前臂各发现一对青铜手镯，此外，嘴角附近有石榴石珠饰，以及前臂附近有一些呈棕色的铁制工具（摄影：A. Reinecke）

趣，我们还想更多地了解2000年前波赫这个族群的结构。我们想知道——谁是外来者，谁是土著者？两者之间有社会差异吗？有多少人使用过这个墓地？不幸的是，目前发现的52座墓葬还不足以提供所有这些问题的"确凿真相"。我们在工作时必须像纽扣一样一一对应，必须考虑一些细节来获得初步答案。

在这些问题中，最容易的是了解族群中陌生人的比例。为此，来自墓地不同个体的20颗牙齿碎片被交给了Mike Schweissing（慕尼黑），用于持续进行的锶同位素分析。这项结果将告诉我们在波赫长大的人和从其他地区移民过来的人的确切数量（参见第八章第3节）。由于有这么多不寻常的陪葬品，例如大量观察到和出售的铜鼓，故我们预计波赫"移民"的比例会很高。

研究群体内的社会地位或个人间财富的差异比较困难。事实上，我们可以通过评估每位墓主的陪葬品价值来区分"穷人"和"富人"的墓葬。但是，从这一点上，我们仅能推断出2000年前波赫墓主作为"活人"的实际财富。在发掘52座墓葬后，我们首先可以说，铁器时代的波赫墓地属于东南亚发现的公元前200年至公元100年间遗物最丰富的墓葬遗址之一。陪葬品的不同组合和个性化让我们可以推断，对当时的人们来说，绝对重要的是不仅要给死者陪葬物品，还要给他们陪葬其活着时最珍视和最需要的物品。尽管头部朝向有明确的"规定"（参见第十一章第1节），但对于陪葬品来说却不一样。在陪葬品方面，个人主义可以非常广泛地自由发挥。然而，我们无法详细辨别墓主或他的家人为了增加后代的"遗产"而减少了多少陪葬品。或者恰恰相反，在这种情况下，由慷慨的哀悼者提供可供选择的陪葬品范围。因此，我们必须谨慎地将墓主社会地位的高低仅仅归因于陪葬品的或多或少。大多数墓主似乎都有一个几乎相同特征和规模的葬礼。

由于我们用目前对"财富"的理解来评估"富人"和"穷人"，使得整个问题变得有点棘手。因此，我们对2000年前人们真正有价值的东西只有一个有限的印象：是猪圈里的十头猪，还是墓葬内的两枚银戒指？铁制饰品比玻璃饰品更有价值吗？这一切在不同的文化和不同的时间里都截然不同。例如，我们知道在中国，直到汉代，玉是一种像金银一样受欢迎的"神奇石头"。[1]可追溯至公元前6世纪晚期的陕西省宝鸡市附近益门村M2，是中国秦代以前陪葬品最

---

[1] Emma C. Bunker, "Gold in the Ancient Chinese World: A Cultural Puzzle," *Artibus Asiae LIII*, 1993, pp. 27, 47-48.

丰富的墓葬之一，其中有大约100件玉器和超过3公斤的金饰。有文章总结说："在早期中国，黄金很少出现，尽管人们知道黄金被认为是珍贵的，但它似乎在界定奢侈的区别中并没有发挥作用。"[1]波赫和大多数其他东南亚文化一样，认为黄金比白银更有价值，从一些用金箔包裹的银戒指就可以证明这一点（参见第八章第4节）。

1859年，亨利·穆奥在靠近今柬埔寨磅湛省和越南西宁省边境地区的斯丁族（Stiên）中待了三个月，他观察到"一头牛的价值相当于六个双手合抱的粗铜丝"[2]。当然，这种交换率一直在变化，特别是在与外界新接触的影响下。举一个现代的例子，我们可以想起Kong Sung用六只铜鼓换一头水牛的易货交易（参见第二章）。

东南亚各族群"内部社会价值尺度"的早期历史普遍未知，直到现在我们也只能根据对外贸易活动的记录进行猜测。对外贸易活动的记录绝对不能与地区财富标准完全一致。[3]关于这个问题的考古记录很少。一个独特的例子是云南石寨山古墓群出土了一件顶部有一个洞的青铜器，看起来像一张公开的需求、税收或礼物清单，让人联想到古代牛或奴隶与其他"自然物品"的价值。[4]即使东南亚的考古发现缺少类似的东西，这一独特发现也表明家畜十分珍贵的事实。

由于土壤条件破坏了大多数有机质陪葬品，诠释"波赫财富规模"变得复杂起来。许多墓葬中只有一些猪牙保存下来，因为猪牙是最耐腐蚀的有机物

---

[1] Lothar von Falkenhausen, *Chinese Society in the Age of Confucius (1000-250 BC): The Archaeological Evidence*, Los Angeles, 2006, pp. 224-225.
[2] Henri Mouhot, *Travels in Siam, Cambodia and Laos 1858-1860*, vol. I, Singapore, 1864/1992, p. 253.
[3] 参见Mike Parker Pearson, *The Archaeology of Death and Burial*, Stroud, 1999, pp. 78-79的"Grave goods and status"；特别参见Robert S. Wicks, *Money, Markets, and Trade in Early Southeast Asia: The Development of Indigenous Monetary Systems to AD 1400*, Ithaca, 1992, pp. 19-65, 183-218.
[4] Emma C. Bunker, "The Tien Culture and Some Aspects of its Relationship to the Dong-son Culture," Noel Barnard(ed.), *Early Chinese Art and its Possible Influence in the Pacific Basin, Volume Two, Asia*, New York, 1974, p. 296.

质。这表明，波赫墓地随葬了部分猪头骨，这与 Go O Chua 以及该地区其他史前墓地的随葬品相似（参见第八章第6节和第十一章第1节）。此外，我们不能排除古人将一些包括珍贵纺织品、稀有鸟类羽毛或奇异菜肴在内的东西作为随葬品的行为，但我们已经无法证实。

尽管考古记录及其解释存在这些固有的问题，我们可以确定的是 M4 的陪葬品非常丰富，我们将在第七章第1节更深入地探讨。除了这个陪葬品丰富的墓葬外，我们还必须提到 M33 和 M46。因 M33 和 M46 就像 M4 一样，似乎是成年女性的墓葬，故引人注目。当然，问题马上就出现了，我们是否面对着一个女性主导的社会，我们对这个问题还无法给出答案。

我们要概括第二层次"富裕水平"的 M2、M3、M12、M15、M40、M47 和 M49。尽管不是所有的墓葬都陪葬有贵金属，但也有其他罕见的文物，如前文所述 M15（埋葬时期IIa）和 M49（埋葬时期I）出土的玻璃耳饰和大量石榴石珠饰。对于儿童墓葬 M47，我们必须考虑两件外来青铜器（第七章第6节）。此外，还可以讨论 M10 墓主的社会地位，因为此墓葬出土有可能被盗掘所残留铜鼓的耳。

如果我们再寻找"最贫穷"的墓葬，那么我们马上就会看到最早期的墓葬：东西头向的5具瓮棺葬和3具土坑葬（M19、M21、M51）。在埋葬时期I的墓葬中，只有前面提到的陪葬品较丰富的 M49 可以排除出"最贫穷"墓葬的序列。埋葬时期I墓葬都没有随葬贵金属，这说明在波赫，埋葬时期II之前没有出现"黄金祝福"的葬俗。此外，我们必须记住，在相同的财富规模上，早期和晚期的墓葬无法相互平衡。我们可以问，在未被盗掘的晚期墓葬中，哪一座可以被认为是"较穷的"？事实上，只有墓主为一位4到8岁儿童的 M41 能清晰地显示出"贫穷"的外来者形象。与10米开外的 M47 墓坑中发现的9岁儿童墓主的丰富陪葬品相比，M41 的特殊性变得更加明显。

最后，让我们冒险估算一下使用波赫墓地的这一族群的人口规模。整个墓地的推测面积为2万平方米，按照已发掘的120平方米的墓葬密度推算，被破坏的墓葬数量将达到令人难以置信的8000多座。我们必须减少这个数字，因为我们几乎是在遗址中心进行发掘，而古代墓地的墓葬密度通常在靠近边缘的地方减小。我们假设至少有1000座墓葬，可以推测，这个墓地大体上使用了约200年。鉴于儿童死亡率高，平均预期寿命低，我们可以推测波赫人的平均寿命最多到30岁左右。然后，我们应该将1000座墓葬划分为大约七代人，每代至少143人，或约23个"三代家庭"，一个"三代家庭"平均6个人同时生活在墓地的周围。再次强调，这不是基于充分的可靠事实进行的人口统计分析，而是基于未知因素多于已知因素的粗略"最小估计"。

第五章　波赫的聚居地和手工制品

有些问题还没有明确的解决方案。例如，波赫墓主生前住在哪里？我们的意思是，他们定居在靠近同时代墓葬遗址不远的地方，路程耗时可能不会超过葬礼所需的时间。这些地方可能是前几代人埋葬的地方，这意味着他们的房子将建在"被遗忘"的墓葬的上面。相反，这些地方也可能是人们最初定居并在数十年后搬离的地方，他们把死者直接埋在以前聚落的下面。尽管目前东南亚大部分农村人口对死者有明显的恐惧，但这并不妨碍许多村民将前几代人的尸体埋葬在他们的花园、田地或房子旁边。[1]

---

[1]　柬埔寨的史前史很少描述类似的观察。有趣的是，在Phnom Borei，类似的情况导致了相反的解释，因为"柬埔寨传统认为，墓地要远离主要聚落，而且必须位于不经常被洪水淹没的地区"，所以"上部地层中的文物可能表明在墓地被遗忘后的一段时间，墓地被占用居住"（Kaseka Phon, "Phnom Borei and its Relationship to Angkor Borei," Papers presented at the conference "Recent Researches on Prehistory in Cambodia: An update" at 15th of August 2009 in Phnom Penh, Unpublished, 2009, p. 5）。在其他一些遗址，如越南同塔省Go Thap，也联想到其为一个由聚落和墓地组成的封闭社区，但缺乏对其历史演变的详细描述（Le Thi Lien, "Excavations at Minh Su Mound, Go Thap Site, Dong Thap Province, South Vietnam, 2000-2003," Elisabeth A. Bacus, Ian Glover, Vincent C. Pigott(eds.), *Uncovering Southeast Asia's Past. Selected Papers from the 10th International Conference of the European Association of Southeast Asian Archaeologists, London 14th-17th September 2004*, Singapore, 2006, pp. 232-244）。

图五十四　具有墓葬和聚落背景的一批纺轮（摄影：A. Reinecke）

图五十五　聚落和墓葬中发现手掌大小的"锻造炉残余物"。在一个样本表面上粘有一个玻璃珠（摄影：A. Reinecke）

1. 封闭社区中的公墓和聚落

但是，是什么让我们认为波赫是一个包括聚落和墓地的封闭区域（或社区）？首先，我们在发掘探方上部地层的一些部位发现了与任何墓葬都没有联系，似乎更可能是聚落陶器遗存的零散碎片。我们在更深的地层中发现了一些混杂在墓葬之间的物品，如纺轮、铁和青铜的碎片，或单个的玻璃珠，这些都与墓葬没有任何关联，这表明与墓葬并立存在着聚落遗迹（图五十四）。其次，我们在发掘探方D东半部的过程中发现墓葬上方有一层含有大量铁渣的文化层，毫无疑问，这一定是一个铁作坊的遗迹。因为一些铁渣直接接触到上部地层中的墓葬陶器，故我们可以认为，铁作坊在时间和空间上可能非常接近丧葬活动。有时，铁渣甚至与墓葬中的陪葬品粘连在一起。[1]甚至有一个玻璃珠粘

---

[1] 陪葬品附近发现铁渣的探方C墓葬有M20，探方D墓葬有M26、M27、M28、M30、M31、M33、M34、M35、M36、M38、M39、M40、M41、M43、M47、M51。

在一块铁渣的底部（图五十五）。纺轮和铁渣是当地手工艺的明显证据，因此我们想更详细地调查这一点。

2.纺织

让我们从全球多地独立起源的纺轮开始讨论。有广泛的证据表明，在公元前最后一千年的东南亚遗址中，存在本地的纺织技术和生产活动。[1]纺轮的中心有一个孔，将纺轮的孔插在一个杆上，使用纺锤杆在垂直方向构成重力，用于扭转和拉伸纤维。纤维可能来自苎麻或其他适合的具有足够抗拉强度、可以在织布机上织造的长纤维植物。

我们在波赫墓葬中发现了50个纺轮，其中大部分是成年女性的陪葬品，还有11个标本来自聚落环境。总的来说，它们是典型的圆锥形（39个）粘土配重物，直径可达4厘米，高度可达2厘米，也有罕见的轮形纺轮（M7）。又有用更轻的圆形刻划痕陶片制成的纺轮（M14），有时还像原始的陶器一样进行装饰（M5）。然而，不像Go O Chua收集的220个纺轮，波赫并不流行有刻意装饰的纺轮。在波赫，只有5个纺轮有由线或指甲划成的刻划装饰。一些纺轮轻到只有6克，以至于很难相信它们真的被用作纺锤的配重。[2]因为重的纺锤会折断纤维，故这表明波赫人也在使用短纤维材料。

---

[1] 有两个例子可以帮助确定这种典型的乡村手工艺兴起的时间：可追溯到公元前第三个千年至公元前第二个千年末期的越南隆安省An Son新石器时代晚期遗址，其聚落地层和墓葬中没有任何青铜物品或青铜冶铸的证据（Masanari Nishimura, Nguyen Kim Dung, "Excavation of An Son: a Neolithic Mound Site in the Middle Vam Co Dong Valley, Southern Vietnam," *Bulletin of the Indo-Pacific Prehistory Association*, Vol. 22, 2002, p. 107）。经过四次（1997年、2004/2005年、2007年、2009年）发掘，An Son没有发现纺轮（2009年8月26日与Bùi Phát Diệm个人通信）。在越南平阳省Doc Chua的青铜器时代聚落和墓葬遗址（约公元前800年—公元前400年）中发现了约450个纺轮（Đào Linh Côn, Nguyễn Duy Tỳ, Địa điểm khảo cổ học Dốc Chùa（《Doc Chua考古遗址》）, Hà Nội, 1993, pp. 111-115）。这与C. Higham在泰国东北部Ban Non Wat的观察结果非常吻合，Ban Non Wat的纺轮来自典型的公元前700年至公元前420年的青铜时代第五期墓葬（Charles Higham, Thomas Higham, "A New Chronological Framework for Prehistoric Southeast Asia, Based on a Bayesian Model from Ban Non Wat," *Antiquity* 83, 2009, pp. 131, 137）。

[2] Ban Lum Khao的纺轮质量在6—56克之间，Judith Cameron, "Spindle whorls," Charles F.W. Higham, Rachanie Thosarat(eds.), *The Origins of the Civilization of Angkor: The Excavation of Ban Lum Khao*, Volume 1, Bangkok, 2004, p. 211.

3. 每个村庄都有铁匠

我们能从散落在墓葬现场的铁渣块中得到什么信息？经过 Thilo Rehren（伦敦）的调查，这些铁渣块被描述为"锻造炉残余物"。矿渣是在金属加工过程中产生的，主要是铁硅酸盐材料滴入炉底。如果不清除，就会变成锻造炉残余物。[1]这些锻造炉残余物大多是手掌大小，形状有平凸形、椭圆形或不规则形。因此，它们也被称为"平凸残余物"，通常由铁、铁的氧化层和粘土炉衬上的硅（或铁匠使用的硅助溶剂）之间高温反应而形成，并在表面嵌有土壤残留物或小石头碎片。[2]这些靠近生产区域的文物，是聚落中有铁匠的重要证据。考古人员在许多东南亚公元前铁器时代遗址中发现锻造炉残余物，但并非总被注意到，也很少像马来半岛北部的泰国春蓬府 Khao Sam Kaeo 遗址那样详细刊布。[3]2000年前在波赫本地生产的铁质"水牛手镯"也暗示了这一点，该地区的其他地点很少发现这种铁器，已发现的只来自来历不明的被盗墓葬（图五十六）。[4]这种罕见的铁质饰品的灵感可能受起源于泰国东北部的青铜"水牛手镯"的影响（参见第七章第4节）。必须等待修复工作完成后，我们才能了解波赫遗址其他本地铁器的详细情况。目前看来，波赫本地铁器包含随葬的空首斧、手镯、刀刃或匕首刃（图五十七、图一百零一、图一百零二）。

当然，在东南亚，铁器时代早期的锻造炉没有炉渣那么常见。2005年，德国考古研究所与越南河内大学、隆安省博物馆的考古工作者在 Go O Chua 联合发掘时，发现了一大块粘土碎片，这让人们对带吹灰装置的锻造炉有了初步印象。这个烧过的粘土制品，上面有一个斜孔，是锻铁炉炉壁周围风口的一部

---

[1] Ronald F Tylecote, *The Early History of Metallurgy in Europe*, London-New York, 1987, pp. 318-319.
[2] 2009年7月8日与 Thilo Rehren 个人通信。
[3] Thomas Oliver Pryce, Bérénice Bellina-Pryce, Anna T.N. Bennett, "The Development of Metal Technologies in the Upper Thai-Malay Peninsula: Initial Interpretation of the Archaeometallurgical Evidence from Khao Sam Kaeo," *Bulletin de l'École Française d'Extrême-Orient 93*, 2006, pp. 297-298.
[4] 盗墓者盗掘 Phum Snay 遗址的过程中，可能不仅发现了青铜质"水牛手镯"，还有一些是铁质"水牛手镯"。

图五十六　铁质"水牛手镯"（直径5.7—8.3厘米）。其牛角装饰末端残断缺失。发现于一座被盗掘墓葬（摄影：A. Reinecke）

图五十七　铁质空首斧（长12.3厘米），从被盗掘墓葬中获得（摄影：A. Reinecke）

分。它发现于一个墓坑的底部，旁边是一些铁渣和一个公元前4世纪至公元前1世纪被埋葬的人头骨。尽管它发现于墓葬，但我们不确定它是否真的是一件陪葬品，或是偶然进入墓主骨骸之下。在泰国东北部的Noen U-Loke也发现了类似的混合物，被描述为"配有风口的小型粘土炉"[1]。

这三个几乎同时期的遗址表明，早在前扶南时代的泰国东北部和越南南部之间的区域，铁匠几乎是每个村庄日常生活的一部分。无论是像波赫那样富裕的聚落，还是像Go O Chua那样贫穷的聚落，都是如此。通过对博物馆馆藏的重新调查，东南亚南部的早期铁器时代冶铸炉渣遗址的名单可能会更加完整。

---

[1] Charles F.W Higham, "The Material Culture," Charles F.W. Higham, Amphan Kijngam, Sarah Talbot(eds.), *The Origins of the Civilization of Angkor: The Excavation of Noen U-Loke and Non Muang Kao*, Volume 2, Bangkok, 2007, p. 355.

在简短的发掘报告中，这些重要的早期冶铁遗迹往往没有得到很好的描述。[1]

如果我们意识到公元前400年之前的这个地区就有了第一件铁器，那么这就证实了金属加工在公元前3世纪至公元前1世纪是一种常见的手工艺。这个令人惊讶的迹象表明，尽管必须进口原材料，新行业却能及时建立起来。

4.铁块来自北方？

我们仍然不能确定这些生铁从哪里、以何种方式来到柬埔寨东南部的早期铁匠手中。完全可以想象，铁以铁锭的形式经过遥远的运输到达这里，或者通过回收和改造废旧铁制品的方式获得。波赫和Go O Chua的周边地区从未发现并预计将来也不会发现铁矿矿床和冶铁地点。[2]但是，还不能排除目前可能完全耗尽或仍未记录的小规模的当地铁矿资源。通常，铁的冶炼地点位于铁矿矿床附近，并与居住区有一定距离，以确保大量柴火或木炭的稳定供应，且不破坏定居点的基本生活和工作。在炼铁过程中，熔炉周边散布大量的渣堆和灰层，这是铁匠周围废弃物所无法相比的。

古代柬埔寨王国的早期历史记录并没有告诉我们进口或出口铁的历史。后来的记录主要提到柬埔寨北部Rovieng镇附近的Phnom Deck和整个柏威夏省的铁矿石矿藏。然而，这里距离波赫西北偏北至少还有150公里。磅通省北部的Kuy族地区是柬埔寨传统的制铁中心。[3]此外，他们的近邻"大河东南部"磅湛省斯丁族也叙述了制铁。[4]此外，人们还可以向北走几百公里到嘉莱

---

[1] 在此方面，越南同塔省Go Thap的一些文物值得重新审视（Le Thi Lien, "Excavations at Minh Su Mound, Go Thap Site, Dong Thap Province, South Vietnam, 2000-2003," Elisabeth A. Bacus, Ian Glover, Vincent C. Pigott(eds.), *Uncovering Southeast Asia's Past. Selected Papers from the 10th International Conference of the European Association of Southeast Asian Archaeologists, London 14th-17th September 2004*, Singapore, 2006, pp. 232-244）。

[2] Atlas of Mineral Resources-Cambodia 1993, pp. 33, 78; Lê Văn Trào, Phạm Văn Mẫn, Thái Quý Lâm, Phạm Vũ Luyến, "Nhóm khoáng sản sắt và hợp kim sắt(《铁及铁合金金属资源组群》)," *Tài nguyên khoáng sản Việt Nam*(《越南矿藏》), Hanoi, 2005, p. 33.

[3] Jean Moura, "Fabrication du fer chez les Cuois du Compong-Soai," *Revue d'Ethnographie I*, 1882, pp. 435-437; Bernard Dupaigne, "La métallurgie dans l'ancien Cambodge: Travail des dieux, travail des hommes," *Études rurales*, janvier-juin 1992, pp. 125-126, 13-24.

[4] Henri Mouhot, *Travels in Siam, Cambodia and Laos 1858-1860*, vol. I, Singapore, 1864/1992, p. 244.

族（Giaraïe）聚居区，或再向北走到越南多乐省、嘉莱省、昆嵩省的色当族（Cédan）聚居区，观看传统的冶铁或锻造工艺。[1]

5. 制陶

除了制铁和纺织，我们在波赫没有发现包括制陶在内的任何其他手工业，制陶无疑是存在的，但我们没有为此找到火塘、壁炉、废弃陶片堆积或灰烬层。如用于塑形的蘑菇形陶垫这样的陶工工具是越南南部Go O Chua和泰国东北部Noen U-Loke的典型文物，但在波赫仍然缺失。波赫制陶证据不足的原因可能是，到目前为止，在约2万平方米的遗址中，只发掘了120平方米。唯一可能与制陶相关的文物是一些分散在不同地层和墓葬中的圆片。[2] 圆片大小差不多，约3—4厘米，通常由大陶器的碎片磨成圆形边缘而成。圆片边缘有刮擦的痕迹，可能是陶器拉坯的工具。Go O Chua发现了数百个这样的圆片。然而，这一解释只有在制陶指向更多的情况下才能得到验证。有时这些圆片也被解释为儿童玩具，由此被称为"游戏片"。

6. 青铜冶铸

人们很容易认为，外部迁入的青铜铸造者直接在波赫或附近地区生产所有的青铜鼓和青铜手镯，但目前还没有证据证明这一点。我们还未在波赫发现青铜冶炼和铸造的证据，甚至连石质或粘土质铸造模具的一小块碎片都没有。此外，我们只知道来自柬埔寨内陆深处磅通省和柏威夏省Mlu Prei地区O Pie Can（或Samrong Sen）公元前1000年的少量砂岩模具。[3] 此外，我们必须提到一个

---

[1] Henri Mouhot, *Travels in Siam, Cambodia and Laos 1858-1860*, vol. II, Singapore, 1864/1992, pp. 26-27; Gerald Cannon Hickey, *Son of the Mountains. Ethnohistory of the Vietnamese Central Highlands to 1954*, New Haven-London 1982, pp. 179, 225; Atlas of Mineral Resources-Cambodia 1993, pp. 33, 78; Lê Văn Trào, Phạm Văn Mẫn, Thái Quý Lâm, Phạm Vũ Luyến, "Nhóm khoáng sản sắt và hợp kim sắt(《铁及铁合金金属资源组群》)," *Tài nguyên khoáng sản Việt Nam*(《越南矿藏》), Hanoi, 2005, p. 33 中没有相关信息。

[2] M6发现2块，M10发现1块。

[3] Paul Levy, *Recherches Préhistoriques dans la Région de Mlu Prei* (Publications de l'École Française d'Extrême-Orient XXX), Hanoi, 1943, pp. 38-39.

背景未知的可能来自铁器时代墓葬遗址Phum Snayde的青铜碗模具碎块，此模具展现的青铜碗造型与波赫M33中发现的碗相似（图七十八）。[1]这是一个非常出乎意料的发现，因为这些青铜碗一直被认为起源于中国南方。如果这件文物得到证实，那么来自中国南方或其他地方的"铸客"假说将得到新的推动。

由于远离东南亚已知的铜锡矿床，也不利于波赫及其周边开展本地青铜铸造。到目前为止，这一区域还未发现有丰富的铜或锡资源。人们一定会问，为什么历史上把铜和锡列为本地产品？[2]距离最近的锡矿位于波赫以东约320公里处的越南大叻南部。[3]很难相信，在1964年发现的柬埔寨磅士卑省Knong Ay锡资源在"没有可开采锡石的浓聚物"之前发挥了何种作用。[4]越南中部附近没有发现有开采价值的铜矿床，也没有证据表明这里在古代曾被开采过。[5]

总而言之，在今柬埔寨境内，不仅是早期金属时代，而且所有时期的本地青铜铸造迹象都很少。这可能限于目前对柬埔寨青铜铸造历史的研究状态，更有可能的是，最终的青铜器（而非铜锭），是从位于矿床或贸易路线附近的铸造作坊进口的。最方便的供应者是泰国中部Khao Wong Prachan山谷的青铜作坊，或临近老挝万象、泰国北部湄公河岸边的Phu Lon铜矿，这些地方可以直

---

[1] 2009年7月24日与Dougald J.W. O'Reilly个人通信。
[2] Bernard-Philippe Groslier, *Angkor and Cambodia in the Sixteenth Century: According to Portuguese and Spanish Sources*, Bangkok, 2006, pp. 116-117.
[3] Dương Đức Kiêm, Thái Qúy Lâm, "Nguyễn Ngọc Liên, Phạm Vũ Luyến, Nhóm khoáng sản kim loại cơ bản (《贱金属资源组群》)," *Tài nguyên khoáng sản Việt Nam*（《越南矿藏》）, Hà Nội, 2005, p. 56.
[4] Atlas of Mineral Resources-Cambodia 1993, pp. 39; Bennett Bronson, "Patterns in the Early Southeast Asian Metals Trade," Ian Glover, Porchai Suchitta, John Villiers(eds.), *Early Metallurgy, Trade and Urban Centres in Thailand and Southeast Asia*, Bangkok, 1992, pp. 80, 83-84.
[5] Dương Đức Kiêm, Thái Qúy Lâm, "Nguyễn Ngọc Liên, Phạm Vũ Luyến, Nhóm khoáng sản kim loại cơ bản (《贱金属资源组群》)," *Tài nguyên khoáng sản Việt Nam*（《越南矿藏》）, Hà Nội, 2005, pp. 56, 68; Atlas of Mineral Resources-Cambodia 1993, pp. 39, 21-23; Bennett Bronson, "Patterns in the Early Southeast Asian Metals Trade," Ian Glover, Porchai Suchitta, John Villiers(eds.), *Early Metallurgy, Trade and Urban Centres in Thailand and Southeast Asia*, Bangkok, 1992, pp. 78-79.

接获得铜。[1]富隆主要的采矿活动发生于公元前1000年。[2]从位于泰国东北部靠近作为当时运输"高速公路"的蒙河和湄公河出土的大量模具和其他作坊残留物可以看出,这一区域的铸造作坊可能既进行生产,又充当位于今天柬埔寨的客户的中介。[3]

相较而言,还必须考虑来自距离柬埔寨东南部更近的同奈河地区的可能供应者,许多铸造遗址、众多的模具和可追溯到公元前1000年至公元前500年的特色青铜器证明了该地区还以拥有强大的青铜加工传统而闻名。距当前海岸线70公里的越南平阳省Doc Chua青铜时代遗址,发掘出丰富的超70块的砂岩模具碎块。[4]其他一些更靠近海岸的遗址中,被发现的模具遗物数量仅次于Doc Chua,但它们的文物主要是从地表收集,而非发掘。例如,在越南同奈省的Cai Van和Cai Lang两个相邻的盐沼遗址中,有35个没有确切年代的石质和陶质模具。或者举最后一个例子,越南巴地投顿省的Bung Bac遗址有大约30块砂岩模具碎块。[5]

---

[1] Charles Higham, *The Civilization of Angkor*, Berkeley-Los Angeles, 2001, p. 17.
[2] Surapol Natapintu, "Current Research on Ancient Copper Base Metallurgy in Thailand," Pisit Charoenwongsa, Bennet Bronson(eds.), *Prehistoric Studies: The Stone and Metal Ages in Thailand*, Bangkok, 1988, pp. 107-124; Vincent C. Pigott, Gerd Weisgerber, "Mining Archaeology in Geological Context. The Prehistoric Copper Mining Complex at Phu Lon, Nong Khai Province, Northeast Thailand," Thilo Rehren, Andreas Hauptmann, James D. Muhly (eds.), *Metallurgica Antiqua: In Honour of Hans-Gert Bachmann and Robert Maddin*, Bochum, 1998, pp. 140, 151; Thomas Oliver Pryce, Vincent C. Pigott, "Towards a Definition of Technological Styles in Prehistoric Copper Smelting in the Khao Wong Prachan Valley of Central Thailand," Jean-Pierre Pautreau, Anne-Sophie Coupey, Valéry Zeitoun, Emma Rambault (eds.), *From Homo Erectus to the Living Traditions: Choice of Papers from the 11th International Conference of the European Association of Southeast Asian Archaeologists, Bougon, 25th-29th September 2006*, Chiang Mai, 2008, pp. 139-149.
[3] 在此背景下,最近发现的一个复杂有趣的例子是Ban Non Wat的一个青铜铸工的墓葬,陪葬了29件粘土质合范模,时代是Ban Non Wat青铜时代第4期(公元前800年—公元前400年),Charles Higham, Thomas Higham, "A new chronological framework for prehistoric Southeast Asia, based on a Bayesian model from Ban Non Wat", *Antiquity* 83, 2009, p. 131.
[4] Đào Linh Côn, Nguyễn Duy Tỳ, *Địa điểm khảo cổ học Dốc Chùa*(《Doc Chua考古遗址》), Hà Nội, 1993, pp. 74-91.
[5] Phạm Đức Mạnh, *Di tích khảo cổ học Bưng Bạc (Bà Rịa-Vũng Tàu)*(《巴地投顿省的Bung Bac考古遗址》), Hà Nội, 1996, pp. 35, 135-148; Phạm Đức Mạnh, "Kết quả phân tích thạch học đồ đá sơ sử vùng ngập mặn Nhơn Trạch (Đồng Nai)(《同奈省盐沼地史前石器文物岩相学分析结果》)," Khảo cổ học(《考古学》)2007(6), pp. 17-36.

图五十八　波赫尚未发现青铜铸造模具。这是来自Go O Chua北部丘陵聚落的一对陶质合范中的一件（宽5.5厘米），用于铸造2500多年前的一件空首斧（长8.3厘米）（摄影：A. Reinecke）

很可能是在公元前第一个千年初不久，这些聚落开始铸造青铜，而且在那个时代，这些聚落的位置都能听到大海的声音。尽管难以置信，但这似乎也适用于青铜时代的聚落和盐业遗址Go O Chua（公元前1000年—公元前500年），Go O Chua位于越南隆安省边境地区，距海岸线约140公里。Go O Chua，以及位于柬埔寨东南部的狭窄角落的其他十几处青铜时代盐业遗址，即所谓的"鸭嘴"东部区域，可能距离Vam Co Tay河和Vam Co Dong河所在平原中尚未勘探的一处狭窄小河湾不远。[1]Go O Chua还有10个陶质模具碎块。（图五十八）[2]

关于越南南部青铜器作坊的问题是，这一地区的青铜器铸造似乎在大约公元前400年中止。这有几个原因。第一，铁取代青铜用于工具或武器，青铜只能扮演饰品金属的次要角色。支持这一变化的第二个原因是，从公元前4世纪

---

[1] 安德列斯·芮内克（Andreas Reinecke）：《越南盐业生产的早期证据：考古发现、历史记录和传统方法》，载李水城、罗泰主编《中国盐业考古（第二集）：国际视野下的比较观察》，北京：科学出版社，2010年，第136—159页。

[2] Andreas Reinecke, "Briquetage und Gräber in Go O Chua (Vietnam): Zeugnisse der Prä-Funan- bis Angkor-Periode im Mekong Delta," *Zeitschrift für Archäologie Außereuropäischer Kulturen Bd. 2, 2007*, Wiesbaden, 2008, p. 401.

起,同奈河地区受到起源于越南中部沙黄文化的控制和影响。[1]沙黄人显然是生产铁器的大师,如武器这样的青铜器则较为稀有并需进口。在沙黄文化中,青铜饰品甚至比在波赫更加稀有。同奈河及其邻近地区所有传统丰产的铸造作坊崩溃的第三个原因可能是,随着与海岸线距离的增加,他们与海外原材料贸易网络的联系逐步中断。在公元前的最后一千年,海平面下降,海岸线退回到现在的位置。载着货物的船只越来越多地经过以前的铸造作坊。当然,这一自然过程也导致了大约在公元前500年Vam Co Tay河附近盐业中心的终结。

可以肯定的是,Go O Chua及其周边地区的定居者从青铜铸造转变为铁器锻造。然而,我们仍然不清楚如波赫这样的位于今柬埔寨内陆的聚落从哪里获得食盐。湄公河三角洲以南的大片地区,直到公元后第一个千年的初期才适合殖民和农业。在那里,人们需要许多个世纪来培育盐碱地和茂密的红树林。这一点可以通过绘制公元前所有遗址的位置地图得以清晰证明,它揭示了,除少数有趣的孤立定居点外,几乎所有的考古发现都集中在今柬埔寨边界以南的一条狭长土地上。[2]

在这种背景下,当我们面对吴哥时期令人印象深刻的柬埔寨青铜艺术时,我们必须问:所有这些美丽的器物实际上是在哪里生产的?[3]Emma C. Bunker在论述中提出了这个问题,"事实上,在吴哥几乎没有发现柬埔寨铸造作坊的遗迹……这表明在寺庙区内临时铸造作坊中进行主要金属雕像的创作后,这些铸造作坊被移走,以至于几乎没有留下它们存在的物质证据"。[4]这与越南不同,在越南我们可以追溯到整个铸造村落的传统,可以跨越几个世纪地追溯多

---

[1] 这是由位于越南同奈省Giong Ca Vo、Giong Phet和巴地头顿省的Hang Gon、Phu Hoa、Dau Giay、Suoi Chon遗址所提出的。
[2] 由于特殊的地貌条件,湄公河三角洲古代南部殖民时的一些孤立的"地标"可能都来自前铁器时代,这些"地标"包括越南槟椥省的Giong Noi、前江省的My Nghia和隆安省的Rach Nui。
[3] Emma C. Bunker, Douglas Latchford, *Adoration and Glory: The Golden Age of Khmer Art*, Chicago, 2004, pp. 16-17.
[4] Emma C. Bunker, "Khmer bronze foundry traditions: new observations," Unpublished paper presented in July 2006 at the Angkor conference, University of Sydney, July 2006. p. 1.

图五十九　在"村民专家"密切注视下的"秘密考古工作者"（摄影：L. Reinecke）

代人。直到今天，柬埔寨的大部分地区，青铜铸造手工艺品似乎一直是流动工匠的"客座职业"。

贵州出土的汉晋摇钱树

杨菊

（贵州省博物馆）

摘　要　本文通过考古学、文献学等研究贵州兴义、安顺、赫章等地出土的摇钱树，并与四川出土的摇钱树进行对比，得出以下结论：贵州随葬摇钱树可能直接作为商品由四川传入，于贵州中西部地区流行。贵州所出摇钱树均能在四川找到相同或相似的类型，但无论数量、类型，还是图案、题材，均远少于四川地区的摇钱树。贵州地区出现随葬摇钱树不早于东汉早期，流行于东汉中晚期砖、石墓，衰微于蜀汉，最晚至南朝消亡。使用者为当地郡佐、军队官吏、地方豪强等上层阶级人物。

关键词　贵州；汉墓；四川；摇钱树

一、概述

汉魏时期，在以今四川为中心的西南地区及周边的湖北、陕西、甘肃、青海等地墓葬的陪葬器物中，流行一种树形青铜器物，因其树体有古钱币状饰物或摇钱场景，故名摇钱树。据不完全统计，出土摇钱树的贵州墓葬22座，摇钱树完好者3件，摇钱树座11件，摇钱树树干、残片若干。出土地点集中于贵州中西部地区的兴义、兴仁、安顺、清镇等地的汉墓中。以下，笔者对这些摇钱树作一概述。

1987年春，贵州省博物馆考古组对兴仁交乐M6、M7、M14等12座墓进行了清理发掘。此前兴仁交乐M6曾被盗，后所盗摇钱树等文物被追回。兴仁交乐M6所出摇钱树2件。其一，由陶质树座和青铜树体两部分组成。树座为泥质灰陶，其形如山，中空，座上方正中有一圆形插口。座底为椭圆形。座身下半部为高浮雕的鹿、猴、鹤、羚、玄武，其排列成一周，围于座下。鹿作行走状，昂首挺胸，鹿角上指；猴子蹲坐，双手捧着一个鲜桃；羚身匍匐，抬头竖耳，一对长角斜伸向后上方；玄武龟蛇两嘴相对，作爬行状，蛇身缠绕龟颈、尾各一周；鹤为一对，一只昂首而立，一只俯首曲肢，作觅食状。座身上方塑一俯卧的羊牺，羊头低垂，下颌紧贴座身，羊角卷曲，羊的四蹄折于腹下，尾贴于臀上，两后腿分开，骑跨于座上。羊背中部盘踞一兽，狮头蛇尾，头长双角，腿有羽翼，口露尖牙利齿，长尾从臀下盘绕一周折向后背，身子围绕插口盘旋一周，形成首尾相连的样态。座高33厘米，底径27厘米，羊身长30.05厘米。摇钱树体主干共分5段，段长度相当，圆柱形，中空，通体饰云气纹、钱纹。每节顶端有4个扁平插口，中部各有一对童子（猴子）抱柱，主干上饰有方孔圆形钱，钱币边缘有芒刺，通长92厘米。摇钱树残片若干，均由树枝、钱纹叶片、动物、人形饰片组成，动物多为飞鸟（图一至十二）。其二，残长136厘米，分5段，实心，无纹饰，主干通体呈螺纹。兴仁交乐M7出土摇钱树1件，摇钱树主干为上下拼合，空心，饰纵向波纹和圆钱纹，"V"形插口，枝叶分段衔接，均用插接法，叶片上饰以人、鸟、鱼、牛等人、物装饰。主干通长96厘米、直径2.5厘米。兴仁交乐M14、M18出土摇钱树残片。[1]

  1975年10月至1976年1月，贵州省博物馆考古组对兴仁交乐、兴义万屯12座汉墓进行发掘，其中兴仁M2、兴义M8均出土摇钱树残片，兴仁M2出土摇钱树底座残片。兴仁M2所出摇钱树残片较多，铸造精细，内容丰富，有的与神话传说有关，有的似乎是原始人群狩猎和采集活动的场面，这在贵州尚属初见。图案除了大钱龙纹，"U"形枝条上，伫立一凤、一啄木鸟、一裸

---

[1] 贵州省考古研究所：《贵州兴仁交乐汉墓发掘报告》，载贵州省博物馆考古研究所编《贵州田野考古四十年》，贵阳：贵州民族出版社，1993年，第246—250页。

图一 兴仁交乐M6出土摇钱树（未修复完整）（黔西南州博物馆供图）

图二 兴仁交乐M6出土摇钱树（黔西南州博物馆供图）

图三 兴仁交乐M6出土摇钱树枝叶（黔西南州博物馆供图）

图四 兴仁交乐M6出土摇钱树枝叶（黔西南州博物馆供图）

图五 兴仁交乐M6出土摇钱树枝叶（黔西南州博物馆供图）

图六 兴仁交乐M6出土摇钱树枝叶（黔西南州博物馆供图）

图七　兴仁交乐M6出土摇钱树枝叶（黔西南州博物馆供图）

图八　兴仁交乐M6出土摇钱树枝叶（黔西南州博物馆供图）

图九　兴仁交乐M6出土摇钱树树干（黔西南州博物馆供图）

图十　兴仁交乐M6出土摇钱树树座（黔西南州博物馆供图）

图十一　兴仁交乐M6出土摇钱树树座（黔西南州博物馆供图）

图十二　兴仁交乐M6出土摇钱树树座（黔西南州博物馆供图）

图十三　兴义万屯M8出土摇钱树树干

图十四　兴义万屯M8出土摇钱树枝叶

体人。裸体人前额低平，长臂，两乳房突出，右手攀枝，左手欲摘取一种有光芒的磁珠形果实。壁形铜片边铸一"S"形树干及二雏鸟学飞。骑鹿持矛人铸于车轮形的边缘上，穿孔中有一束带，打结后的带头有飘动之感，轮毂部有"&""8""S"等形符号。鹿为梅花鹿，长角短尾，厚蹄，身有翅，与沂南古画像石墓中的鹿很接近，鹿张嘴站立在奇花异果丛中。骑鹿人腰系树叶状围裙，其他裸露；右手持矛负于肩部，矛銎部装柄处有缨，左手持一枝丫；昂首，双目向上看；头戴冠，冠顶坠缨。这些内容与《山海经·南山经》中的"鹿蜀，佩之宜子孙"的传说有关。除此之外，三钱（铜钱）上横一枝，枝上花叶都有光芒。五钱上横一枝，枝端一花披七叶，花叶都有光芒；另一枝端一人向着花奔跑。六钱上横一枝，枝上花叶形状同前；花后立一凤形鸟类，鸟后一大人、一小人；小人在前奔跑，且回首顾盼大人，鸟似受惊欲飞状。七钱上横一枝，枝端一鸟，作展翅起飞状；后面仍有大、小二人追逐，大者伸出左臂作擒拿动作；二人后面的花果丛中呆立一小鸟。此外，还有三人并立图像，头部稍残。左立者左手持环首刀，右手持一长柄兵器，身穿小袖口的短袍；中立者穿宽袖短袍，腰系带，带上有悬挂物，左手持杖；右立者穿长袍，从衣褶和体态看，系躬腰作揖的姿态，身体左侧悬挂一网兜形东西。兴仁M2所出摇钱树底座残片位于甬道内，泥质红陶，残片上有半浮雕的马腿及人物。据残片数量、形状及残像风格，与四川三台县东汉墓所出摇钱树底座类似。兴义M8所出摇钱树残片（图十三、图十四）与清镇一号墓所出相同。[1]

1999年9月，贵州省文物考古研究所对兴仁交乐M19进行了发掘。此墓为平面呈"十"字形的多室砖墓，此前曾被盗。此墓出土摇钱树残片若干，仅见叶片，未见枝干。叶片上饰钱纹。[2]

1972年7月，考古人员于安顺宁谷发掘了6座汉墓。其中M10为"凸"字

---

[1] 贵州省博物馆考古组：《贵州兴义、兴仁汉墓》，《文物》1979年第5期，第20—36页。
[2] 贵州省文物考古研究所：《贵州兴仁县交乐十九号汉墓》，《考古》2004年第3期，第51—58页。

形券顶石室墓，早年被盗。M10出土摇钱树残片，上有人兽搏斗纹饰。[1]

1976年，贵州省博物馆考古队在安顺宁谷进行调查时，清理发掘了14座古墓。这些墓早年被盗，出土文物较少。其中M21、M22出土摇钱树残片。M22出土摇钱树残件4段，树干铁质，其中部用圆形铅片套装其上，其形似竹，铅片周围有6孔，每孔插有一剪轮铜钱形树枝。[2]

1994年底，文物部门于安顺宁谷清理出一座被盗古墓M29。M29为刀形券顶石室墓，与2007年在同一地点发现的M31为合葬墓，有摇钱树树干、枝条、钱币等残件及摇钱树树座出土。有断面呈椭圆形的扁圆条状树干一小节。细枝条数十根，长短、粗细不一，长者达20厘米。枝条形状有的较宽呈扁条状，有的呈细圆条状，多数枝条用薄铜片包裹，从中再分出若干细枝，细枝上缠钱币。摇钱树上的钱币有五铢钱和无字钱，出土时常和摇钱树枝条散落一处。能肯定的是，摇钱树上散落的54枚五铢钱，均锈蚀，部分残。五铢有边缘和内郭，钱径2.3—2.6厘米，为流通实钱做成，在钱一角用空心细薄铜条缠绕固定后，再插入用细铜条做成的树枝枝丫上。无字钱共15枚，均锈蚀严重，钱径1.8—2.5厘米，圆形方穿，4枚有边轮。钱面上无字，与实钱大小、厚薄区别明显，应系摇钱树上散落。摇钱树茎叶残片数十片，形状各异，主要有龙形、圆环形、芭蕉叶形、普通树叶形。茎叶上可辨的有神兽、蝉等图像。出土摇钱树树座2件。皆用黄色砂岩做成，圆台状，中有插孔。其一圆台底径大于面径，断面呈梯形，周身打磨光滑。面径14.2厘米，底径18.6厘米，高13厘米，插孔孔径2.4厘米，深10.5厘米。其二圆台底径亦略大于面径，断面呈梯形，腰部刻三周凹弦纹，弦纹之间刻斜线。面径16厘米，底径19厘米，高16.2厘米。插孔呈椭圆形，孔径2.2—2.8厘米，深11厘米。[3]

---

[1] 严平：《贵州安顺宁谷汉墓》，载文物编辑委员会编《文物资料丛刊（4）》，北京：文物出版社，1981年，第132—134页。
[2] 刘恩元：《安顺宁谷古墓》，《贵州文物》1983年3、4合期，第47—52页。
[3] 贵州省文物考古研究所、安顺市博物馆、西秀区文物管理所：《贵州安顺宁谷龙滩汉墓清理简报》，《考古与文物》2012年第1期，第12—18页。

1957年底至1958年初，贵州省博物馆在清镇发掘了一批古墓，其中清1号墓、清11号墓均出土摇钱树残片。清1号墓早前被盗，为砖室墓中最大的一座。该墓出土摇钱树残片和石质摇钱树底座。摇钱树底座为白砂石制成，中有插孔。[1]树干1段，饰云气纹，中部偏上饰一动物（似为熊），双耳竖立，双眼圆睁，上肢下垂。动物外有一圆形壁饰绕身，壁上有纹饰，壁边缘饰芒刺。树枝与茎叶一段（图十五、图十六）。钱形枝叶两端皆残，叶片弯曲，叶中夹铸方孔圆形钱，钱币上饰芒刺。[2]在清1号墓的出土物中有一件负罐铜鸟，发掘者认为"用途不明"，周克林认为其曾为摇钱树某大型枝叶上的插饰[3]。张合荣认为其可能是摇钱树或树形灯上的构件，而以摇钱树上的构件为主。[4]清11号墓出土摇钱树残片及3段青铜树干，残片中有铸成凤形飞舞状的装饰。在清11号墓的扰土层中出土铜人像，原报告言："中为沙胎外包铜质，两端已残，似为铜饰件。"（图十七）青铜树座1件，原报告认为是"兽形盘足"。树座为圆雕单体蹲兽状（似蛙），前肢自然平放于两侧，身有毛发，顶为圆柱形插孔。[5]

1958年底至1959年初，贵州省博物馆在清镇平坝处发掘了140座古墓。平墓M16为铲形石室墓，出土摇钱树残枝。发掘报告把该墓年代定为三国至南朝。[6]

20世纪50年代初至70年代末，贵州省博物馆在赫章可乐进行了多次调查

---

[1] 贵州省博物馆：《贵州清镇平坝汉墓发掘报告》，《考古学报》1959年第1期，第85—102页。
[2] 摇钱树具体形制为笔者观摩图版所述。见贵州省博物馆《贵州清镇平坝汉墓发掘报告》，《考古学报》1959年第1期，第85—102页。
[3] 周克林：《东汉六朝钱树研究》，成都：巴蜀书社，2012年，第88—89页。
[4] 张合荣：《夜郎青铜文明探微——贵州战国秦汉时期青铜器研究》，上海：上海古籍出版社，2018年，第211—214页。
[5] 摇钱树树座具体形制为笔者观摩图版所述。据罗二虎辨认，该墓所出三段铜树干残件上保存有两尊铜人像。罗二虎认为此铜人像为摇钱树上的佛像。张合荣认为"兽形盘足"为青铜树座。今从。见贵州省博物馆《贵州清镇平坝汉墓发掘报告》，《考古学报》1959年第1期，第85—102页；罗二虎：《略论贵州清镇汉墓出土的早期佛像》，《四川文物》2001年第2期，第49—52页；张合荣：《夜郎青铜文明探微——贵州战国秦汉时期青铜器研究》，上海：上海古籍出版社，2018年，第211—214页。
[6] 贵州省博物馆：《贵州清镇平坝汉至宋墓发掘简报》，《考古》1961年第4期，第207—211页。

图十五 清1号墓出土摇钱树树干侧视图

图十六 清1号墓出土摇钱树树干正视图

图十七 清11号墓出土的摇钱树佛像饰件

发掘。可乐M15为单室砖室墓，早年被破坏，出土有40余片摇钱树残片。有鸟翼形、枝条形、钱叶等。钱叶片上有"千万"字样，其间有车马人物。人物姿态各异，有前行后送、回首顾盼、持械相斗、吹奏舞蹈等。服饰发髻隐约可见。马套车，扬蹄飞奔，构图极为生动。[1]

1960年11月到1961年1月，贵州省博物馆在赫章可乐发掘了7座古墓，其中3号墓已被扰乱。3号墓为铲形双室砖墓，有摇钱树残树干、10余片枝叶出土。树干为铜皮铁心，无纹饰。枝叶正背面有相同的兽面、花草、人物等纹饰及钱纹。[2]

2005年5、6月，贵州省文物考古研究所对黔西10座汉墓进行发掘，M33出土摇钱树残片数十片，有叶片及钱形铜片。三角形叶片为铜片制成，底端两脚被切去，中部起脊，近底处钻有两个长方形小孔。古人把细铜片从孔正面穿过，于背面折叠制成叶片及枝节。圆形铜片形似铜钱但较小，素面，以细铜条缠绕于穿角处。三角形的长1.6—3.5厘米，宽1.4—2.5厘米，厚0.02—0.03厘米，圆形的直径1.7—2厘米。[3]

2007年至2010年，贵州省文物考古研究所在务川大坪清理发掘汉墓47座，其中M5、M10、M29、M13出土摇钱树残件。M10出土的一件摇钱树树干上有佛像一尊，佛像铸在一根食指粗的青铜摇钱树树干残体上，佛像呈结跏趺坐状，手持无畏印，其佛装为袒右式（图十八）。出土摇钱树树座4件，或作钟形，或作兽形。M29摇钱树树座上塑一兽，呈熊形（图十九）。M13摇钱树树座为辟邪形，辟邪似狮，身披羽翼，头出角，昂首作奔走状，背有圆柱形插

---

[1] 贵州省博物馆考古组、贵州省赫章县文化馆：《赫章可乐发掘报告》，《考古学报》1986年第2期，第199—251页。
[2] 贵州省博物馆：《贵州赫章县汉墓发掘简报》，《考古》1966年第1期，第21—28页。
[3] 贵州省文物考古研究所、黔西县文物管理所：《贵州黔西县汉墓的发掘》，《考古》2006年第8期，第40—56页。

图十八　务川大坪M10出土的摇钱树佛像饰件（引自李飞：《叩问黄土——一个考古者的田野札记》）

图十九　务川大坪M29出土陶质摇钱树树座（引自贵州省文物考古研究所、贵州省博物馆编著：《贵州考古出土文物精粹》）

孔。（图二十）[1]

2005年至2008年，贵州省文物考古研究所在沿河洪渡清理了15座汉墓，出土摇钱树（主干），其中M7出土一件陶羊形摇钱树树座（图二十一）。树座圆雕一人骑一羊，人面向左侧，双手抱一带三道凸棱的空心圆柱，圆柱为摇钱树树干插孔。[2]

---

[1] 佛像具体形制为笔者观摩图版所述。见李飞《叩问黄土——一个考古者的田野札记》，贵阳：贵州人民出版社，2013年，第29—31页；贵州省文物考古研究所编著：《2003~2013贵州基建考古重要发现》，北京：科学出版社，2015年，第143、146页。
[2] 摇钱树树座具体形制为笔者观摩图版所述。见《沿河洪渡汉墓》一文，贵州省文物考古研究所编著《2003~2013贵州基建考古重要发现》，北京：科学出版社，2015年，第161页。

图二十　务川大坪M13出土陶辟邪摇钱树座（引自贵州省文物考古研究所、贵州省博物馆编著：《贵州考古出土文物精粹》）

图二十一　沿河洪渡M7：8陶羊形摇钱树树座（引自贵州省文物考古研究所编著：《2003~2013贵州基建考古重要发现》）

二、贵州出土摇钱树分析

1.结构与类型

摇钱树的结构常由树座及树体两部分组成。树座有石质、陶质、木质及青铜四种。树体多为青铜，亦见个别铁质树体，结构分树干、枝叶、顶饰三部分。从目前为止的考古材料看，贵州所发掘的汉代墓葬多被盗扰，受此影响，加之摇钱树树体质地轻薄，不易保存，摇钱树形制完整者较少。根据摇钱树树座、树干、枝叶的质地、主要图像等区别，贵州出土摇钱树大致可分为：

（1）树座

贵州出土摇钱树座的材质主要有陶质、石质、青铜三种。

甲类：陶质树座，出土7件，按造型可分为三型：

A型，覆钟形树座，出土2件。分上下两部分，呈覆钟形。上部有圆雕图像，下部有动物浮雕。分两式：

A型Ⅰ式：圆雕二重兽树座。1件。兴仁交乐M6出土。上部圆雕羊、蛇二兽重叠，下部浮雕图像。

A型Ⅱ式：圆雕人与兽树座。1件。沿河洪渡M7出土。树座仅存人骑羊上半部分，与四川剑阁青树村M1出土树座[1]、绵阳何家山M2:71树座[2]等树座上半部一样。从沿河洪渡M7树座羊身断口可见，羊身下应还有底座，其造型应与四川等地所出同类树座相似。

B型：圆雕兽状树座。1件。圆雕单体辟邪形树座。务川大坪M13出土。

C型：浮雕钟形树座。1件。出土于务川大坪汉墓。[3]

另，兴仁M2所出摇钱树树座为残片，原报告描述与四川三台县东汉墓所出摇钱树底座类似，可能为A型Ⅱ式树座。务川大坪汉墓所出另外2件陶质摇钱树树座，因不清楚具体形制，不能进行更准确的分类。

乙类：石质摇钱树树座。3件。清1号墓出土1件，安顺宁谷M29出土2件。石质摇钱树树座造型简单，为中有插孔的圆台状，除刻线外，素面无动物、人物等造型雕刻。

丙类：青铜摇钱树树座。1件。清11号墓出土。

（2）树干

贵州出土摇钱树树干数量较少，材质以青铜为主，少量铜质铁心、铁质树干。根据树干的材质、装饰图案，可分为以下几型：

A型：饰佛像树干。务川大坪M10、清11号墓出土。务川大坪M10出土的

---

[1] 母学勇认为其为镇墓兽，何志国、周克林认为其为摇钱树树座，笔者以何、周说为是。见母学勇：《剑阁青树村汉墓清理简报》，《四川文物》1989年第5期，第61—63页；何志国：《汉魏摇钱树初步研究》，北京：科学出版社，2007年，第281页；周克林：《东汉六朝钱树研究》，成都：巴蜀书社，2012年，第98页。

[2] 何志国：《四川绵阳何家山2号东汉崖墓清理简报》，《文物》1991年第3期，第9—19页。

[3] 原报告形制不明，摇钱树树座形制为笔者观摩图版所述。见张合荣：《夜郎青铜文明探微——贵州战国秦汉时期青铜器研究》，上海：上海古籍出版社，2018年，第206页。

钱树佛像，其样式与重庆丰都县镇江镇槽房沟M9出土摇钱树佛像一致，槽房沟M9出土陶座上有铭文"延光四年（125）五月十日作"。这是迄今为止发现的纪年最早的摇钱树佛像。[1]由此可见，务川大坪M10年代与其相当。清11号墓出土三段摇钱树树干上铸有两尊铜人像，罗二虎认为此为摇钱树上的佛像。两尊佛像造像大体相同，结跏趺坐，头顶有高肉髻，佛装为通肩大衣式，双手置于前，似握住衣角。[2]

B型：饰动物、纹饰树干。

B型Ⅰ式：树干上饰波纹、钱纹、圆雕猴形动物。1件。兴仁交乐M6出土。

B型Ⅱ式：树干上饰波纹、圆雕熊形动物。1件。清1号墓出土。

B型Ⅲ式：树干上饰波纹、钱纹。1件。兴仁交乐M7出土。

C型：素面无纹饰树干。1件。出土于安顺宁谷M29。

D型：铜皮铁心树干。1件。出土于赫章可乐M3。

E型：铁质树干。1件。出土于安顺宁谷M22。

（3）枝叶

摇钱树枝叶出土数量较多，但出土时大都已残损，依枝叶形状、图案能辨者分类如下：

A型：长条形枝叶。形状似长条形，有一主干，主干及两侧有方孔圆钱或兽类、人物装饰。

A型Ⅰ式：长叶形枝叶。整体形状似一或直或弯曲的长叶。叶脉两侧以方孔圆钱、兽类、人物等为主要装饰。安顺宁谷M29、清1号墓、赫章M15、兴仁M2、兴仁交乐M7等墓均有出土。

A型Ⅱ式：龙形枝叶。整体形状似一弯曲的长龙。龙两侧以方孔圆钱装饰。安顺宁谷M29有出土此型。

---

[1] 何志国：《汉魏摇钱树初步研究》，北京：科学出版社，2007年，第207、208页。
[2] 罗二虎：《略论贵州清镇汉墓出土的早期佛像》，《四川文物》2001年第2期，第49—52页。

B型：树形枝叶。整体形状呈树枝形。安顺宁谷M29出土一件，饰满方孔圆形钱，钱上有一蝉。

C型：璧形枝叶。整体形状似一圆形璧。璧上铸有兽类装饰。兴仁交乐M6、安顺宁谷M29均有出土。

D型：单体铜片枝叶。主要有以细铜丝缠绕的钱形铜片和叶片形铜片，黔西M33、安顺宁谷M29出土。

2.年代问题

摇钱树为明器，且大多出土于砖、石墓中，其年代应与墓葬年代同时。[1] 贵州出土摇钱树形制完整者较少，均无纪年。关于摇钱树的年代，原报告多认为是东汉早中期、东汉晚期、东汉时期。受制于报告撰写时的研究所限，断代存在笼统粗略及断代不准的问题。现予以考证。

原报告认为兴仁M2为东汉中期，安顺宁谷M29、兴仁交乐M14为东汉晚期，务川大坪汉墓M29为东汉中期。今按。兴仁交乐M6、M7原报告认为年代为东汉早中期，兴仁交乐M8为东汉晚期。[2]1999年对兴仁交乐M19进行发掘后，认为M6、M7、M8、M19均为东汉晚期。[3]清1号墓、11号墓，原报告称"这批墓葬的时代是西汉末期到东汉时期"[4]，断代较笼统。罗二虎根据清1号墓的随葬品组合、墓葬形制分析，判断年代大致是东汉晚期，通过清11号墓与邻近地区汉墓的对比研究，认为其年代为"东汉晚期至末期，其下限可能会晚到蜀汉前期，而这株钱树的制造年代与墓葬的年代基本同时"[5]。

黔西M33所出摇钱树与安顺宁谷M29部分类似，与四川金堂猫头山M2相

---

[1] 四川崖墓出土的摇钱树中，因崖墓开凿、使用时间较长，有摇钱树制造年代与墓葬年代不同时的。
[2] 贵州省考古研究所：《贵州兴仁交乐汉墓发掘报告》，载贵州省博物馆考古研究所编《贵州田野考古四十年》，贵阳：贵州民族出版社，1993年，第262—264页。
[3] 贵州省文物考古研究所：《贵州兴仁县交乐十九号汉墓》，《考古》2004年第3期，第51—58页。
[4] 贵州省博物馆：《贵州清镇平坝汉至宋墓发掘简报》，《考古》1961年第4期，第207—211页。
[5] 罗二虎：《略论贵州清镇汉墓出土的早期佛像》，《四川文物》2001年第2期，第49—52页。

似，均有以细铜丝缠绕的钱形铜片和叶片。[1]据安顺宁谷M22原报告描述，其所出摇钱树也应属此类。原报告对黔西M33、安顺宁谷M29的断代均为东汉晚期，安顺宁谷M22为东汉，四川金堂猫头山M2的年代为南朝。安顺宁谷M29所出摇钱树枝叶有两类，一类为铸造而成，一类为绑定，风格差别较大。因出土摇钱树树座两件，该两类摇钱树片应属于不同的摇钱树。贵州汉墓受四川地区汉墓的影响，摇钱树的发展演变亦受其影响，以细铜丝缠绕的钱形铜片和叶片是摇钱树从图像题材多样精美走向简单粗糙的衰微类型。M29出土两类风格不同的摇钱树，是摇钱树从兴盛向衰亡过渡的体现。黔西M33除摇钱树外，还出土有陶俑，陶俑身形矮小、呆滞，制作较粗糙，有四川蜀汉时期陶俑的风格特征。[2]故安顺宁谷M22的年代可能晚至东汉晚期。黔西M33的年代可能要稍晚于安顺宁谷M29，可能晚至蜀汉时期。

赫章M15原报告依据出土钱币将其断代"约在东汉初期"，M3依据墓葬形制和出土陶俑定为东汉时期。M15出土有东汉早期五铢钱、水塘水田模型、陶鸡、陶猪、铁剑、铁销、漆盘等，只能说明其年代不早于东汉早期。M3为带甬道的双室砖墓，出土五铢钱、铜灯、铜孔雀、陶俑、陶罐、陶屋残片、摇钱树残片。水塘水田模型、动物俑在东汉早期后的四川砖石墓内流行，摇钱树在东汉中期后的墓葬流行。从M15随葬品组合看，其年代可能为东汉中晚期。M3出土陶俑与洛阳烧沟M23相似，铜灯与兴仁M14相似，出土摇钱树与枝叶题材有璧、龙首、蟾蜍等，与何家山2号墓题材相似，年代应为东汉晚期。兴仁M18为后室略高于前室的双石室墓，原报告依据墓葬形制定为东汉早中期。此前后室纵列的墓葬在东汉中晚期的四川流行，其所出随葬品有陶屋、田园模型、五铢钱、铁削等，与赫章M15相似，应为东汉中晚期墓葬。

---

[1] 成都市文物考古研究所、金堂县文物管理所：《成都市金堂县猫头山崖墓》，载成都市文物考古研究所编著《成都考古发现（2003）》，北京：科学出版社，2005年，第308—318页。
[2] 罗二虎认为，四川蜀汉时期砖、石墓出土陶模型器中有部分俑呈现呆滞、矮小的特征。见罗二虎：《四川汉代砖石室墓的初步研究》，《考古学报》2001年第4期，第453—481页。

平坝M16原报告据墓葬结构认为其是三国至南朝墓葬，安顺宁谷M10、M21年代为东汉，务川大坪汉墓M5、M10、M13年代不早于东汉早期，沿河洪渡M7为汉代墓葬。由于被盗扰，随葬品残存数量极少，以及摇钱树形制不明等原因，这些墓葬难以进行更准确的年代判断。

3. 摇钱树的使用者

通过对贵州出土摇钱树情况的汇总可以看到，自20世纪50年代以来，贵州出土摇钱树的墓葬据不完全统计有20余座，这些墓葬基本为石室墓和砖室墓，从结构、随葬品等看均具有典型的汉文化特征，主要分布于贵州兴义、安顺、清镇等地。贵州摇钱树的分布与贵州汉文化分布区域重合，赫章可乐、威宁中水、普安铜鼓山等代表贵州土著文化的地域鲜少出土摇钱树，赫章可乐仅甲类墓有摇钱树出土，乙类墓未见摇钱树出土。故摇钱树的使用者应为当地汉人。

兴义、兴仁出土摇钱树的墓葬中，兴仁交乐M6、M8、M14、M19均有铜车马出土。M14"南北共计十室，占地百余平方"[1]，出土"巴郡守丞"印，据汉代官职设置，墓主身份应为"秩皆六百石"的郡佐。[2]M19墓室前后总长9.05米，宽7.73米。M19与M14规模相近，距离很近，年代相当，是贵州已发掘汉墓中规模最大的。两墓均出土铜车马，墓主身份应相当，可能为本地统治阶级人物。M6、M7、M8、M19处于同一个封土堆下，可能为家族合葬墓，且M6、M8均出土铜车马，墓主当具有一定身份。因M8未见兵器及男性装饰品，原报告认为该墓墓主为女性，可能是县令（长）妻妾一类人物。袁炜从历史文献角度考证，认为不能得出墓主为女性的结论。[3]今按。汉代舆服制度建立，车马

---

[1] 贵州省考古研究所：《贵州兴仁交乐汉墓发掘报告》，载贵州省博物馆考古研究所编《贵州田野考古四十年》，贵阳：贵州民族出版社，1993年，第238页。但当前有学者认为，此考古报告中M14实际为墓室并不连通的两座墓葬。
[2] 《汉书》卷十九上《百官公卿表上》，北京：中华书局，1962年，第742页。
[3] 袁炜：《兴义、兴仁出土的东汉铜车马》，载广西壮族自治区文物局、广西壮族自治区博物馆编《广西文博（第三辑）》，桂林：广西师范大学出版社，2020年，第39页。

官阶等级严格，规定"贾人不得乘马车"[1]。M6、M7、M8墓主应不是商贾，而是当地官吏或官吏家属一类人物。兴仁交乐M18虽被盗，但墓室尺寸略大于出铜车马的M7、M8，出土有陶屋、田园模型、鎏金铜泡钉、摇钱树、铜铺首、银指环等器物，墓主身份应较高，非贫民阶层。

赫章出土摇钱树的墓葬有M15、M3。M15属于赫章汉墓中的甲类墓，其墓室规模大于多数甲类墓，出土水塘水田模型、陶鸡、陶猪、铁剑、铁销、漆盘等。原报告认为甲类墓规模大、随葬品多，随葬品中兵器远多于生产工具，墓主身份较高，应为军队中的官吏。赫章M3出土陶俑、铜灯、铜孔雀、陶屋残片等，墓主也应非一般贫民，可能为富家大族类人物。

安顺宁谷、清镇等地出土摇钱树的墓葬中，均早年盗扰严重，所出随葬品较少。但安顺宁谷汉代墓内残留的摇钱树、铜龟盂等造型精美的遗物，说明墓主当非贫民。

清镇出土摇钱树的墓葬墓室规模均不小。尤其以清1号墓规模较大，封土直径15.7米，高3.27米，墓室宽1.9米，甬道宽1.44米，墓室带甬道全长10.7米，高1.94米。墓砖使用有花纹砖，虽早前被盗，但就随葬品种类来说，仍为一般墓所不能比。清11号墓，虽随葬品被盗，罗二虎对比分析同类墓主资料后，认为墓主为"富有资财的阶层"[2]。黔西M33出土水田模型、房屋模型、圈、鸡、陶人物俑、镇墓俑、釜、铜镜等随葬品，从种类来看，墓主家境应比较富裕。

务川大坪、沿河等地出土摇钱树的墓葬，各墓具体所出随葬品不详。只知务川大坪汉墓出土有陶器、铜器、铁器、料器等各类器物500余件，砖室墓内出土有陶俑、房屋模型、水塘模型等；沿河墓葬内出土有陶俑、动物俑、鎏金铜器（残）、铜筷、铜杯等。

---

[1]《后汉书》志第二十九《舆服上》，北京：中华书局，1962年，第3648页。
[2] 罗二虎：《略论贵州清镇汉墓出土的早期佛像》，《四川文物》2001年第2期，第49—52页。

综上,从出土摇钱树墓葬的墓室规模、随葬品等分析,墓主基本非贫民阶层。部分摇钱树的使用者生前为当地郡佐、军队官吏等统治阶级,或是当地官吏的家属;部分为当地经济比较富裕的富家大族或地方豪强。

4. 与周边摇钱树的对比分析

据考古发掘资料和传世摇钱树材料,目前已知的摇钱树已超200株,尤以四川所出数量最多、类型最丰富。四川是摇钱树的起源地区,也是摇钱树流行的核心地区。

摇钱树甲类A型Ⅰ式树座广泛见于四川、重庆等地,A型Ⅱ式见于四川绵阳、成都,B型见于四川郫县(今成都郫都区),C型四川多地有出,但是浮雕内容比较复杂多样。乙类、丙类摇钱树树座,四川陶质树座中有此两种造型,但未见青铜质摇钱树树座,贵州未见木质树座材料。贵州摇钱树树干中,A型见于四川绵阳,B型Ⅰ式见于四川成都,B型Ⅱ式见于四川新都,B型Ⅲ式见于四川西昌等地。枝叶造型更是常见于四川各地出土摇钱树。四川摇钱树中,就树座而言,有覆钟形、覆斗状、整体圆雕动物状、楼阁状、盘龙状等形状造型,其雕刻的动物题材有羊、蟾蜍、龟、龙、辟邪、蛙首人身怪兽、熊、兔、鼠,其他题材有西王母、天门、山、佛像、人物,题材十分丰富。树干也有西王母、佛像、人、猴、熊、龙等装饰。枝叶题材更是丰富多样,有方士、凤鸟、钱币、璧、龙、西王母、佛像等。贵州所出摇钱树均能在四川找到相同或相似的类型,但无论数量、类型,还是图案、题材,均远少于四川地区摇钱树,与贵州相邻的云南地区也是如此。但从树座、枝叶细节看,贵州与四川出土摇钱树工艺差异不大,有的甚至一模一样。何志国认为摇钱树有不同的格套,相同格套的摇钱树在不同地区的出现,反映了摇钱树的商品流通。[1] 可能贵州出土摇钱树直接作为商品从四川传入,所以其工艺和四川差异不大。

值得注意的是,四川出土摇钱树中,多神仙及升仙题材,特别是西王母、

---

[1] 何志国:《汉魏摇钱树初步研究》,北京:科学出版社,2007年,第141页。

凤鸟形象，在摇钱树树座、树干、枝叶、顶饰上都有，而西王母常常居于摇钱树的中心位置或显眼处。西王母是四川、中原等地汉代画像中最常见的图像之一，贵州及云南出土摇钱树却少见甚至不见西王母，而有凤鸟题材。这可能受限于考古发掘材料。此外，贵州摇钱树饰有佛像与四川一致。西王母题材不仅常见于四川出土摇钱树，也常见于四川汉代墓葬画像砖、石，而贵州发掘的上百座汉墓中，画像砖墓较少，这些画像砖墓中的西王母题材更是少见。

据以上论述，笔者通过现有考古材料认为，贵州随葬摇钱树可能直接作为商品由四川传入，于贵州中西部地区流行。贵州所出摇钱树均能在四川找到相同或相似的类型，但无论数量、类型，还是图案、题材，均远少于四川地区摇钱树。贵州地区出现随葬摇钱树不早于东汉早期，流行于东汉中晚期砖、石墓，衰微于蜀汉，最晚至南朝消亡。使用者为当地郡佐、军队官吏、地方豪强等上层阶级人物。

贵州省博物馆藏"青""马"铭四神博局纹铜镜

宁健荣

(贵州省博物馆)

摘　要　本文通过对铜镜的形制、纹饰以及铭文等时代特征进行分析，得出结论：贵州省博物馆藏"青""马"铭四神博局纹铜镜肯定不是汉代铜镜，参考后世仿镜的时代信息，其历史年代应该为明代，可以更名为"马青"铭明仿汉四神博局镜。

关键词　"青""马"铭四神博局纹铜镜；明仿汉；贵州省博物馆

铜镜文化是中国古代青铜文化中的特色文化之一。在中华五千年的历史文明中，铜镜文化一直默默地汲取着青铜文化之精髓，不断发展，自成体系。自齐家文化开始，到战国秦汉以后，中国青铜文化由盛极一时而日益衰落。铜镜文化形成了自己独特的文化魅力，展示着不同历史时期的社会文化因子。经过战国、两汉和隋唐时期的辉煌时刻，随着明末清初玻璃镜的广泛使用，铜镜文化才逐渐消失。

一、"青""马"铭四神博局纹铜镜

贵州省博物馆藏"青""马"铭四神博局纹铜镜（图一），1959年由上海文物仓库拨交。镜为圆形，直径10.8厘米，半圆钮，钮顶略平，四叶柿蒂纹钮座。钮座外为一周方形凹宽带纹；纹饰区被八个带圆座乳钉与"T""L""V"形符号划分为四方八区，内饰青龙、白虎、朱雀、玄武四神和瑞兽、禽鸟等四

图一 贵州省博物馆藏"青""马"铭四神博局纹铜镜

个纹样,左右两侧有"青""马"楷书铭文;主纹外有栉纹一周。宽厚平缘上有锯齿纹两道夹一道波浪线纹。此镜完整,纹饰模糊。

以下,对"青""马"铭文铜镜的纹饰、铭文和工艺等特征进行简单的分析。

1.纹饰

"青""马"铭四神博局纹铜镜,主题纹饰为四神博局纹。这种精美的纹饰主要流行于西汉末期至东汉前期,特别集中在王莽时期。从铜镜的品质来说,王莽时期的铜镜十分精美,它与西汉和东汉铜镜构成了丰富多彩的汉代铜镜文化。

两汉时期铜镜文化大致可分为五个时期,即西汉初期、汉武帝至西汉中后期、西汉末期至王莽时期、东汉前期、东汉中后期。西汉末期至王莽时期的博局纹铜镜是两汉铜镜文化的重要组成部分，根据镜背主题纹饰内容的不同和"T""L""V"符号形式的纹饰，分为四神博局纹镜、禽鸟博局纹镜、几何博局纹镜等多种类型，其中四神博局纹镜最为常见。在镜背，四神纹饰往往被"T""V""L"符号纹样和乳钉纹分区配置，相互间隔排列，分居四方，并补充瑞兽和禽鸟等吉祥纹饰。

纹饰中的"四神"，又称"四灵""四象""四维""四兽"等，即人们常说的"青龙、白虎、朱雀、玄武"。据《三辅黄图》载："青龙、白虎、朱雀、玄武，天之四灵，以正四方。"[1]四神来源于远古人类的图腾崇拜，后逐渐成为一个族群的专属图案。秦汉以后，四神体系和原始星辰崇拜相互结合，随着宗教的介入，演变为镇守四方的天帝大神。人们又与神秘天空的二十八星宿对应，分列东、南、西、北四方，每七宿组成龙、凤、虎、龟蛇的动物形象，而为"青龙、朱雀、白虎、玄武"四灵。随着道教的兴盛和阴阳五行学说的流行，四神观念进一步升华，与人们的地理观、五行观、升仙观等思想观念融为一体，进而寓有守护四方，护佑四季，保佑人们风调雨顺、四季平安的内涵。

博局镜是汉代铜镜的一大创新，是汉代社会生活文化因子的展示。汉代早期，西汉贵族中流行着一种名为"六博棋"的游戏。研究表明，铜镜博局纹与汉代六博棋的棋盘纹饰颇有渊源，二者相辅相成，相互影响。在六博棋中，"T""V""L"符号纹样均匀地将棋盘分为不同区域；之后，这种流行于社会生活的纹饰逐渐影响了铜镜制造业，铜镜上的"T""V""L"符号和纹饰布局也类似分布，彰显其来源与发展。

"T""V""L"符号纹样与四神、羽人、瑞兽、珍禽交融在一起，形成了铜镜的流行纹饰——博局纹。铜镜中的博局纹，最早见于西汉武帝时期，流行于西汉晚期至东汉早期。王莽时期"托古改制"，博局镜盛行；东汉中晚期纹饰趋向简化，日趋没落；直到隋唐时期，还有简化的"V"形博局纹存在。

---

[1] 何清谷校注：《三辅黄图校注》，西安：三秦出版社，1995年，第150页。

2. 铭文

铭文是古代先辈铸刻在金石器物上,用以记述功德或祝福吉祥的文字。铜镜上出现铭文,始于西汉早期,尤其是西汉武帝后,铜镜铭文开始大量使用,主要镜类有日光镜、昭明镜、清白镜、铜华镜等,铭文内容大致为"见日之光,天下大明""内清质以昭明,光辉象夫兮日月,心忽扬而愿忠,然雍塞而不泄""洁清白而事君,怨阴驩(欢)之弇明,焕玄锡之流泽,志疏远而日忘,慎糜美之穷皑,外承驩(欢)之可说,慕窈窕于灵泉,愿永思而毋绝""炼冶铜华清而明,以之为镜而宜文章,以延年而益寿去不羊(祥)""日有熹,月有富,乐毋事,常得意,美人会,竽瑟侍,贾市程,万物平,老复丁,死复生,醉不知,醒旦里""常乐未央,长毋相忘",以及"家常富贵""长宜子孙""与天无极"等吉祥祝福语句。

王莽新朝前后,官方和私营铸镜业普遍得到了发展,民间铸镜业已十分普及。此时四神博局镜铭文上的吉语开始略有改变,多明确记述了制作者的姓氏,具有很强的广告宣传作用。此时,出现最多且最精美的是"尚方"镜,铭文多为"尚方作镜真大好……""尚方作镜四夷服……"等。其中涉及的"尚方",是汉代为皇室制作御用物品的官署,属少府。《汉书·百官公卿表》中的少府下有"尚方"。颜师古注:"尚方主作禁器物。"[1]《后汉书·百官志》:"尚方令一人,六百石。本注曰:掌上手工作御刀剑诸好器物,丞一人。"[2]制作铜镜也是尚方的任务之一。与"尚方"铭铜镜同期,还出现了纪氏铭,如"王氏作镜真太好……""朱氏明镜快人意……""田氏作镜四夷服……"等,都在为自己的铜镜制作做宣传。

再看中国的文字发展。从甲骨文到商周青铜器铭文——大篆,到秦统一的文字——小篆,再到两汉时期流行隶书,以及南北朝与隋唐时期的草书、行

---

[1]《汉书》卷十九上《百官公卿表第七上》,北京:中华书局,1962年,第731、732页。
[2]《后汉书》志第二十六《百官三》,北京:中华书局,1965年,第3596页。

书、楷书，文字演变终成体系。汉代的"日光"铭镜、"昭明"铭镜、"清白"铭镜、"铜华"铭镜以及后世流行的"尚方"铭镜等，其装饰铭文多为社会流行的书写字体——隶书。三国两晋南北朝时期，是文化的发展融合期。此时的草书、楷书相继出现，逐渐代替隶书成为社会主流；但草书和楷书对铜镜铭文没能产生较大的影响。直到唐代前期，楷书才开始普遍使用到铜镜的装饰铭文之中。唐代后期，长篇累牍的铜镜铭文装饰逐渐淡化。五代十国和宋辽金元的铜镜铭文也已经脱离了两汉时期七字格言式铭文的模式，往往多见纪年、记事、商标宣传式的铭文款识。明代铜镜铭文装饰更加趋向商业化，商家宣传款识越来越多，且风格也各有异同，还出现了买家定制的铭文款识。

3.形制与工艺

古代铜镜经过商周的萌芽期，到战国秦汉时期已经形成了固定的形制和装饰特色。进入两汉时期，铜镜也不再是贵族氏族的独宠，逐渐融入寻常百姓生活，越来越多的人能够拥有纹饰精美的铜镜，认识自己的美；而且，原本技艺精湛、装饰多样的青铜工艺，也逐渐运用到铜镜的制造之中。

青铜工艺自发展之初，就开始使用绿松石镶嵌工艺；随后又有错金银、鎏金等装饰技艺。至两汉时期，青铜器制作以素面为多，王侯贵族多运用金银炫耀权利和财富，这一阶段的铜镜逐渐受到人们喜爱，也融入了镶嵌和错金银工艺。东汉伊始，高浮雕技艺逐渐普及到青铜镜的制造，也逐渐减少了用金银炫富的社会风气。唐代金银炫富又重新开始，出现了金背和银背等装饰工艺。之后铜镜文化逐渐走向衰落，装饰趋于简单化，纹饰制作也不如前代精细，尤其是后仿铜镜，纹饰制作更是随意。如明代仿汉博局纹铜镜，镜缘上的双曲线纹往往变成粗的单曲折线纹饰。

铜镜形制，一直以圆形具钮镜居多。战国时期出现方形铜镜，但数量较少。两汉至南北朝时期，铜镜形制没有太多的创新和发展，仍以圆形镜居多，方形镜次之。盛唐之世，经济文化高度繁荣，异域风情也融入华夏，铜镜形制也受到影响，出现了葵花形和菱花形等多种造型。入宋以后，铜镜形制更加丰富，不仅继承了唐代镜型，还创造了炉形镜、心形镜、鼎形镜、有柄铜镜等多种形制。元明清时期，铜镜又趋向传统化，圆形镜和方形镜依然是铜镜的主要形制，圆形无钮带支架镜和具柄铜镜也时有出现，其他异形镜相对减少。

综而言之，贵州省博物馆藏"青""马"铭四神博局纹铜镜，为1959年上海文物仓库拨交。先观其纹饰，模糊不甚清晰，精美程度远不能与两汉之际"尚方"监制的博局纹铜镜相比较。再看其来源，并非出土，且又没有确切纪年，其年代就存在疑点，无法明确为汉代遗物。三观其铭文，"青""马"铭乃楷书之体，其历史年代更应定在三国两晋南北朝之后，这与主体纹饰博局纹存在时代印证，更确定此镜为后仿之物。

二、明仿汉镜

对于文物的历史时代判定，一般以文物的来源和特征等基本信息，对比有确切纪年的出土标准器来加以确定。从考古学方法分析，文物的来源是判断文物价值的重要资料，对于出土器物来说，这往往可以作为断代的标尺。考古发掘过程中有纪年的墓葬出土的器物，还可以确定其制作的时间下限，而具有确切纪年的出土器物更是文物鉴定和断代的标准器。因此，在文物鉴别过程中，掌握这些古代器物的基本历史信息，就有了研究它们的钥匙和密码。古代铜镜的研究和鉴别，也是如此。

就铜镜而言，我国铜镜最早出土于4000年前位于西北地区的齐家文化遗址。目前收藏的齐家文化铜镜共三面，一为1975年出土于甘肃广河齐家坪的素面镜[1]，二为1976年出土于青海尕马台M25的七星带纹铜镜[2]，三为中国国家博物馆收藏的传为甘肃临夏出土的多角星带纹铜镜[3]。商周两代，青铜文化的礼乐

---

[1] 严文明：《论中国的铜石并用时代》，《史前研究》1984年第1期，第35—44页。
[2] 李虎侯：《齐家文化铜镜的非破坏鉴定——快中子放射化分析法》，《考古》1980年第4期，第365—368页。
[3] 海国林：《史树青先生慧眼识真》，《中国文物报》1993年3月31日。

制度日趋完善,青铜器的制作和使用集中在"祀"与"戎",趋于生活化的铜镜难以登上大雅之堂。尽管如此,铜镜还是被能战好美的殷商妇好接纳,在河南安阳殷墟妇好墓出土的四面商代铜镜即是最好的例证。[1]东周列国逐渐强盛,商周礼乐制度逐渐崩溃,与礼乐制度并存的青铜文化也逐渐没落,生活气息浓厚的铜镜文化恰逢其时,迎来了在春秋战国时的高速发展期。至两汉时期,铜镜文化迅速繁荣,留下众多精美佳作。隋唐盛世,传统中国的经济、政治、文化达到巅峰,铜镜文化也步入鼎盛时期,辉煌不断,无论是镜型、工艺,还是表现内容,或承载的文化因子,都达到无法比拟的境界。宋元明清之铜镜文化,也仅在其高大的背影下,顺应历史潮流而延续发展。

铜镜的发展不但继承了青铜文明的文化精髓,也承袭了其适应历史发展潮流的仿镜传统。目前可以追溯的仿制铜镜,始于唐代,如陕西西安东郊韩森寨东南M10、M59唐代墓葬出土的仿汉四夔镜、仿汉式四神镜。其后的宋元金明清各朝均有仿制铜镜出现,尤其以明代仿制铜镜最盛。

有明一代,铜镜文化再次繁荣。此时的铜镜作坊摆脱了宋元时期中央集权下的"铜禁"约束,铜矿开采、火法炼铜技术进一步提高,工匠制度改革成功,以及掺入金属锌的黄铜配置,都推动了铜镜制造业的迅速发展,铜镜文化进入蓬勃发展的又一高峰。这一阶段的铜镜制作水平大幅提高,出现了丰富的明代仿汉代纹饰精美的铜镜。

1. 明代仿汉代铜镜

从《陆家嘴明代陆氏墓出土铜镜》《嘉兴王店李家坟明墓清理报告》《明代江西藩王铜镜》《九江出土铜镜》等报告资料显示,明代仿汉铜镜主要有明仿汉四神博局镜、鸟兽纹博局镜、简化博局纹铜镜、日光镜、昭明镜、四乳四螭纹镜、四乳四兽纹镜、四乳神话故事纹镜等。

---

[1] 中国社会科学院考古研究所编著:《殷墟妇好墓》,北京:文物出版社,1980年,第103、104页。

明仿汉四神博局纹铜镜，在全国文博单位出版图录或报告中能查到数面，与贵州省博物馆藏"青""马"铭四神博局纹铜镜比较，各具特色，表现方式也略有差异。《故宫铜镜》收录有两面明仿汉四神博局镜，其一为圆形，圆钮，柿蒂纹钮座，双线方栏，方栏内有铭文，内区饰有八个乳丁纹和博局纹平均分置，其间为四神和禽鸟、羽人、瑞兽等，镜背铸有"薛恩溪造"四字铭文；其二为圆形，圆钮，钮顶平，圆钮座，钮座外有"子丑寅卯辰巳午未申酉戌亥"十二生肖铭文带，主纹为四神加禽鸟、瑞兽纹，镜缘饰卷草纹。镜背有铭文"假充李镜真乃猪狗"。《陆家嘴明代陆氏墓出土铜镜》报告中收录明仿汉四神博局镜一面，圆形，球形钮，钮顶略平，九颗乳丁环绕成钮座，双线方框，方框内部的四角有卷叶纹。主纹为四神、鸟兽、博局纹。外缘装饰锯齿纹和变形卷草纹。[1]《旅顺博物馆藏铜镜》收录明仿汉四神博局镜，为圆形，圆形钮，钮顶较平，柿蒂纹钮座，带瓶形柄。双线方栏，其外饰四神、博局纹。素宽平缘。镜背有"宫"字铭。[2]

再观贵州省博物馆藏"青""马"铭四神博局纹铜镜，与上述资料中描述的铜镜在形制方面基本类同，皆为"圆形，圆钮，钮顶略平"。另外，四叶柿蒂纹、方形凹宽带纹（或称双线方栏）、带圆座乳钉、"T""L""V"形符号、内饰四神和瑞兽禽鸟等四个纹样，以及缘上的枙纹、锯齿纹、波浪线纹和卷草纹，也体现出与两汉铜镜不同的风格。

2.四乳八禽马青镜

随着考古资料的逐步增加，铜镜资料也不断丰富。四乳八禽马青镜（图二）在江西九江彭泽县出土。《九江出土铜镜》载："1982年彭泽县山乡桥村出土。圆形，半圆钮，弦纹座。座外饰宽弦纹、辐线。主纹饰四乳八禽。钮左侧铸一'青'字，右侧铸一'马'字。纹外为辐线。宽素缘。直径8.7厘米。"此

---

[1] 傅为群、包黎华撰文，张毅摄影：《陆家嘴明代陆氏墓出土铜镜》，《上海文博论丛》2003年第1期，第48—51页。
[2] 旅顺博物馆编：《旅顺博物馆藏铜镜》，北京：文物出版社，1997年，第225页。

图二 四乳八禽马青镜（图片取自《九江出土铜镜》）

图三 明代仿汉"青"禽兽博局镜（图片取自《镜涵春秋——青峰泉、三镜堂藏中国古代铜镜》）

镜历史时代定为明代。[1]它与贵州省博物馆藏"青""马"铭四神博局纹铜镜相比，相同之处更多。从镜背楷书铭文"青""马"二字，更能确定贵州省博物馆藏的这面铜镜是明仿汉四神博局镜。

另外，深圳博物馆图录《镜涵春秋——青峰泉、三镜堂藏中国古代铜镜》也收录有一件"青"字铭铜镜。明仿汉"青"禽兽博局纹镜（图三），直径15.1厘米，缘厚0.5厘米，重748克。圆形，圆钮，圆钮座。钮座外饰九枚圆座小乳钉，乳钉间有弧纹、三角纹，外围三周弦纹。外区由四组博局纹和四枚柿蒂纹座乳钉分成八个区，分别饰青龙与羽人、青龙与怪兽、白虎与朱鸟、玄武与独角羊。其外饰一周弦纹和一周短线纹。外区左侧刻有一个"青"字。镜缘饰变形禽兽纹，间饰枝叶纹。[2]这面铜镜的"青"字铭文，和本馆所藏铜镜以及江西九江出土铜镜的"青"字，均为楷书字体，且三者极为相似，都已经脱

---

[1] 吴水存编著：《九江出土铜镜》，北京：文物出版社，1993年，第133页。
[2] 深圳市文物管理办公室、深圳博物馆、深圳市文物考古鉴定所编：《镜涵春秋——青峰泉、三镜堂藏中国古代铜镜》，北京：文物出版社，2012年，第372页。

离了两汉时期的隶书风格。

3．"青""马"铭辨

"青""马"二字，同时出现在一面铜镜上，肯定会有先后之分。九江出土的铜镜命名为四乳八禽马青镜，更为合理。这主要从古代人们的书写习惯来说，明代的文人多是自右向左诵读和书写。不仅在铜镜上可见，而且书画上更是屡见不鲜。

"马""青"二字，虽然分置左右两侧，应该是可以连读的，如果不做连读，这两个字就会失去其基本的价值。因此，"马""青"二字应为"马青"。如此分析也符合汉字的传统演变，若以"马"为姓，"青"为名，当更为恰当。在明代，商业制作的铜镜有加铸个人特殊符号的情况出现，或为戳记，或为定制铜镜的客户姓名。

三、小结

本文通过对铜镜的形制、纹饰以及铭文等时代特征进行分析，贵州省博物馆藏"青""马"铭四神博局纹铜镜肯定不是汉代铜镜，参考后世仿镜的时代信息，其历史年代应该为明代，可以更名为"马青"铭明仿汉四神博局镜。

贵州松桃县干溪壁画墓发掘简报

贵州省博物馆　贵州省文物考古研究所

摘　要　2017年9月，为配合铜仁市松桃至玉屏城际快速道路的建设，贵州省文物考古研究所对位于松桃苗族自治县（简称松桃县）盘信镇干溪村的一座壁画墓进行抢救性考古发掘，墓的年代为清代。贵州省内，带壁画的墓葬目前发现不多。该墓葬的发掘为研究贵州地区明清时期的丧葬制度提供了重要的实物资料。

关键词　贵州松桃县；壁画墓；砖室墓；明清时期

一、松桃县历史沿革

关于松桃县的建制，据史料记载，唐武后垂拱二年（686），置万安县，属锦州。天宝二年（743），改曰常丰县，即今县地。宋置龙泉葛泽长官司，兼有麻阳县地，属沅州。政和间，置有平茶洞。元初，以平茶洞改置溶江芝子平茶等处；又有乌罗洞，杨氏自唐以来世守，元置乌罗龙干等处长官司；均属思州安抚司。明洪武初，置乌罗长官司，属思南宣慰司。永乐十一年（1413）二月，废思南宣慰司，分置乌罗府，以乌罗长官司为府治，隶贵州布政司，领乌罗、答意、治古、平头著可四长官司。正统三年（1438），省乌罗府入铜仁府，拨朗溪司属思南府。清雍正八年（1730），铜仁府理苗同知自正大营移至松桃（乌罗司东北地），为松桃厅；十三年，题建石城，又有乌平司吏目、石岘卫属之。乾隆二年（1737），改建砖城。嘉庆元年（1796），奏请补修；二年，直隶贵州布政司；七年，补修成。道光九年（1829），添设炮台四；二十年，果勇侯杨芳请增修子城，二十三年告竣。民国三年（1914）一月（一说1913年），改松桃厅置松桃县。民国二十五年（1936），省所属正大营分县来入。又，唐垂拱二年（686），置洛浦县，属溪州。天授二年（691），分置锦州，洛浦县又属锦州。在今铜仁市极北境。宋为沅州中部上段地。元属铜人大小江等处长官司所辖。明以其地置正大营。清康熙四十三年（1704），置正大营厅，驻铜仁府同知。雍正八年（1730），移同知驻松桃，原地置正大营巡检司属之；十二年，移巡检司治磐石营，原地又置正大营县丞，属铜仁县。1914年一月，改置为正大营分县，属松桃县。1936年，省分县入松桃县。[1]1956年撤销松桃县，设立松桃苗族自治县。

二、地理位置

干溪壁画墓位于贵州省铜仁市松桃苗族自治县盘信镇干溪村附近的小山包上（图一），考古人员于2017年6月配合铜仁市松桃至玉屏城际快速道路建设的调查时发现，并于同年9月进行抢救性考古发掘，编号M1（图二）。该墓葬在早年时被盗，墓中遗物无一存留，仅在墓室外部扰土中发现一片青花瓷碗底。现将该墓葬简报如下。

图一　干溪壁画墓M1位置示意图

---

[1] 王燕玉：《贵州省各市县沿革》，《贵州民族研究》1979年1期，第84—85页。

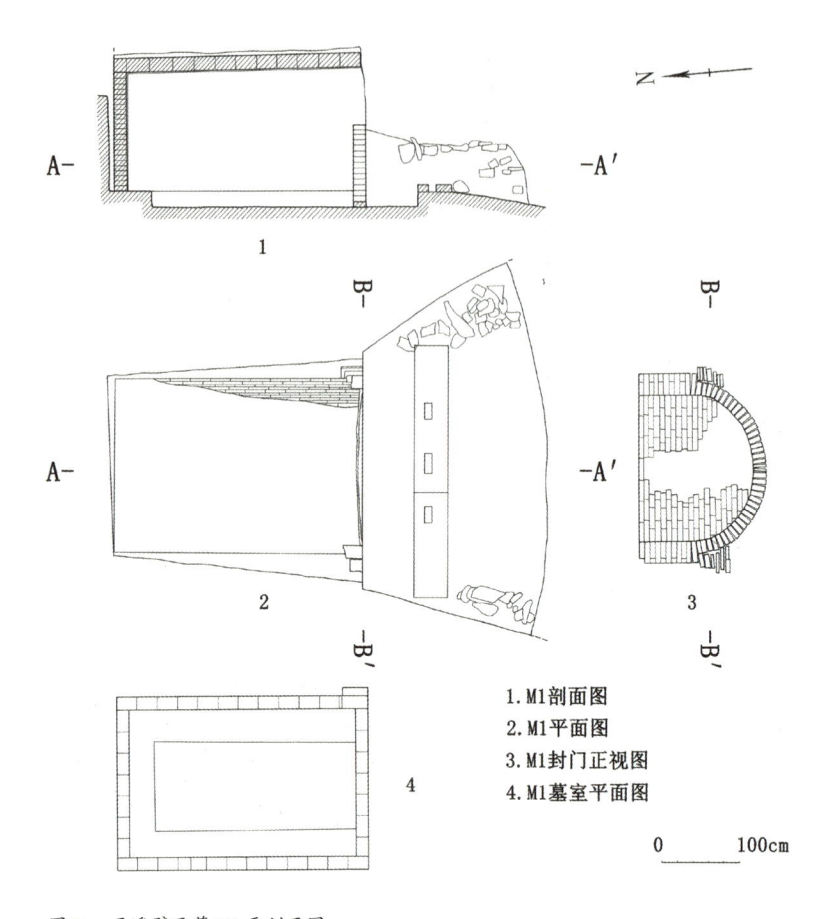

1. M1剖面图
2. M1平面图
3. M1封门正视图
4. M1墓室平面图

0   100cm

图二　干溪壁画墓M1平剖面图

三、墓葬形制

M1，墓道朝东，方向95°。由封土、墓道、墓碑、封门、墓室五部分构成。（图三）墓葬总长7.82米，宽3.12米，深1.36米。

封土，平面近圆形，东侧有一盗洞直通墓室，东西径长3.5米，南北径长4.5米，残高1.3米。

八字墙，位于封门外，向两侧外撇，平面形状为"八"字形，用大小不

图三　千溪壁画墓M1全景

等、形状各异的石块垒砌而成，前部延伸段被破坏，剖面为斜坡式向下倾斜，残长2.06米，宽2.9—4.54米，深0.94—0.56米。

碑座，距离封门0.65米，由两块长方形条石顺排平铺构成，条石上有三个穿孔，用以安放墓碑，短的一块长1.28米，宽0.43米，厚0.15米，长的一块长1.8米，宽0.43米，厚0.1米，穿孔长0.2米，宽0.1米。

封门，用长方形砖砌筑，顺砖错缝平铺，宽1.8米，残高1.38米，封门砖长26厘米，宽16厘米，厚6厘米。

墓室，平面形状呈长方形，长3.06米，宽1.8米，高1.45—1.65米。墓室顶部为券顶，从墓室两侧壁第11层砖开始用长方形砖顺砖错缝平铺起券，第11层以下为长方形砖顺砖错缝平铺垒砌。墓室顶部外壁覆盖有一层厚5—10厘米的掺和土，质地坚硬，用以加固墓室。墓室底部中间位置有一长方形土圹，用以放置木棺，土圹长2.58米，宽1.06—1.1米，深0.2米。在北西南三侧形成一个生土二层台，北侧二层台宽0.38—0.4米，西侧二层台宽0.32米，南侧二层台宽0.32—0.34米，推测用以放置随葬品。在墓室内部两侧壁及后壁涂有一层厚约1—2厘米的石灰，石灰表面绘有壁画。

葬具，木质棺具，已被严重破坏，部分残存棺木外侧刷有红色漆，并绘制黑色图案，似为八卦形图案，残破严重。

四、墓葬壁画

墓室内壁涂有一层厚约1厘米的石灰，石灰表面绘有壁画，壁画分布于墓室顶部和后壁，整个壁画用黑色颜料绘制，墓室顶部壁画保存较好（图四），墓室后壁壁画污损严重（图五）。墓室顶部壁画东侧有一处三角形区域裂痕，形状较为规则，该区域颜色较浅，推测壁画可能先画在某物体上，然后再附至墓壁。墓室壁画采用三维建模导出正投影生成。

图四 墓室顶部壁画（三维建模正投影）

图五　墓室后壁壁画（三维建模正投影）

1. 墓室顶部壁画

墓室顶部壁画平面近方形，东西长1.92—2米，南北弧宽2.2米。画上有一条四爪龙，龙身盘曲，穿梭于祥云之间。在裂开的三角形区域内，壁画颜色浅淡，部分地方缺失。

2. 墓室后壁壁画

墓室后壁壁画呈半椭圆形，宽1.8米，高1.45米。壁画被侵入的泥水浸染严重，模糊不清，但可辨出有树枝、祥云及骑马人，后壁的画面似乎展现的是一个人骑马行走在祥云下的林间小道的情景。

五、墓葬时代

该墓葬的形制承自明代，比如八字墙的使用，同成都地区部分明代墓葬的建筑样式相似。[1]

  同时，在发掘过程中，经过田野调查得知，该墓葬的墓碑于2000年左右被破坏。据当地老人回忆，碑文记载该墓主人姓李，为清代举人，客死他乡后迁葬于此。在清理墓口被破坏的扰土中发现一件清代青花瓷碗残片，也证明了这一点。该墓葬的形制及建筑样式当为明清时期墓葬。另，根据《道光·松桃厅志》记载，"举人……国朝……李世焘，乌罗司下牌人，乾隆丁卯（1747）科官知县"。[2]可知，该地明代无李姓举人，直至清代道光时，仅有一位乾隆年间的李姓举人李世焘。若该墓主为文献记载中的李姓举人，那么该墓葬的年代当在乾隆丁卯年以后。综上，该墓葬的年代当为清乾隆及以后。

发掘：李二超（贵州省博物馆）
绘图：李二超
描图：党国平（贵州省文物考古研究所）
执笔：李二超、闵凯（贵州省文物考古研究所）

---

[1] 成都文物考古研究所编著：《成都新北小区四期明代太监墓群发掘简报》，载《成都考古发现2006》，科学出版社，2008年，第336页。
[2]（清）徐鋐修，萧琯纂：（道光）《松桃厅志》卷二十，载巴蜀书社编《中国地方志集成：贵州府县志辑》第46册，成都：巴蜀书社，2006年，第617页。

绘画书法

清至民国画坛中的贵州题材作品探析

朱良津

（贵州省博物馆）

摘　要　本文通过解读清至民国画坛转型中的贵州题材作品，探析其文化内涵。
关键词　清至民国；画坛转型；贵州题材作品

从清初到1949年，三百多年的历史进程中，贵州画坛先后产生了许多以贵州为题材的绘画作品。其中非贵州籍画家的创作占据了较大的比重，由此可见黔地的山川、风情、人物、名胜对各地绘画艺术家所产生的吸引力。这三百多年的时间里，西方的影响使中国社会发生着巨变；在绘画领域中，也发生着很大的变化。笔者以为，贵州的绘画发展变化过程以清代结束为分界，可以分为前后两个时期。有清一代，无论是本土人物，抑或他乡之士，他们的绘画创作皆为封建时代文人的中国画作品，非工笔即写意，非水墨即设色；从作品形式上论，或立轴或横卷，或册页或扇面。这期间，外地画家不断进入贵州，主要是基于清王朝对黔统治策略的逐渐强化，以及贵州对外交流渐为频繁的大背景，致使外来的兼能绘画的官吏、文士渐多。这些画家都是在传统中国画私塾式师徒传授教育方式下培养出来的人才，他们注重诗书画的综合素质训练，注重这几方面在作品中的综合体现，他们的作品属于宋元以来传统文人画的延续。在清朝逐步走向覆灭、民国起而代之的历史进程中，欧风东渐、西学日兴的风潮下，以素描造型、色彩训练为培养绘画人才教学之必需的西方学校式美术教育逐渐在华夏大地上推行，加之留学日本、欧洲归来的画家逐渐增多，中国绘画的状况已然不同往昔，在画种创作、观点理念等方面发生了很大的变化。在民国时期，描绘过贵州的画家多数接受过西画训练，他们大都因抗日烽火避难西南，或客居，或过往黔地。贵州有别于其他地方的风情人物、大好河山让他们感到新奇，激发他们的创作欲望，从而纵情挥毫，泼墨赋彩。这些作品因作者的所学不同、所擅有异，因而呈现出国画、油画、速写、素描、水彩、漫画、版画等不同画种，以及中西画法兼融的状态。鉴于这种情况，我们可以将清代、民国分为贵州题材绘画的两个不同发展时期。分析这两个时期的绘画作品，笔者认为，由于这些画家各自的时代差异、绘画技巧、思想情感、学识修养、知识结构、文学造诣、哲理思辨、个人经历等因素在创作中产生的作用，作品中呈现了一些现象或特点，本文试从以下几方面作一些探析。

一、作品类别：写实、写意

清代到民国以贵州景象、人物为题材的画家，因为各自的学艺经历不同，故表现方式有异。当我们在品读每幅画并了解创作过程后，基本能够划分出作品的性质是写实性的还是写意性的。

有一部分作品写实性较强，它们的产生是由于作者身临其境并对景作画。这类作品大都出自民国时期的旅黔画家之手。闻一多在由湘经黔去滇的行程里，在贵州道上所作的那些铅笔写生（图一——三）充分展示了其扎实的写实能力。其中，如《甲秀楼》《清镇县东山寺》《安顺县文庙》《重安江链子桥》等幅，均是面对物象，对细节精细描画的画作。还有徐悲鸿弟子徐风的炭精素描《青苗少女》，李霖灿的钢笔风景、人物写生也当属此类。民国时期到贵州的画家（如闻一多、徐风、乌叔养、董希文、庞薰琹、叶浅予等），与邹一桂、黄向坚、孙清彦等这些清代入黔画家比较，他们受过现代学院派绘画严格的造型训练，或有以西画训练方式自学成才的经历，决定了他们在写生或者创作的时

图一 闻一多速写《贵阳一角》（引自《闻一多速写》，《美术》1978年第4期）

图二 闻一多速写《炉山县市肆 弘文书社》（引自《闻一多速写》）

图三 闻一多速写《重安江链子桥》（引自《闻一多速写》）

候，都有精准描绘物象的能力和更强烈的写实意识。

在笔者认为具有写实性质的作品中，还有一部分是作者有亲临实景的经历，虽然当时没有挥笔写生，但细心观察、默记于心，后来在书斋、画室中创作的，所表现的内容与实际物象大致相符，并能把握其基本特点的画作。从清初黄向坚在其《寻亲图册》中写下的那些表达自己在寻到双亲后踏上归途、步履胆寒、历尽艰辛的款文里，以及乾隆时期来贵州的邹一桂在其《山水观我册》中所写的"既入黔，则万山穿云，岩壑崖洞，称奇胜者不一而足顾，以巡试匆匆未暇及"的自述中判断，他们在当时是没有对景写生的可能的。还有滇籍画家孙清彦的《黔中四景图》，虽在款中指明所描绘的地点，但又强调是在运用古代某家的技法，也极有可能是采取遵照实景特点的方式在书斋中精心画成的。所以《寻亲图册》《山水观我册》《黔中四景图》等画作，应是画家凭借着储存在大脑中的印象而创作的。

笔者认为的写实性绘画，还包括另一种情况下的创作，就是这类作品并不一定是描绘现实中的具体某地或生活于其中的人，但画中的构成元素是从若干写生材料中摄取的，画家将源于生活的东西主观地组构于画幅中，仍然让观者感到强烈的写实感。这种作品以抗日战争时期来到贵州的画家庞薰琹、乌叔养的作品尤具典型性。观赏庞薰琹的《贵州山民图》组画（图四至七），虽然作者并没有说明是在画贵州哪个地区的苗族，或者是苗族众多支系中的哪一支，但画中对人物形象工致的描绘，特别是对服装细腻的刻画，会让观者感到作者坚实的生活基础。而乌叔养的《西南苗胞》彩色版画在构图上亦如前者，虽有作者的主观创作意识，但每幅画中人物的服饰款式各个不同，无疑是作者通过写生或对生活细致的观察所得，对谙熟苗族文化的人士而言，可大致分辨出每幅画所表现的苗族支系。

至于写意性作品，则集中于清代画家的创作中，即前面提到的那些在中国画传统师徒传授方式下培养出来的画家作品。这部分画家大多是有科举经历的读书人，在绘画上普遍接受了崇尚写意的思想。自唐宋以来的"论画以形似，

图四 庞薰琹《贵州山民图》组画之《盛装》，工笔重彩画（图来源于网络）

图五 庞薰琹《贵州山民图》组画之《提水少女》，工笔重彩画（图来源于网络）

图六 庞薰琹《贵州山民图》组画之《跳场》，工笔重彩画（图来源于网络）

图七 庞薰琹《贵州山民图》组画之《黄果树瀑布》，工笔重彩画（图来源于网络）

见于儿童邻"（苏轼语）或"逸笔草草，不求形似"（倪瓒语）的文人画思想在他们的头脑中根深蒂固。在他们的作品中，虽然有不少是"指名道姓"地在画自己曾到过的地方，但观其所画，已是心中的山水，有更多的主观发挥。如邹一桂《山水观我册》中的《黔灵山》《东山》两幅，所绘两地皆为贵阳人耳熟能详的景点，但一看便知是不囿于实景而创作的。

这些写意画中还有一种创作情况，虽指明所画之地点，但作者并未到过，或全凭想象而作，或通过他人的介绍进行构思。这类画，如晚清至民国的著名学者、画家姚华的《藏山草堂图》（图八），即姚华应朋友之请为其在贵阳的居所所作之图。姚华未必到过藏山草堂，即便到过，作画时已久离家乡，寓居北京，或许是凭借介绍进行创作的。再如描绘清代著名学者、书法家莫友芝故居的影山草堂的各位作者，大多非黔籍人士，并未到过莫氏故居。观赏他们所作，能够感受到这些作画者对影山草堂的了解，定是来自莫氏家族祖孙三代的介绍。

总的来看，在清初到民国时期这三百多年发展过程中，笔者所说的前一阶段的绘画，大致可归划为写意画的范畴，传统文人画的写意性、似与不似的特点弥漫于作品之中。而后一阶段主要是多画种的写实性绘画的呈现时期。缘由即如前述，是时代的发展、画家接受的教育及训练方式不同、群体造型能力与创作方式的改变、知识结构的改变、意识理念不同所致。

二、同一题材表现手法的异同

在这些表现贵州的作品中，虽然所描绘的内容比较丰富，山川名胜、人物风情尽收笔底，但是在对这些作品进行梳理，有比较深入的了解后，会感到画家在表现贵州的时候，取材上还是有较多相同之处的，反映了画家因审美上的共识而表现出对某些题材在选择上的一致性。从作品中看，在山水画或者风景画创作的范畴里，则出现了对同一个地点或同一处风景有多位画家都去描绘的

图八　姚华《藏山草堂图》(贵州省博物馆藏)

情况；在人物画方面，则出现了偏重于对黔贵地域内少数民族人物的刻画。

就山水画而言，被多位画家所表现过的地方，如位于贵阳城的黔灵山，表现此地的画作有邹一桂《山水观我册》中的《黔灵山》，道光时期入黔的麟庆《鸿雪因缘图记》中的《黔灵验泉》（图九），晚清政治人物、贵阳人陈夔龙《水流云在图记》中的《黔灵访僧》，抗战时途经贵州的闻一多的铅笔速写《黔灵山东峰》《黔灵山脚》，以及孙清彦的《黔灵春晓》等。另外，描绘贵阳甲秀楼的作品有邹一桂的《涵碧潭》、麟庆《鸿雪因缘图记》中的《甲秀赏秋》（图十）、闻一多的速写《甲秀楼》。还有以黄果树瀑布为题材的，有邹一桂的《白水河》、孙清彦的《犀潭夏瀑》、庞薰琹的《黄果树》和抗战时期到贵州的徐风的国画《黄果树》、李霖灿的《黄果树》速写两幅、李显的《黄果树》。描绘位于黄平古代驿道上的奇景飞云崖的作品，有邹一桂的《飞云崖》、麟庆《鸿雪因缘图记》中的《飞云揽胜》（图十一）、陈夔龙《水流云在图记》中的《飞云题石》、《黄平州志》中的插图《飞云崖》，以及闻一多速写《飞云崖塔》《飞云崖庙门》《飞云崖》、民国贵州画家桂百铸的《飞云问道图》（图十三）。表现黔滇道上的盘江铁索桥的作品，有邹一桂的《铁锁桥》、黄向坚的《盘江图》、孙清彦的《铁锁清秋》。还有湘黔通道上的相见坡，表现它的画作有邹一桂的《相见坡》、黄向坚的《越相见坡》、麟庆《鸿雪因缘图记》中的《相见叱驭》（图十二）。

从清代至民国这数百年的时光中，这些现当代蜚声中外的贵州景点，在那时早已吸引住画者的眼球。在今天，包括上述这些地方在内的许多贵州风景区，有的以其壮美奇观让人们流连忘返；有的因其异于他处风光的独特性，成为外来旅游者慕名而必到之处。贵州的美景很多，笔者以为上述画中，每每被画家作为绘画题材去表现的这些地方，除了其自然风光对于人们有强烈的吸引力外，还具有一个特点，就是在交通上极不便利、画家所能到达的地方极有限的当时，它们大多位于繁华的城市及要道之上，占据了交通上的优势。

多位画家去表现同一个地方时，不同之处在于，因为各自对生活的不同理

图九　麟庆《鸿雪因缘图记》中的《黔灵验泉》版画

图十　麟庆《鸿雪因缘图记》中的《甲秀赏秋》版画

图十一　麟庆《鸿雪因缘图记》中的《飞云揽胜》版画

图十二　麟庆《鸿雪因缘图记》中的《相见叱驭》版画

解而见仁见智，审美上的差别有异，构图上的思考有别，加之师承、技法各个不同这些因素，所以同一地方展现在不同作者的画面上时，却是面貌纷呈的。滇黔道上的铁索桥，在邹一桂、黄向坚、孙清彦的画中各有特点。其他姑且不论，仅以他们在画中采取的透视方法而言，就反映了各自的创作视角。邹取"高远"之法，黄以"深远"之法，孙用"平远"之法，这就让欣赏者从画中看到了在居高临下、举头仰望、平视远方三种不同角度下的铁索桥。在画同一地方的作品中，一些画家喜于表现大的整体环境，而有的则乐于刻画某一局部细节。甲秀楼在邹一桂的笔下，整幅画面描绘的是楼、桥与周边的环境，表现的景致比较大；而在闻一多的眼里，却注意到的是桥上的涵碧亭及甲秀楼，他采取站在桥头看桥上景物的角度，表现了涵碧亭和甲秀楼两座建筑一前一后的层次关系。在关于飞云崖的作品里，邹一桂画的是大环境，状似卷云的山崖与崖下的建筑、林木、河流尽收画中；闻一多的铅笔速写则弃整体而观局部，画的是飞云崖建筑中的塔、庙门这些局部景致。相见坡在黄向坚的笔下是两山之间一湾河流，青山苍茫悠远，似雨中山水，亦似雾里景致；而邹一桂的画面明净，感觉风和日丽、阳光明媚，还有临河的山峦、屋居，蜿蜒于山中的小径，这些景致，题款以汉字注音苗语方言，颇有趣味。《鸿雪因缘图记》中的《相见叱驭》，仅观其名便知，重在展现相见坡的山道崎岖难行。以上种种，可见画家在描绘相同的地方时是多么的不同，各有其构思，各施其技巧，各出其画意。

相同之处在于，虽然同一题材因每位画家风格不同，思考有异，画面呈现各自的面貌，但在面对所要表现的物象时，最美的东西往往又会被他们都看到，在审美意趣上表现出趋同性。黄果树瀑布在邹一桂、孙清彦、庞薰琹的描绘中，几乎选取了一个相同的角度，均取似从面对瀑布的左边高处往下看的视角，都是以国画中的"深远"法构图。可见三人均认为这个角度最佳，说明面对这同一风景，三人在审美上的相似。前面谈到铁索桥，虽然邹一桂、黄向坚、孙清彦在创作时各有其法，但都关注的是铁索桥及附近大环境，他们的画

图十三　桂百铸《飞云问道图》(贵州省博物馆藏)

面均展示出桥横于半空的险要形势,以及周围山川的无尽连绵、空阔旷远。要彰显盘江铁索桥一带的气势,需与周围的山川相连,这一点他们是有共识的,所以皆采取了大场景的构图。画甲秀楼的作品亦是如此,多数画家均表现出较为相同的创作思考,除闻一多外,其他作品,如邹一桂的《涵碧潭》、麟庆《鸿雪因缘图记》中的《甲秀赏秋》及陈夔龙《水流云在图记》中的《南明樵唱》三幅,虽然画作各有面貌,所取角度也不尽相同,但都表现的是楼及周边环境的大格局。

关于描绘少数民族人物形象,画家表现方法的不同在于,有些作品所绘的人物少,占据了画幅的大部分面积,近于人物肖像画,而有的则是描绘人物在山水之间,强调其在一定环境中的活动。相同之处在于,无论是哪类作品,画家都对吸引着他们眼球的少数民族服饰的描画比较刻意。虽然画家各自的侧重点不一样,构图上有着很大的差异,民族服饰在他们的画作中均强烈地冲击着观者的视觉。这在传世的表现清代贵州少数民族生活习俗的画册——《黔苗图说》,以及抗战时期入黔的关山月、庞薰琹、乌叔养、黄异等人的作品中尤为突出。那些表现一定场景中的人物活动的绘画,更具叙事性,情节性较强,在民族服装的描绘上注重外观及整体造型。而近于人物肖像的那类作品,弱化了叙事性,作者侧重于对服装上的纹饰图案的细腻表现,最具代表性的莫过于庞薰琹的《贵州山民图》组画、乌叔养的版画和黄异的部分画作。

面对相同题材时,因学艺经历、创作理念等因素的不同,每位画家在创作时各显其能、各擅其长、各具面貌。但审美意识的普遍性又使画家在不同的创作思考中,往往寓于相同的东西。

三、主题性与少数民族题材的普遍性

我们在细读这些画作之后,总会从不少的作品中感到,画家在借绘画这种形式抒发着自己的某种思想、情感,让我们品味到其中所蕴含着的某种主题。

特别是在那些成系列的组画里，从单一的逐幅赏析中，单纯地看是在描绘某个图像或某种场景，如果画作有随附的文字，则是作者在对创作中的未尽之意加以延展说明，或者是在抒发与画意相符、相得益彰的情感。当一组画串联、集合题款读完之后，往往一个中心的思想就突显出来了。虽然每件作品所蕴含的寓意各有不同，但总体来看，大多是在表达画家对贵州的各种情感。下面试归纳几类来谈谈。

从作者在画中所表达的思想来看，有一种是贵州山川令他们流连、挥之不去的情怀而引发追忆图写的作品。如邹一桂的《山水观我册》，将十七幅描绘黔贵具体地点的美景图画连在一起看，我们会感到贵州山川留存在他心中的那种深刻印象，他是在以"图游"的方式来追忆自己曾经在贵州奇美山水间的经历，正如他在册中写道："静忆在黔六载，披荆涉险如在梦中，而林壑在胸不能去，乃追而图之。"（《山水观我册》序）已点明了创作这本画册的主题思想。

还有以黔地风情为主题的画作，如抗战入黔的漫画家黄尧的《漫画贵阳》及丰子恺的那些"客黔漫画"系列。漫画家善于观察生活的细节，身处贵州，其中一切可以去表现的东西，自然尽在他们敏锐的目光中。黄尧在《漫画贵阳》序言中这样写道："我觉得'贵阳'城很有诗意……随意地把贵阳的风光拈了些来记下，无意地编起来，成了一首诗的格式，又随意地朗诵了一遍，就随意地题了它为'贵阳的朗诵'。"他将每句诗画成一幅画，诗句即为画名。画集冠名《漫画贵阳》。黄尧这种连环画式的漫画呈现，借画中人物的眼睛表现自己所看到的景象，如把自己的灵魂思想附在了所塑造的"牛鼻子"这个漫画人物身上，借"牛鼻子"穿走于贵阳城中大街小巷的形式，把自己的所闻所见呈现于画面。画中所表现的全都是作者目睹的贵阳日常生活场景，而将这若干场景细节组合起来，便是一个活生生的"画上贵阳"了。所以，他要表达的东西，一言蔽之：贵阳风情。（图十四至十七）丰子恺与黄尧一样，在对贵州社会风情的细腻观察后，作品呈现的内容也是十分丰富的，地方名贤、古迹名胜、城市现象、新奇之事、有趣之事等尽在画中。他的作品让人读后有一个很强烈的感受，即具有鲜明的时代性，表现的是抗战时期作为大后方的贵州在那个特定时期的社会景象。

黄向坚的《寻亲图册》在这些表现贵州的画作中是较为特殊的，让读者感触至深，读出了一种亲情。每幅画都在图文相配地陈述自己在黔贵山道上的经历，可谓披荆斩棘、涉险历艰，是一段艰难的历程述说。虽然仅有两幅画的落款中提到同行的双亲，但从这一路艰难的叙述里，可以品味到他要表达的是对父母的至孝之情。这组画被冠以《寻亲图册》这一名称，非常恰当地点明了主题。

还有一些画，从内容看，充满游子对故土的缅怀之情。这部分作品有画家以画寄托思念的，亦有因怀念故园请人创作的。前一种如姚华的《藏山草堂图》（虽是受托而作，但文字中表达了作者客居他乡对故土的思念之情），后者如莫友芝家族祖孙三代请人画的《影山草堂图卷》。自古以来，以画来表达自己思念之情的不乏其例，赵孟頫为缓解好友周密的思乡之忧而赠《鹊华秋色图》，便是一个著名的例子。笔者以为，在这里最值得一提的是《影山草堂图卷》。影山草堂是莫友芝少年时的读书之地，为其家族故居的组成部分，毁于咸同时期贵州农民起义的战火。后来多人为莫氏家族作此草屋之图，各图风格不同、构思各异，以解莫氏缅怀之情。

在这些描绘贵州的绘画作品中，我们所读出的寓于其中的各种主题思想，是画家通过画笔抒发的因黔贵大地上的山川景象、风物人情而在心中激起的各种情感，贵州能够令他们流连忘返、心绪跌宕的东西太多，所以当我们在读这些画作时，除了画家本身的绘画造诣使作品散发出感染力之外，还能让我们感到贵州触动他们思想深处的东西，这极大丰富了这些画作的意义和价值。

贵州众多的世居少数民族，创造了丰富的少数民族文化，在当代，贵州以一个民族大省的面貌展现在世人面前。面向国内外，我们在大力宣传今日贵州日新月异的发展及各方面成果，尤其贵州的地域历史及文化时，民族文化是我们要极力推介的亮点。

回顾历史，少数民族在贵州生活的时间悠久，他们的各个方面早已引起世人的关注。仅从绘画这种艺术形式来看，流传作品印证了在历史上，至少从清代开始，黔贵世居少数民族的生活状态已被不同时期的画家所关注，并纳入了作品的表现之中。

总的来看，这类作品占据了我们所谈的清代至民国时期以贵州为题材的绘画作品中的主要部分。其中，清初贵州画家方策绘制的、载于康熙《贵州通志》卷三十《蛮僚》中的三十一幅插图，乾隆十六年（1751）钦命编纂的《皇清职贡图》这一部图文相配的民族画册中的贵州少数民族部分，有多种传本的《百苗图》本，以及庞薰琹的《贵州山民图》组画和高马得的《苗夷情歌》等，都是专以少数民族为创作题材的作品。其实除了这部分专题作品，我们在品读、赏析其他绘画时，除极少数作品（如姚华的《藏山草堂图》、莫氏家族收藏的《影山草堂图卷》），大都会涉及少数民族的内容，特别是在那些册页或系列组画中。虽然这些作品并非以少数民族为描绘的主要内容，但无论人物画抑或山水画，它们之中或有部分篇幅将少数民族作为题材来表现，或以画中题款的方式来使作品与少数民族产生关联。整体来看，在这三百多年的贵州题材绘画创作中，人们对少数民族的关注具有普遍性。

在这三百余年间，从这类作品的流传情况看，在清代，除方策的《蛮僚》图及多种《百苗图》本外，其中大部分为外来画家的创作。在这些由外入黔的画家眼里，贵州少数民族无论在生活方式、村落建筑还是风土人物、歌舞服饰上所呈现出的民族特色，均是他们在其他地区未曾见到的，这扩展了他们的视野，在新奇感之中，自然激发了他们的创作欲，丰富了他们的绘画题材，少数民族的各种活动自然也常常出现在他们的创作中。

现知最早的以贵州为题材的画作《寻亲图册》，虽然是一册山水画，但我们从黄向坚叙述道途艰辛的款文中，读到了"苗僚"的某种生活点滴，可见在艰难而行色匆匆的寻亲过程中，少数民族的生活亦引起了他的关注。邹一桂在他的《相见坡》这幅画里，别出心裁地以汉字注音苗语来题款，最后还不无情

图十四　黄尧《很有历史意味的铜像台》漫画（引自贵阳市档案馆编：《漫画贵阳：牛鼻子漫游老贵阳》）

图十五　黄尧《真是别有一种风味的肠旺粉》漫画（引自贵阳市档案馆编：《漫画贵阳：牛鼻子漫游老贵阳》）

图十六　黄尧《仲家女很端庄的（地）走过》漫画（引自贵阳市档案馆编：《漫画贵阳：牛鼻子漫游老贵阳》）

图十七　黄尧《恋爱的苗家名词叫"摇马郎"》漫画（引自贵阳市档案馆编：《漫画贵阳：牛鼻子漫游老贵阳》）

趣地写道:"以苗语为长句,聊志方言一二,以资解颐。"画虽是一幅没有展现人物活动的山水画,却在款文中表达了自己经过相见坡时所目睹的苗家生活,达到了拓展画意的效果。如果说黄、邹二人这些清代较早入黔表现贵州的画家对少数民族的关注还仅反映在画的款文中的话,那么之后到来的画家,凡涉及少数民族时,便将其活动作为题材直接入画了,并随着时间的后移,数量愈见增多。至抗战时期,少数民族生活的种种状态对于入黔画家所产生的吸引力,作品已给予充分的说明。除高马得、乌叔养、庞薰琹、徐风等这些在贵州逗留时间较长,对黔地少数民族有较为深入的了解,其作品表现出对贵州少数民族的极大关注,创作了民族主题性作品的画家外,还有像抗战时入黔的叶浅予这种受少数民族方方面面感染而激发创作热情的画家。叶浅予在其回忆录《细叙沧桑记流年》中讲述,因看到了多彩绚丽的苗族服饰而决定在贵州多停留些时间,进入惠水摆金苗乡考察写生两个月,所画速写,及后来的创作都有不少的少数民族人物画。在其艺术历程里,贵州的民族人物写生经历对于他从画速写向以毛笔画国画人物的转型,起到了至关重要的作用。再如以诗情创作《漫画贵阳》的黄尧,他的百幅漫画中亦有不少关于贵阳城附近少数民族婚恋、生活、劳作的内容。如此例子不胜枚举。

历史上的贵州,少数民族身着民族服装歌舞、劳作以及进行各种习俗活动的身影遍及城乡,无处不在。不同于现代贵州,随着社会的快速发展,少数民族现代化的程度已比较高,生活状态已然发生了比较大的变化。当时的任何一位画家,目之所及,皆可见到他们的各种生活情景,在不同程度上激发了创作表现欲,产生了如前所述的那些作品。它们与当代贵州少数民族题材的作品连起来所形成的贵州少数民族题材绘画,是贵州美术发展史中重要的组成部分,是反映在绘画中的多姿多彩的黔贵少数民族文化。

四、图文并茂的审美特征

综观这些以贵州为题材的绘画，其中不少作品是有与所绘对象相结合而书写的随感文字的，或诗或文。当画家面对客观世界中的物象，在其主观心理上的感受和引发的思考通过画面来进行呈现时，采用笔墨或者色彩来对物象进行描绘，这仅是一个方面；而另一方面，画家还可以通过文字来抒怀，将创作中的情感与产生的联想表达出来，让图画的表现与诗文的寓意相融，能更全面地展示作者的思想，使画更具可赏性。在中国传统文人画创作中，一幅画作完之后，学识渊博、富于思考又有文字修养的文人，必定要在画上题诗或作文。画幅一旦配以文采飞扬的词句，图文并茂，便大大增强了图画的感染力。所以，图像与诗文再加上书法和印章的集合，便构成了文人画特有的审美形式及价值意义。而其中诗文是有助于绘画意境表达的。

在我们所谈到的这些以贵州方方面面为描绘对象的画作中，图文相配、诗画兼有的呈现方式是多样的。这种特征比较突出的作品有黄向坚的《寻亲图册》、邹一桂的《山水观我册》、黄尧的《漫画贵阳》、麟庆的《鸿雪因缘图记》、陈夔龙的《水流云在图记》、《黔苗图说》、《皇清职贡图》、《影山草堂图卷》、姚华的《藏山草堂图》、叶浅予的客黔速写、庞薰琹的《贵州山民图》组画等等。

其中，属于传统文人画范畴的作品，诸如黄向坚的《寻亲图册》、邹一桂的《山水观我册》以及《影山草堂图卷》、姚华的《藏山草堂图》等，所画物象与诗文组成了他们的画面内容。如邹、黄二人在册页中的各幅写下随感文字。前者或面对贵州的山势嵯峨、壮浑奇险发触景之悠情，或产生联想，抒发个人心绪，在作品中追求诗画相配、相得益彰的效果，如其曾说："善诗者诗中有画，善画者画中有诗，然则绘事之寄兴与诗人相表里焉。"（见《小山画谱》）后者则倾诉在寻得双亲回程的道路上险象环生、跋涉艰难的历程。这样的以文拓展画意，蕴藏于其中的寻亲或者说至孝之情这一中心思想，便明明白白地让读者感受到了。提笔于画上行文，直抒胸臆，一气呵成，这些是传统文人画的图文相配呈现方式。

还有一类图文相配的方式，是以画来为文字配图。其中有一种是为自己的文字作画。黄尧浪漫而又多才，他的漫画集《漫画贵阳》，因诗作《贵阳的朗诵》而作，将一首诗作成了系列画，一句一画，百句诗百幅图，以诗解画，以画观诗。如其中几幅以诗句作成的画："这里有'富水'""这里有'贵山'""'贵阳'的城在众山温暖的怀抱里""谁说'天无三日晴'""谁说'地无三尺平'""谁说'人无三分银'"。表达了作者寓居贵阳，在对这个地方有了紧贴生活的感受后所发出的由衷赞美。对于笔者这样一个生长于贵阳的人而言，尤其喜欢。

而另一种图文相配的方式，是画与文分属不同的作者。麟庆的《鸿雪因缘图记》与陈夔龙的《水流云在图记》都是这样的作品。画家根据别人的文字描述创作成绘画作品，麟庆和陈夔龙都是请别人为他们的游记文字配图。这种因游记文字所作的图画，它们与文字相连，让读者感到画与文有相辅相成的意义。

还有一类画作，虽然没有在画上题写诗文，或者没有像前面谈到的游记一样有与画相连在一起的对应文字，但是画的作者却在自己的其他著作中写下了有关这些画创作的叙述文字，这类作品以叶浅予的客黔速写、庞薰琹的《贵州山民图》组画等作品最具代表性。叶浅予与庞薰琹几乎都没有在自己的关于黔地题材的画作上题写随感文字，却分别在他们的回忆录《细叙沧桑记流年》与《就是这样走过来的》中陈述了与这些作品相关的内容（如创作背景、经历感受、思想变化等），图与文之间是以另一种方式呈现的。图文虽然是分开的，但读者同样能够在观画读文后，对画的认知、对画家创作时的思想情感或心路历程，有如同观随画题文的画作时那般感受。

画家在这类图文相配的作品创作过程中，以文辞之意与画境、绘画形式与文学内容相结合的方式来进行。从这些与画作相连的诗文含义来看，它们都是与现实世界、与所绘的客观物象紧紧相连的,全然没有无病呻吟的感觉,都是作者有所感触,或因与所画物象产生联想而抒发的肺腑之言。诗文对于绘画而言,在空间上获得更为自由的表现。在这里所指的"空间",当然不是物理意义上的空间,而是通过诗意化的想象来形成的空间概念。诗文与画两者相兼更助于作者对绘画意境的表达,使画幅中未能表现的东西借助诗文得以充分展现,画家在创作中生发的情感由此而得以体现。从观赏者对绘画进行赏析的角度来看,读画赏文(诗)时,他们在头脑中会产生有着回旋余地的富于想象的"神游"世界,获得绘画作品传递的意境美、诗意美的享受。

图文并茂是这些数百年来以贵州为绘画题材的作品所具有的十分明显的审美特征,奠定了这些绘画作品所具有的基本价值。这些作品在贵州本土的历史文化遗产中是弥足珍贵的部分,从研究贵州美术发展史的角度审视,亦是我们应该去深入探究的部分。

[参考文献]

[1] 贵阳市档案馆.漫画贵阳:牛鼻子漫游老贵阳[M].贵阳:贵州人民出版社,2005.

[2](清)麟庆.鸿雪因缘记[M].上海:同文书局,1886.

[3] 闻一多.闻一多速写[J].美术,1978(4).

[4] 愚雅轩.油画——名人佳作庞薰琹之《贵州山民图篇》[EB/OL].(2014-05-21)[2023-05-10]. http://www.360doc.com/content/14/0521/06/5975523_379508858.shtml.

民族文化

珍惜并用好贵州牛文化

吴正光

（贵州省博物馆）

摘　要　每个民族都有自己的崇拜对象。有的民族崇拜虎，有的民族崇拜狼，有的民族崇拜犬，有的民族崇拜牛，皆与历史上的生产生活方式有关。以农耕为生的民族，牛文化无处不在。贵州高原，无论是可移动文物或不可移动文物，还是物质文化遗产或非物质文化遗产，牛文化多姿多彩。要倍加珍惜，用好用活。

关键词　稻作农耕；贵州；牛文化

一、写作本文缘于参与编辑"贵博学人丛书"

1.响应邀请编辑拙作《雪泥鸿爪》

2021年5月25日，收到贵州省博物馆馆长李飞发来的电子邮件，约我写稿，作为"贵博学人丛书"中的一本出版。不足两月，把50多万字的《雪泥鸿爪》草稿传给了研究部主任宁健荣，算是抓得较紧了。事实上，从"知网"搜集拙作草编书稿，用时不到一个月。

1979年以来，我在省内外的30多种报纸杂志上，发表报道贵州文博工作、介绍贵州文化遗产、研究保护利用、漫谈依法管理的各类文字2600多篇，被"知网"收录300多篇。据说"知网"收录的文章具有一定学术价值，于是决定从"知网"上挑选。但我不会下载。李馆长、宁主任得知我的难处后，安排毛家艳副研究馆员帮忙。她很积极，常常加班到深夜，有时竟到凌晨4、5点，这让我很受感动，促使我抓紧时间选编。如何编排？因不明白体例，走了一段弯路。请教挚友梁太鹤，经其指点迷津，反复筛选调整，终于完成初稿，篇幅40万字。

1963年，我从大学毕业后，一直在贵州省文化部门工作。先在省文化局社会文化科（后改称社会文化处）做群众文化工作，重点抓文物、图书事务。1983年秋，省文化出版厅文物处建立后，专司文物工作。1996年夏调到省博物馆，在做本馆业务工作的同时兼做全省文物行政管理工作。任职通知写的是："经厅党组研究，并报经省委组织部同意，吴正光同志任贵州省博物馆馆长兼贵州省文化厅文物处副处长（正处级）。"此前，我曾担任文化出版厅文物处副处长，文化厅文物处处长。一生在保护、管理、研究、展示、传承、弘扬文化遗产中服务，有幸接触"黔山遗珍"的方方面面，诸如民族服装、节日集会、传统村落、乡土建筑、传统工艺、风土民情、山野岩画、摩崖石刻、城墙关隘、屯堡营盘、桥梁古道、渡口码头、佛寺道观、会馆祠堂、衙署神殿、宝塔牌坊、文庙书院、亭台楼阁、天然溶洞、水井山泉、名木古树、达人行迹、烈士故居、红军史迹、抗战文物、英模遗存……1998年9月退休后，整理工作资料，编写文博图书，与人合作或单独出版了20多本书，2018年各捐一本给省博物馆。耄耋之年，响应省博物馆的号召，搜集零散拙作，汇编《雪泥鸿爪》，分为"黔山拾珍""文博论述""管理杂谈"三个部分。"黔山拾珍"，选录具有田野调查性质的拙作，供文物博物馆学界同人参考；"文博论述"，讨论如何将文物保护与博物馆建设相结合、文博工作与文化旅游相结合，属于论文范畴，但很少引经据典，与"学院派"有别；"管理杂谈"，针对错误倾向，提出批评建议。

我出生于湖南凤凰毗邻贵州松桃的一个苗族村寨，在中央民族学院（今称中央民族大学）攻读五年民族史与民族学，一生在多民族的文化沃野上耕耘。颐养天年之际，回首文博旅程，撰写人生感悟，记载喜怒哀乐。将这一头一尾，作为附录，置于书末，是为《人生旅程》《巴娄斋记》。

2.以牛角形"银帽"作《雪泥鸿爪》封面图案引发对贵州牛文化的思考

《雪泥鸿爪》作为"贵博学人丛书"中的一本，在学苑出版社出版。2022年5月26日上午，责任编辑发来电子邮件："封面方案我们社里又来来回回地讨论了几轮，修改了几轮。目前有四个方案。我已发宁老师那边。请您和馆里来定吧？"收到设计方案后，我回复道："四个封面设计方案收到，个个都好！隔行如隔山，由专家们定。"过后觉得，这样回复，有点马虎，中午给其写信："不对封面设计发表意见，似乎不负责任。比较而言，感到方案一要清爽点。不过，最终还得由省博物馆的专家们和领导定。"

当天晚上，我给宁健荣主任写信，抄送责任编辑："因为我美术成绩很差，不敢对封面设计多言。但考虑到《雪泥鸿爪》封面用岩画图案，觉得不如用独具贵州地方特点和民族特色的图案妥当。因此，建议将岩画改为革命文物或民族文物。在贵州，革命文化遗产里，遵义会议会址极具代表性；民族文物中，侗族建筑、苗族服饰很有代表性。传去遵义会议会址、侗寨鼓楼、苗族服饰三张照片，供参考。我不是说岩画不好，只是因为它不是贵州的精粹，远不如广西、云南、内蒙古等地的出名。而遵义会议会址、侗族建筑、苗族服饰，一眼就能看出是贵州文化遗产的名片。如何是好，由你们与出版社研究确定，我绝对服从。"

5月27日一早，责任编辑回信："关于封面的图，岩画和铜鼓纹饰都是我们美编绘制的，是个全新的素材。没有用图片形式，一是为了版权清晰，二是考虑将来还有其他本，每本只提取个别要素，合起来大概就是贵州的要点了，就一本书来说，封面上的图只是某一点。这是我们的思路。您觉得方案一好，如果省博物馆也确定用方案一，需要换掉岩画图案，我们可以用您发来的照片作依据，再绘制这种风格的插图，如何？"我将就回复："我的意见，仅供参考。只是觉得，我一生的工作重点在民族文化上。"她迅即告知："我让美编试试苗族服饰和侗族建筑。"当天晚上，她发来新设计的牛角形"银帽"图案

图一 《雪泥鸿爪》封面

封面（图一），问我"这个图是否好些？"我说"好，我觉得好！"因为它反映了《雪泥鸿爪》的主要内容，即我的作品大半是关于民族文化的。而贵州民族文化，实际就是农耕文化，怎么也离不开牛，尤其是水牛。

二、为何对牛角形"银帽"印象特别深刻

1. 以牛角形"银帽"图案取代岩画让我想起重重往事

我为何对牛角形"银帽"印象特别深刻？与此生从事民族文化遗产保护研究工作有关。我在电脑上查阅《与苗族同胞在一起》的照片文档，发现许多与头戴牛角形"银帽"的苗族同胞的合影，于是顺手写了一篇《与头戴"银帽"的苗胞"同框"》的回忆录。

顺便交代一下：退休以后，我将收藏多年、数以千计的老旧照片分类扫

描、拷贝，设置文档保存，以备不时之需。我感觉到，许多照片具有文物资料价值。它们是我从事文物博物馆工作的历史见证。面对众多照片，回顾工作经历，介绍文物价值，岂不就是"讲述文物后面的故事"？文物——既有文可写，又有物可看。有文可写，就是"故事"，即所谓的"史实"。史实的见证，便是"史迹"，包括遗址、遗迹和遗物，通常称之为"文物"。

我一生从事民族文化遗产保护、研究工作，对苗族服饰特感兴趣。用牛角形"银帽"作《雪泥鸿爪》封面图案，对于拙作而言，特别耐人寻味，因为书中收录的文章，大多与"水牛文化"、农耕文明有关。

我所属的苗族支系，史称"武陵蛮""五溪蛮"，又称"红苗"。"武陵""五溪"是地域称谓。"红苗"，据称以崇尚红色而得名，虽然喜欢银饰，但无头戴"银帽"。而居住在贵州高原苗岭山区的苗族同胞，妇女酷爱"银帽"，尤以雷山、台江、施秉、黄平为甚。黄平苗族银饰，分外雍容华贵，不知怎样描述。1984年5月8日，农历四月初八，省文化出版厅文物处在经过维修的黄平飞云崖古建筑群举办"民族节日文化展览"。数万苗胞身着盛装，在此集会跳笙、对歌、赛马、斗雀，"赶四月八"。那天，我陪同中共贵州省顾问委员会的数十位老领导参观飞云崖古建筑群和在其内举办的"民族节日文化展览"，与苗族村民一道"赶四月八"。进场时，我入乡随俗喝"拦路酒"，有人为我照了一张相，与头戴"银帽"的苗族姑娘"同框"。1988年，在西安举办"贵州民族节日文化展览"，我带这位人称"潘妹"的姑娘参加节日歌舞表演。这个展览后又应邀到北京、深圳等地展出。我一路带着包括苗族、布依族、侗族在内的30多位各族青年，随展表演节日歌舞。其中头戴牛角形"银帽"的苗族姑娘格外引人注目（图二）。1989年，受美国一个民间组织的邀请，前往华盛顿州斯波坎市参加中国、苏联、日本、联邦德国"四国艺术节"。我率"中国苗族节日文化代表团"在艺术节上举办"中国贵州苗族节日盛装展览"，并带12位苗族青年随展表演节日歌舞。头戴牛角形"银帽"的苗族姑娘走到哪里，都会被人簇拥着问这问那。有位来自芝加哥的汽车制造工人，一连看了10

图二　1988年10月2日，本文作者（第二排端坐者右二）与贵州节日文化表演队在北京故宫端门合影（供图：赵明勇）

图三　1989年7月17日，中国贵州苗族节日盛装展览表演队同美国观众合影（供图：樊申炎）

图四 1991年10月1日,本文作者(右二)与参加首届民族文化博览会的贵州苗族青年在天安门合影(供图:周德海)

图五 2013年11月20日,本文作者(后排右三)与贵州苗族青年在中国文物学会扬州年会上的合影(供图:胡弘)

图六　2016年7月23日，本文作者（中间抱两小孩者）在郎德过"吃新节"（供图：吴笛）

图七　2018年11月18日，本文作者在郎德"过苗年"（供图：唐亚平）

多场表演，场场都坐在第一排的中间位置上。最后一场演出结束后，表演队与他合影留念（图三）。

1991年至1993年，我被借调到中国少数民族文化艺术基金会工作，其间举办两届全国文化艺术博览会，每届都邀请头戴牛角形"银帽"的苗族青年参加（图四）。在我担任中国文物学会民族民俗文物专业委员会副会长期间，曾邀请头戴牛角形"银帽"的苗族青年参加扬州年会，展示苗族文化遗产保护状况（图五）。退休以后，多次受邀到苗寨参加"吃新节"（图六）、"吃鼓藏"、"过苗年"（图七），每次都同头戴牛角形"银帽"的苗族村民合影留念。由于上述原因，我内心由衷感到，将牛角形"银帽"用作《雪泥鸿爪》的封面图案，以此生动形象地记录工作足迹，再合适不过了。

2.牛角形"银帽"图案激励我在有生之年再做一些力所能及的事

编辑《雪泥鸿爪》一书，以牛角形"银帽"作封面图案，蕴藏一个个有趣的故事，将其如实记录下来，既是一项工作的阶段性小结，也是有生之年的下一步打算。换句话说，在剩下的日子里再接再厉，继续整理文物资料，用图文并茂的方式讲好文物故事，然后将收藏多年的文物资料和垂暮之年的研究成果，一并交给省博物馆收藏，是曾在省博物馆工作过的成员之一留给来者的历史记忆。

三、贵州高原的牛文化多姿多彩

苗族村民为何酷爱头戴牛角形"银帽"？这与水牛崇拜有关。

苗族为何崇拜水牛？这要从农业生产说起。确切地说，苗族的牛文化，应称"水牛文化"。因为在苗语中，黄牛与水牛不是同一个词。村民喜欢喂养水牛，与"稻作文化"有关。耕种稻田，水牛比黄牛更实用。不单苗族，其他民族也崇拜牛，包括黄牛和水牛。但种植水稻的民族，大多喜欢喂养水牛。总之，贵州各族人民，长期与牛为伍，创造出了丰富多彩的牛文化。

我在60年的贵州文博工作中，目睹可移动文物与不可移动文物、物质文化遗产与非物质文化遗产，都富含多姿多彩的牛文化。我在主编《中国文物地图集·贵州分册》和参与评审省级文物保护单位、申报全国重点文物保护单位，以及评审省级非物质文化遗产名录、申报国家级非物质文化遗产名录过程中耳闻目睹的贵州牛文化，至少有以下15个方面：

1. 生物化石中的牛文化

贵州许多古人类文化遗址和更新世化石出土点，出土有牛骨化石，此乃说明，早在石器时代，牛就和人类生活在同一片天地里。史前文物考古工作者仅在贵阳市境内的乌当区马鞍山化石出土点、百花水库化石出土点、小王田化石出土点，南明区二戈寨化石出土点、后巢化石出土点、甘荫塘化石出土点，云岩区宅吉路化石出土点，花溪区小碧化石出土点、养牛坡化石出土点，清镇市麦西化石出土点、卫城化石出土点，开阳县甘家洞化石出土点、躲兵洞化石出土点，修文县驴坊化石出土点，发现有牛化石。

2. 出土文物中的牛文化

在出土文物中，与牛文化直接有关者，首推"牛头形铜带钩"（图八）。带钩相当于现在的皮带卡，多为男性使用，是古代贵族和文人武士所系腰带的挂钩，又称"犀比"。多用青铜铸造，也有的用黄金、白银、铁、玉等制成。起源于西周，战国至秦汉广为流行。人们使用带钩，不仅为日常所需，更是身份地位的象征，尤其王公贵族、社会名流所用带钩，甚为精美，具有很高的工艺水平和艺术价值。省博物馆收藏的牛头形铜带钩，出土于威宁彝族回族苗族自治县"中水汉墓"。其地有个古代墓群，说是"中水汉墓群"，其实年代从战国到秦汉，只不过以汉代居多。分布在独立树、梨园、张狗儿包3处。1978、1979年2次发掘，清理墓葬58座，除1座砖室墓外，均为长方形竖穴土坑墓，墓穴长2米，宽1米左右，深度不一，浅者0.2米，深者可达2米多。有单人葬、多人葬。出土随葬品400余件。据考古学家考证，是夜郎时期的土著墓葬。

另外，赫章可乐汉墓出土的"牛拉车画像砖"（图九），兴仁交乐汉墓出土

图八　牛头形铜带钩（供图：梁太鹤）

图九　牛拉车画像砖（供图：梁太鹤）

图十　陶牛（供图：梁太鹤）

图十一 "巫山岩画"上的牛（供图：李飞）

的陶牛（图十），也有很高的文物价值。

与出土文物具有类似价值的岩画，也有牛的形象。龙里"巫山岩画"上的牛，据考古学者研究认为，画于汉代，与汉墓出土的陶牛同龄（图十一）。

3. 民间传说中的牛文化

由于历史上苗族没有通行的文字，其历史多以传说来"记载"。渔猎时代的传说，苗族崇拜"盘瓠"；农耕时代的传说，苗族崇拜水牛。苗族民间广为相传，水牛与老虎是兄弟，水牛是大哥，老虎是小弟，这是经过殊死斗争得出的结论。原先老虎并不佩服水牛，要水牛称它为大哥。水牛不干。于是，老虎提出，一斗高低，决出昆仲。双方议定，各自准备七天七夜，然后决一雌雄。老虎跑上山，天天用藤条缠绕身体，缠了七天七夜，自以为万无一失。水牛下田洗澡，滚了一身泥，又上岸晒太阳，如此反反复复，结了厚厚的一层干泥巴。决斗时刻到了，水牛叫老虎先下手。老虎张牙舞爪，使劲朝水牛扑去。但任它怎么撕咬，就是咬不进去，只咬掉水牛身上的一点灰。轮到水牛，只见它头一摆，就用锋利的双角将老虎身上的藤条拨开几道口子，差点刺破老虎的肚皮。老虎浑身发抖，不得不甘拜下风，老老实实地拜水牛为大哥。从此以后，老虎见了水牛就下跪，或者干脆避开，躲得远远的。这个传说，生动反映农耕生活取代渔猎生活的社会转变。

4. 摩崖石刻中的牛文化

与保护耕牛有关的碑刻，比比皆是。典型的有正安《禁止宰杀耕牛碑》和修文《永远禁止杀牛碑》。前者位于格林镇太平村西，青石方首，高0.97米，宽0.53米，厚0.12米，额题"正寿团布告"，每字0.1米见方。碑文楷书阴刻，2行8字："公议禁止宰杀耕牛。"该碑立于1926年。《永远禁止杀牛碑》，位于龙场镇高仓村南，青石方首，高0.7米，宽0.4米，厚0.08米。碑文楷书阴刻，3行，满行6字，共计12字。其中有句："永远禁止杀牛，违者送官追究。"此碑立于光绪四年（1878）。除此之外，江口桃映土家族苗族乡（今桃映镇）瓮会村《严禁土司勒收兵谷及苗夷宰杀耕牛碑》，青石方首，高1.34米，宽0.72米，厚0.08米。碑文楷书阴刻，22行，满行28字，共计480余字。前半部，镌刻禁止土司勒收兵谷之规定；后半部，镌刻严禁擅自宰杀耕牛之规定。据贵州巡抚林肇元所出告示，该碑立于光绪八年（1882）。

石刻作品中的牛，最具代表性的雕刻在黄平县旧州镇一家住户的石质水缸上。这是一口"太平缸"，石刻内容丰富，技艺极其精湛。石刻上的水牛，抬头仰望，生动活泼（图十二）。

5. 祭祖活动中的牛文化

苗族村寨最为隆重的祭祖活动是"吃鼓藏"，旧时写作"吃牯脏"。苗岭山区的苗族村民叫"农略"，直译为"吃鼓"，意为"过鼓节"。武陵山的苗族村民叫"超略"，直译为"做鼓"，意译也是"过鼓节"。苗语中，"吃"与"做"都有"过节"或"祭祀"的意思。被苗族村民称之为"略"的"鼓"，是古代苗族社会以家族为单位的一种基层组织。通常以"鼓"作为祖先的替身，认为

图十二　刻有水牛图的太平缸（供图：吴正光）

祖先的灵魂隐藏在"鼓"内。最初的"鼓"为木鼓，后来演变成牛皮鼓、青铜鼓。祭祖随之演变成"祭鼓"。从前，宰杀水牯牛"祭鼓"，将水牯牛的各个部位（包括肠、肝、肚、肺）煮熟"祭鼓"，以此表示向祖先"敬献全牛"，故被汉族文人写成"吃牯脏"。苗族学者中，有的主张称为"鼓社节"，有的主张称为"鼓藏节"，以后者居多。但在民间，习惯称之为"吃鼓藏"。

苗岭山区雷公山麓丹江河畔的雷山县郎德上寨"吃鼓藏"选在猴年，并在农历二月"猴日"（亦即申日，习称"猴场天"）宰杀牲畜，上山"招龙祭祖"。何以如此？寨老说，猴子聪明伶俐、健康敏捷且通人性，在猴年"吃鼓藏"，有利于健康长寿。郎德上寨"吃鼓藏"，前后九天。前三天，上山"招龙祭祖"，并将被视为龙的铜鼓挨家挨户抬到吊脚楼上"吹笙踩鼓"，这被称为

"送龙"，以此祈祷风调雨顺、人寿年丰。后六天，全体村民与亲朋好友在铜鼓坪上共跳象征团结、美满的"莽筒芦笙铜鼓舞"，习称"踩铜鼓"。郎德上寨苗族村民认为猴子是丰收的象征。他们说，要是没有漫山遍野的野果子，猴子怎能生存繁衍？这种有趣的生态意识，反映人们对"林茂粮丰"的深刻理解。

祭扫坟墓、悼念先人，离不开牛。居住在"荔波喀斯特"世界自然遗产保护区内的部分瑶族同胞，盛行"岩洞葬"。远古时代，老祖宗从岩洞中走出来，到更广阔的天地谋生，但依旧眷恋山洞，认为人死以后回到洞中去，才是真正的返璞归真。喀斯特地貌的一大特点是溶洞遍布，被瑶族村民视为理想的归宿之地。瑶族聚居的"瑶麓"附近的许多山洞，安葬有辞世先人。经文物工作者实地调查，发现六个岩洞有棺材，总数150余具。按照家族，分别安葬；或同一洞内，分区堆放。有的随葬食品和斗笠，供死者享用。经"砍牛送葬"的死者，棺材外放置有木刻牛角和鲤鱼图案，用意显然是让老祖宗到了另外一个世界，依然耕田犁地、稻田养鱼。

6. 禁忌信仰中的牛文化

禁忌信仰中，牛地位最高。禁止用脏话谩骂牛。忌讳用刀斧之类工具触碰牛。祭祀耕牛，除让耕牛吃干饭、家人吃稀饭以及虔诚祭祀龙舟上的"牛龙"外，还要让耕牛跟人一样"打牙祭"——吃肉、喝酒、吃糍粑。而且，必须在家人吃喝之前先将耕牛喂饱，如同祭祀祖先一般（图十三）。在相当多的苗寨中，把水牛角视为祖先的灵位（图十四）。村民甚至认为，这种牛角就是祖先。此种风俗，在"吃鼓藏"中如此，在办丧事中亦如此。某些高寿老人，视其家境情况，临终留下遗嘱："我想要一头牛。"他认为，终生以牛为伴，死后也不能变。有了一头相依为命的牛，到了另外一个世界就什么都不用愁了。家人遵照遗嘱治丧，留下牛角供奉，放在吊脚楼二楼堂屋朝东一侧的中柱旁，或东次间的中柱旁。苗族同胞处处以东为上，缘于其祖自东向西迁徙。代表亡灵的牛角是不能随便触摸的。一旦孩童无意摸了牛角，释为"孙孙和他爷爷玩"。

图十三　逢年过节先以糯米饭喂耕牛（供图：吴正光）

图十四　水牛角祖灵（供图：吴正光）

7.地名称谓中的牛文化

由于历史的、自然的和社会的多种因素的影响,居住在贵州高原的各族村民,商业经济不甚发达。"十二、十二赶一场,买包丝烟买包糖。走到半路打开望,哥吃丝烟妹吃糖。"这显然与十二生肖有关。

贵州各地有许多地名,从古到今依然称鼠场、牛场、兔场、龙场、马场、羊场、猴场、鸡场、狗场、猪场。有的把猪场美称为"珠藏"或"朱昌"。至于"蛇场"则称为"小龙场"。十二生肖中,唯独老虎没有场。为什么?俗话说,"谈虎色变"。人们为了避免谈虎,遂将老虎称为"大猫"。于是,"猫场"便是逢"虎日"赶的场了。

在贵州,"牛场"不可胜数。有的因重要历史人物而闻名遐迩,有的因重大历史事件而载入史册。织金牛场是丁宝桢的故乡。丁宝桢(1820—1886),晚清名臣。咸丰三年(1853)考中进士,历任翰林院庶吉士、编修、岳州知府、长沙知府、山东巡抚、四川总督。为官生涯中,勇于担当、清廉刚正,一生致力于报国爱民。任山东巡抚期间,两治黄河水患,创办山东首家官办工业企业——山东机器制造局,成立尚志书院和山东首家官书局;任四川总督十年间,改革盐政,整饬吏治,修理都江堰水利工程,兴办洋务,抵御外侮,政绩卓著,造福桑梓,深得民心。光绪十二年(1886)去世,追赠太子太保,谥号"文诚"。他留给平头百姓的美味佳肴是"宫保鸡"。广为传诵的是处决慈禧太后宠爱的太监安德海。六枝牛场是安健的安息之地。安健(1877—1929),彝族,郎岱人。光绪二十三年(1897)考入安顺府学。三十一年(1905)东渡日本,加入中国同盟会。1915年袁世凯阴谋复辟封建帝制,安健被贵州推举为讨袁司令长官。1917年任广州大元帅府参议。北伐伊始,被任命为第九军党代表兼军政治部主任。旋还贵州,任民政厅厅长。1929年病逝,葬于牛场苗族彝族乡牛场村。墓为省级文物保护单位(图十五)。1936年,红二、六军团长征经过黔西县定新,与国民党军遭遇,在"牛场坡"发生激烈战斗。遗址现存石垒掩体和战壕多处。

图十五　六枝牛场安健墓（供图：徐美陵）

8. 文物建筑中的牛文化

贵州文物建筑的一大特点，是不局限于寺庙，许多民用建筑也因地制宜受到了保护。在这类文物建筑中，不乏牛文化。

苗族同胞认为，世上水牛威力最大，即便老虎也不是它的对手，故常用水牛来辟邪。最典型的事例是，大门上的连楹（民间俗称"打门锤"）着意做成牛角形（图十六）；"腰门"的上门斗（又称"门轴""转合"）也多做成牛角形（图十七）。苗族同胞认为，有牛把门，安然无恙。这种文化心态与汉族贴门神十分相似。不同的是，汉族贴了门神夜间照样关门，而苗族有了牛角形连楹和牛角形门斗，吊脚楼上的大门便日夜敞开了。他们认为，夜间敞开大门，利于财喜进屋。

贵州许多少数民族居住吊脚楼。人住在楼上，牛关于楼下，不仅为了营造干燥、凉爽的生活环境，也是为了耕牛的安全。在旧社会，偷盗耕牛屡见不鲜。而耕牛一旦被盗，几乎断了农家生路。因此，各家各户都特别加以保护耕

图十六　牛角形连楹（供图：吴正光）

图十七　牛角形门斗（供图：吴正光）

图十八　盖杉树皮的山坡牛圈（供图：吴正光）

牛。将耕牛关在卧室楼下，稍微有点动静，家人便能发觉。有的人家不住吊脚楼，此类农户为求耕牛安全起见，将牛圈修建在卧室附近；有的特意在墙壁上留一个洞，以便观察耕牛动静。有些水族村民，将牛圈修建在山坡上的稻田间，既方便喂养，又便于施肥，一举两得，节省劳力（图十八）。为防耕牛被盗，牛圈修成两层，耕牛关在楼底下，楼上睡着牛主人。

人们不仅爱护牛，而且十分崇拜牛，认为公牛是人类的保护神。贵阳市花溪区有座喀斯特石山，雄伟壮观，远看像头公牛，村民在山头上修建了一座营盘，称之为"公牛屯"。以青石砌筑，平面呈椭圆形，周长约1500米，高4—15米，基宽2—3米。设南北二门。今存石块垒砌的屋基129间，储水池一个，池壁有楷书阴刻"天地生成"四个大字，每字0.2米见方，落款"同治五年"

（1866）。公牛屯为贵阳市文物保护单位。

出于对牛的崇拜，人们在关岭甚至修建了"石牛寺"。寺建于明代中期，因寺前置有石雕公牛而得名。坐北向南，占地面积约1000平方米。原由山门、两厢、大殿等组成，建筑面积约600平方米。现存庙基及石牛。古人作有《石牛诗》："怪石巍巍恰似牛，独立庙前几千秋。风吹遍体无毛动，雨洒浑身有汗流。青草齐眉难开口，牧童敲角不回头。至今鼻上无绳索，天地为栏夜不收。"

图十九　镇桥铁牛（供图：吴正光）

贵州有些古桥，用铁牛、石牛"镇桥"。民俗认为，牛可保护桥梁不被洪水摧毁。"五行"说，"牛属土"。常言道"兵来将挡，水来土掩"，有牛"镇桥"，安然无恙。遵义市红花岗新华路有座"万寿桥"，又称"新华桥""塌水桥""吴公桥"，始建于明万历年间。清康熙年间增高加宽，后毁于水，旋即重建。光绪年间改建。1937年加高桥墩，并铺设木板，更名"中正桥"。1948年扩建。东西向，跨湘江，长50米，宽10米，单孔净跨4米，矢高2米。桥头原有镇桥铁牛一对，后移至遵义公园（图十九）。

民居建筑上的木雕石刻，常见水牛形象（图二十）。在贵州，常以"水牛望月"代替"犀牛望月"（图二十一）。在贵州人的心目中，水牛比犀牛更实用。

图二十 "水牛图"窗雕(供图:吴正光)

图二十一 "水牛望月"石刻(供图:吴正光)

9.民族节日中的牛文化

人有节日，牛也有节日，俗称"牛王节""洗牛身""祭牛王菩萨"等。是日，主人会让耕牛休息一天，并用清水给其洗澡。为了让耕牛过好节，给它吃干饭，家人喝稀饭，实实在在地"省嘴待牛"。"牛王节"大半安排在农历四月初八过，因此又称"四月八"。相传这天是太子下凡做牛的日子。人们说，牛的前身是太子。玉皇大帝派他下地晓谕万民，"一天洗三次脸，吃一顿饭"。太子觉得人间比天上还好玩，多待了一段时间，竟把自己的任务给忘了。等到玉皇大帝召他回去时，误将"一天洗三次脸，吃一顿饭"说成"一天吃三顿饭，洗一次脸"。人们照此办理，粮食显然不够。于是，玉皇大帝一怒之下，罚他下凡做牛，为人耕田犁地，那天是四月初八。

光有牛耕田，没有龙下雨，照样没收成。清水江畔苗族同胞农历五月二十四日至二十七日过"龙船节"时，别出心裁地在龙头上安装一对水牛角，使其变成"牛龙"或"龙牛"（图二十二）。他们认为，有了这种牛、龙合一的

图二十二 清水江上的牛角龙独木龙舟（供图：吴正光）

"神物",既可耕田犁地,又能呼风唤雨,五谷丰登无疑。

贵州许多少数民族都喜欢斗牛。惠水县文物保护单位"披弓斗牛场摩崖石刻",共有摩崖三方,位于一高20余米之天然崖壁上。1."开辟斗牛场"摩崖石刻位于左侧崖壁上,离地5米,高2.4米,宽2米。竖向楷书阴刻,记开辟定番(今惠水)、披弓等20余处斗牛场事及各场场主姓名,刻于明万历二十五年(1597)。2.划定"斗牛场"摩崖石刻位于右侧崖壁上,离地5米,高2.4米,宽2米。竖向楷书阴刻,13行,满行19字,共计200余字。记批弓斗牛场四至范围:"东方牛路抵枫香脚""西方、北方仍旧路",刻于清道光八年(1828)。3."万古流芳"摩崖石刻位于右侧崖壁上,离地5米,高2.4米,宽2米。竖向楷书阴刻"万古流芳"四字,每字0.3米见方。碑文严重漫漶,无法辨认,刻于1921年。摩崖石刻下方即为开辟于明代的斗牛场。

相传斗牛是诸葛亮提倡的。三国时期,黔地归蜀,在诸葛亮治理下,人们安居乐业,不愁吃穿,甚至无所事事。于是,诸葛亮说:"没事情做?放牛打架嘛!"实际也是,斗牛多是在秋后农闲时进行。有趣的是,都柳江畔的侗族村民,用竹木筏子运载水牛去打架(图二十三)。到了斗牛场上,众人簇拥高呼"牛王来了",煞是威风(图二十四)。斗牛场面被绘在鼓楼上,十分热闹(图二十五)。

斗牛活动中的牛,是专门喂养打架而不耕田犁地的。1981年,我首次进入侗族村寨,重点是调查"鼓楼文化",即以鼓楼为核心的建筑文化、群众文化、民俗文化。6月12日,在从江县的增冲、信地、往洞等古称"九洞"的地区考察了三四天后,驱车回县城,路过都柳江畔的平江寨(今平江村),发现五六位侗族村民聚集在大榕树下宽敞明亮的牛圈房内"摆龙门阵"。询问得知,这个牛圈喂养的水牯牛,不是用来犁田的,而是用来打架的。平江村民花了1700块钱,从凯里"鸭塘"这个地方买了这头取名"大雷公"的水牯牛。牛圈房内有块木牌,代表"大雷公"的身份,上书"家住鸭塘马鞍乡,奉旨出征都柳江。欢迎沿途来打角,试看疆场谁高强"。平江寨120多户,110户凑钱买牛

图二十三　用木筏子运载水牛去打架（供图：李葆中）

图二十四　"牛王来了"（供图：高步清）

图二十五　鼓楼上描绘的斗牛场面（供图：吴正光）

（没有劳力的"五保户"例外）。牛已经被喂养了五个月，打了两次架。头一回拉脚，第二回赢了。侗寨斗牛的规矩是，斗十来分钟，还不分输赢，便用绳索套住牛脚杆，同时拉开，使其脱离接触，双方都算"赢"。

"大雷公"由专人喂养，每天轮流由两个人割草送来。饲养"大雷公"的"五保户"，轮流到农户家吃饭。全寨人每年给饲养员做两套衣服。斗牛打一次架，每户给饲养员3分钱的烟钱。饲养员将青草捏成一把一把的，喂到"大雷公"嘴中；有时还要喂稀饭。夏天太热时，每天将"大雷公"牵到都柳江中泡两三次澡，其间不能让它与别的水牯牛见面，更不能让它与母牛交配。晚上，牛圈上锁，不让外人接近，以免受到伤害。据说，历史上曾有"敌方"歹人乘人不备，将钉子钉在对方斗牛头上，使其丧失战斗力。

每次斗牛打架，先用木牌发通知，叫作"送火牌"。正巧平江牛圈上悬挂一块"火牌",上面用毛笔书写:"农忙季节已过,人心欢乐,我大队定于古历五月十三日,牛斗松批牛塘,请各大队牵打牛来参加娱乐。请各地男女老少参观。请送摆也、冬岑、东孖、平查、平江。停洞公社新寨大队。"所谓"火牌",是一块菜刀形的木牌,"刀"背上砍了一个缺口,表示"十万火急"。新寨大队发出的这块"火牌",送到"摆也"寨后,按照牌子上的地名,逐一火速往下传,平江是最后一站。

接到"火牌"后,参不参加斗牛,由村民商量决定。通常情况是,太远了不去。在农村,二三十里算是远的,一般不去。近的地方,不会不去。有走路去的,也有"扎船"去的。所谓"扎船",指的是扎木排或竹排,当"船"使用,在榕树覆盖江岸的都柳江上破浪前行,人和斗牛都乘"船"前往。

应战前十多天,饲养员给斗牛喂米酒、加饲料。男性村民常来牛圈看望斗牛,围坐在牛圈前商量斗牛对策。出战头一天,由巫师举行神秘的"骂白口"仪式,目的是万一有何失言,不会妨碍斗牛打架。平江大队有六个生产队,轮流举行"骂白口"活动。做法是:买一条狗来杀,一家来一个人,出一样的钱,一起在牛圈前喝酒、吃肉、吃饭。先在牛圈外把狗打死,煮熟,把一块狗肉、一只公鸡、一碗大米、三条鲤鱼、三杯米酒摆放在大木板凳上,然后由巫师焚烧三炷香、一份纸,举行祭祀仪式。巫师朗诵完祭祀词,点燃三个铁铳,发出三声巨响,火焰冲天,惊心动魄。之后吃饭。饭后将芭茅草、白纸花、公鸡毛、狗骨头绑在一起,插在牛圈上。村民认为,举行了"骂白口"仪式,不管什么人说了对本寨子斗牛不利的话,都不起作用,等于事前封住了他的嘴。

举行"骂白口"仪式的当天晚上,众人在牛圈外敲锣打鼓、吹奏芦笙,直到深夜。凌晨鸡叫,起来喂牛。天亮以后,将牛圈关闭严实,防备有人恶意伤害斗牛。如到远处斗牛,早上7—8点钟,众人在"萨坛"门前集中。若是近处,10点左右集中。由巫师打开"萨坛"大门,在门外放置长板凳,凳上放三杯酒、一盅茶、一碗米、一碗糯米饭、三条腊鱼,举行祭祀仪式。仪式完毕,巫师叫众人放声"嗨麻",即"打呜呼"。一个德高望重的人起头:"唉木鲁!"

众人齐声高呼："呜！呜！呜！"人人热血沸腾，头皮发麻，有如神助。然后，由两个未婚青年打开牛圈，把斗牛牵出来打扮：用一匹红布包着一个熟鸡蛋，绑在斗牛右角根部。头戴大绣球，颈部系铃铛。背上放置称为"龙来"的安插彩旗的木架，架上插五面彩旗，旗杆顶上缀有鸡毛。牛背上系彩带。另有两条彩带从牛尾根部交叉挽到牛背上。全寨男女老少前来围观，芦笙手吹奏芦笙，锣鼓手敲锣打鼓，笙鼓齐鸣，以壮声威。出村寨之前，燃放铁铳，声震山谷。

斗牛队伍出村寨的行进序列是：旗帜、锣鼓、芦笙、"甲字牌"在前，斗牛行走在中间，众人身着盛装跟在斗牛之后。"甲字牌"又称"高脚牌"，上书村民给心爱的水牯牛命名的雅号。也有制作一面大锦旗，作为斗牛"名片"的。

斗牛队伍经过邀请斗牛的村寨，如果这个寨子的斗牛还没出行，需要等待，让其先行，才能通过，并要烧香烧纸祭祀这个寨子的"萨坛"。其间停止吹芦笙、敲锣鼓，以免惊动主人。经过未被邀请斗牛的寨子，不论这个寨子喂养的斗牛"出征"与否，同样不能敲锣打鼓、吹奏芦笙，都得"偃旗息鼓"，悄悄通过，忌讳声张，以示谦恭。

到了斗牛场，找地方休息。斗牛场由邀请开展斗牛活动的寨子负责整理，通常位于盆地中央，周围高、中间低，形同天然看台。在附近山坡上，要平整出许多块小平台，周边还要砌筑石墙，供前来参加打架的斗牛休息。斗牛休息的地方，主人村寨、客人村寨，都可修整。主人村寨整理的休息场地，谁都可以用。客人村寨整理的休息场地，当年谁整理谁使用，第二年，谁都可以用。

主人在斗牛场中敲锣打鼓，寨老吹奏长号，客人前来报到，由主人分配打架对子。如不同意，自行挑选，由有经验的寨老，从个头大小、牛角长势、水牛个性等方面挑选对象。一般个头相当，才配对格斗。牛角长势，全凭经验。有人认为，有些水牯牛的角，长得"毒"，容易挖对方的眼睛，人家不愿意同它打架。另外，还要了解对方到底是"碰牛"还是"顶牛"。如果双方都是"顶牛"，打不起来。如果双方都是"碰牛"，容易碰破脑壳，造成脑震荡。因此，必须一方是"顶牛"，一方是"碰牛"，才打得起来。即便如此，为了避免打破脑壳，都要给斗牛戴上一个精心编织的圆形草垫，起缓冲作用，以保护斗牛安全。经过双方协商，同意打架之后，各自用糯米饭、腌鱼（先前祭祀用过的）、米酒喂牛，然后牵牛入场。一般是远处的先入场，近处的后入场。入场时，燃放三铳，并喊"呜呼"，以壮声威。进场之后，让两头斗牛相距二三十米至四五十米。多少距离为宜，视斗牛个头和场地大小而定。一般情况是，两牛对视片刻后，"碰牛"飞奔撞上"顶牛"。打到一定时候，还决不出输赢，就得拉开，停止角斗，以免牛受到伤害。现在有手表，裁判看时间，打了十来分钟还未见分晓，便停止角斗。从前，农村没有手表，用烧香计时。时间一到，便用绳索套住斗牛的腿脚，使劲拉开。为了公平起见，让与角斗双方无利害关系的村民拉，或角斗双方交换拉，即你拉我的牛，我拉你的牛，以免"拉偏架"。

如果打输了，卷起旗子，卸下装束，不声不响地离开现场。打输了的斗牛，名声不好，卖不出去，除非当菜牛。打赢的一方，趾高气扬返回村寨，燃放三铳，热烈庆祝。晚上，众人前来牛圈探望，畅谈胜利，尽享欢乐。从前，赢家可全寨出动前往斗败的寨子吃喝三天。尽兴而归时，可随意将寨子中的鸡鸭抓走，损失由全寨分担。更有甚者，如果此次斗败的寨子从前曾经赢过并曾到输家吃喝，那么，曾被吃喝的寨子可跟随赢家借机"报复"，痛痛快快吃回来。虽然这种活动是在极为友好的气氛中进行的，但心理上总不那么痛快。年轻人则不然，他们可通过这种活动谈情说爱，并不在乎斗牛输赢。

10.民族服饰中的牛文化

贵州省博物馆征集入藏十多个民族的4000多件（套）服饰。其中一些蜡染、刺绣品蕴藏着内涵丰富的牛文化。服饰中的牛文化，有写实的，有写意的，有大胆变形的，有极度简化的。凡此种种，皆因不同民族、不同地区、不同部件而异。有的活灵活现地用蜡绘画或用针刺绣一头牛（图二十六），有的则只绘画或刺绣一个牛头（图二十七）或一对牛角或几个牛漩。苗族同胞常将汉族传统文化中的"漩涡纹"和"寿字纹"分别称为"牛漩"和"牛角形鼓架",并将其视为水牛的象征。

苗族是个格外器重银饰的爱美民族。居住在雷公山麓的苗族姑娘酷爱头戴牛角形"银帽"(图二十八),将其视为美丽、勤劳、富有的标志。住在乌蒙山区的苗族同胞,多用牛角形木梳作装饰,因此被人称为"长角苗"。"长",在这里是形容词而不是动词。因为常有一些人误以为是动词,把"长角苗"说成了"长角的苗族"。

居住在潕阳河畔的苗族同胞,身着女子传统服饰时,是一件没有扣子的衣服,腰间系一根小花带,带子特别长,几乎从臀部拖到脚后跟。有人认为,这

图二十六　刺绣水牯牛(供图:吴正光)

图二十七　刺绣牛头(供图:陈月巧)

图二十八　头戴牛角形"银帽"的苗族姑娘(供图:侯天佑)

是仿照牛尾制作的，是仿生学在服饰中的运用。

11.民间舞蹈中的牛文化

民族服饰爱仿生，民族舞蹈也仿生。居住在都柳江和龙江上游的水族同胞，流行一种模仿水牛格斗的民间舞蹈，人称"斗牛舞"或者"斗角舞"（图二十九）。舞者手持用篾条之类扎成的水牛头手舞足蹈，作斗牛状，生动有趣。

苗族舞蹈中的牛文化，突出表现在"过苗年""吃鼓藏"等重大庆典隆重举行的"踩铜鼓"活动中。所谓"踩铜鼓"，就是踏着铜鼓的节拍围着铜鼓跳舞。首先，悬挂铜鼓的装置，着意制成牛角形（图三十）。铜鼓由两人合作敲击，一人左右两手各持一根小棍，一手横向敲击鼓面，一手竖向敲击鼓身；另一人手捧甑子模样的小木桶（苗话叫"提略"），来回在铜鼓内移动，使铜鼓发出的声音时大时小，声波时短时长，"安嗡、安嗡"，酷似水牛的叫声（图三十一）。此时，人们笃信，铜鼓就是水牛。围着铜鼓跳舞，倾听水牛叫声，收成一定很好。

图二十九　水族斗角舞（供图：梁卫民）

图三十　牛角形铜鼓柱（供图：简家奎）

图三十一　寨老敲铜鼓，发出水牛嗥叫般的声音（供图：吴正光）

12. 婚恋习俗中的牛文化

古代苗族社会以牛的数目衡量财富，这在一定程度上反映田土的多少。因此，婚嫁中以牛为彩礼曾盛极一时。后来，随着社会的进步和商品经济的发展，婚俗逐渐发生了变化，彩礼中的耕牛变成了首饰和金钱。但以牛为彩礼的遗风至今在订婚仪式和婚礼对歌中还明显存在。苗族订婚，"刻木为记"，称为"克道"。其法是在指头大小的木棍上或竹竿上刻画一些约定俗成的符号。其间有嫁娶日期和彩礼数目，届时凭此"克豆"迎娶和送礼。如今"克道"已演变成"刻木记歌"的用具（图三十二），犹如发言提纲。歌师凭借"克豆"，能在婚礼上演唱批判"姑舅表优先婚"的数万言古歌。以"十二"这个数字为例，歌词内容主要是：母舅坚持"养女还舅"，否则索要巨额赔偿，习称"还娘头"，数目从一百二十头牛、一百二十头猪、一百二十头羊、一百二十只鸡、一百二十只鸭……经过讨价还价，最后降到十二个鸡蛋、十二碗酸汤，最后才允许外甥女另嫁他人。这分明是对"养女还舅"陋俗的讥讽。

侗族婚恋中的牛文化，突出表现在"行歌坐月"上。月明星稀之夜，"腊米""腊罕"（姑娘后生）们在"月堂"里对唱情歌，其间要用一种形似牛腿的

图三十二　刻木记歌的"克道"（供图：吴通光）

图三十三　行歌坐月（供图：高步清）

拉弦乐器伴奏，那乐器因名"牛腿琴"（图三十三）。小伙子们自拉自唱。姑娘们则一边唱歌一边纺纱或做针线，拉琴的活路留给小伙子们做。农闲时节，通宵达旦，乐而忘返，故称"行歌坐夜"或"行歌坐月"。

13. 乡规民约中的牛文化

古往今来，在各种各样的乡规民约中，大凡都少不了保护耕牛的条款，不管它是成文的或者是口耳相传的。偷盗耕牛，一旦发现，必受重罚。有趣的是，许多村寨议定，哪家耕牛被盗，只要牛角一吹或者"款鼓"一敲，全寨成年男子顷刻持械出击。如果路途遥远，还得自带干粮，寻着牛的足迹，穷追不舍。无论追回与否，勿需失主破费。据说，偷牛盗贼至少两人，一人在前面用绳子牵牛鼻子，一人在后面用锥子或尖刀扎耕牛屁股。因此，被盗的牛跑得飞快。

对于农民来说，耕牛是家产中最可宝贵的。万一耕牛上山吃草不慎摔死，或得疾病猝死，遵循祖制，村里将牛肉按照村寨户数或家族户数，每户一份分好，让村民自愿分食，之后按份集资，再买一头供失去耕牛的农户役使。分摊下来，肉价往往比市价高得多，但无任何一人有怨言。此种风俗，带有"耕牛保险"的原始性质，代代相袭，屡试不爽，颇受欢迎。

14.饮酒习俗中的牛文化

贵州各族人民在长期酿酒、用酒的过程中，形成了一套风格独特的酿酒技术和饶有风趣的饮酒习俗。凡是到过贵州的客人，无不认为"贵州美酒令人醉，酒礼酒俗更醉人"。苗村侗寨有一风俗，每当贵客进入村寨，全寨老少势必出动，以酒拦路迎接。这拦路酒，少则三五道，多至十二道，最后一道设于村寨门口，用的便是牛角杯（图三十四）。有的牛角杯，做工很精细，镶嵌

图三十四　用牛角杯敬拦路酒（供图：陈万红）

图三十五　斗牛泥哨（供图：杨德）

铜、银，构成龙凤图案，堪称民俗瑰宝。喝"牛角酒"时，客人不能用手接牛角，否则主人一松手，那满满的"牛角酒"就全部属于用手接触牛角酒杯的客人了。客人喝不完酒，无人接牛角酒杯，又无处可以放下，显得很狼狈，着实很有趣。

15. 儿童玩具中的牛文化

苗侗等族农民，常在农闲时节举行声势浩大的"斗牛"活动。为了在极富刺激的斗牛活动中取胜，他们常给斗牛取些威武雄壮的名字，如"大雷公""大飞王""快机王""扫地王""大碰王""飞天王""金钩王""雄帅王"。这种职业斗牛，皆为全寨所有或家族所有，格斗胜负关乎全寨子或全家族的声誉，因此特别重视训练斗牛。训练方法多种多样，反映在儿童玩具上便有一种特制的"斗牛杆"。此种玩具状似钉耙，不同的是，铁钉耙换成了铁牛角。游戏时，两人各自手持一根"斗牛杆"，使劲让"牛"在地上搏斗，看谁先把谁扳倒。有的游戏更简单：在河滩上各自手捏一团河沙，互相滚动碰撞，看谁的先被撞碎，以此决定输赢。

最受孩子们青睐的玩具，"泥哨"堪称首选，它不仅好看，还很好玩，因为能当哨子吹。遐迩闻名的"黄平泥哨"，以十二生肖为主要题材。有单独制作一头牛的"泥哨"，还有两牛角斗的"斗牛泥哨"（图三十五），颇受儿童喜爱。建于既是全国重点文物保护单位又是"四月八"节日活动场所的黄平飞云崖古建筑群内的贵州民族节日文化博物馆，设有泥哨作坊，由"非遗"传承人及其徒弟们向观众传授制作技艺。许多观众争相购买与自己属相或亲朋好友属相相符的泥哨作纪念。最受观众欢迎的泥哨，据说是斗牛，因为它本身就是一件富有地方特色和民族风格的有趣的工艺美术品。

四、珍惜并用好、用活贵州牛文化

撰写此文，旨在呼吁公众珍惜并用好、用活贵州牛文化。建议博物馆在适当时候举办与牛有关的文物展览，开发与牛相关的文化产业，展示农耕文明的忠实功臣——牛的方方面面，让公众了解贵州各族人民在开发贵州高原的长期发展历程中与牛结下何等深厚的感情，从而不忘农业文明，牢记耕牛贡献，衷心热爱农村，关注农业发展，为实施"乡村振兴战略"贡献力量。如果不能举办展览，此文便是《贵博论丛》书本上的"贵州高原的牛文化展览"了。

贵州省博物馆藏两件清代铁甲衣

陈雨欣

（贵州省博物馆）

摘　要　本文研究贵州省博物馆藏两件清代铁甲衣，通过走访、梳理其历史来源、传说故事，指出反排苗族铁甲衣应是指挥作战的将领穿在身上或放置在战车上以此震慑敌军所用，张秀眉本人是否穿过此件铁甲衣已无从考证；高西侗族铁甲衣系清代实用战甲，且当地村庄依旧流传着对铁甲衣的民族记忆。

关键词　铁甲衣；少数民族；清代

一、铠甲的历史

甲，象形字。最早见于甲骨文，其本义是指种子萌芽后所戴的种壳；或动物身上起保护作用的硬壳；也指古代战士的护身衣，用皮革或金属制成，叫"铠"。

在远古时期，我们的祖先为了生存需要，利用野兽的皮与树林中的藤、木等，制成穿在身上的护体，一为遮羞，二以防箭、木、石的伤害。相传夏朝第七任王姒杼随父亲参加恢复夏朝的战争时，发明了一种用兽皮做成的甲，大举征伐东夷，取得了胜利。这便是中国战甲的创始。战国后期，锋利的钢铁兵器逐渐用于实战，防护装具发生变革，铁质铠甲开始出现。铠甲由两部分组成，用以保护头部的，称"胄"，也称"首铠""兜鍪""头鍪"；用以保护身体部分的称"甲"，有肩甲、胸甲、腿甲。

铠甲作为古时军队中重要的军事物资，以及战场上战士们的重要防身装具，是保卫生命的最后一道防线，它也对一场战斗的成败起着至关重要的作用。以历史上著名的明光铠为例，明光铠最早出现于三国时期，被认为是冷兵器时代防护性能最好的铠甲之一。明光铠的制作工艺极为复杂，因此也是历史上最为昂贵的铠甲，最初只有军官和贵族可以装备。到了唐朝，强大的国力让这昂贵的铠甲开始成规模地装备精锐部队，使他们的防护能力得到大幅提升。在铠甲的胸前后背，分布有椭圆形的金属甲片，它们被称为"圆护"，防御能力极强，防护着人体的重要部位。圆护在阳光的照耀下反射出夺目的光芒，未开战前整个军队的装备就已震慑敌方，明光铠因此而得名。加上它超强的防护性能，让唐军在战场上所向披靡。

但自从火器被大量地用来装备军队后，铠甲的用处逐渐减退，失去了存在的意义。因为身披铠甲主要是为了防御刀、剑、矛，而对于火器，铠甲的防御性能不强。到了清朝，铠甲已不再作为战场上重要的防御武器，因此，铠甲逐渐退出舞台，成为历史。

二、贵州省博物馆藏铁甲衣

在贵州省博物馆民族库房里保存着两件传承少数民族历史的文物——铁甲衣。

贵州省博物馆自建馆初期，在贵州黔东南苗族侗族自治州台江县方召镇反排村收购了一件苗族铁甲衣（图一），甲衣原保存在反排村一农民家的楼上，多年放在那里，没有人去动它，相传是苗族起义军首领张秀眉遗物。铁甲衣身长86厘米，胸围132厘米，下摆168厘米，重37.5千克。头盔单作，亦用锻铁片拼连。甲身用长方形锻铁片制成，左右均以垂直铁链扣合而成，背部九片，前身八片，长短不一。上有复肩，肩下留出两边空洞，无披膊。

1965年6月5日，时任贵州省博物馆名誉馆长的陈恒安先生在鉴定时写道：

图一　苗族铁甲衣

"甲为卫体武器，据宋以后甲式，一般有头盔、披膊、胸甲、身甲、护膝等部分，此件并不完全具备，且前后均以铁片构成桶状，与传统甲式略有差异。在清代麟庆《鸿雪因缘图记》'贵州阅兵'一幅中却有此式，可以参证。此甲分量过重，是否用于作战难以判断。但据反排当地人传说，苗族起义军进攻时，有一人着此甲领先，其余多人随后，战后从甲内抖出整碗整升铁砂……似有所据。另据记载，苗族起义军有使用兜鍪情况，此甲或有可能曾经作为战具。"

1995年3月28日，国家文物局专家夏传鑫、万冈、陈肇庆、季如迅、王南

图二　反排苗寨（反排村）

鉴定为一级文物。并提出：（1）名称应改为"苗族铁甲衣"；（2）补充印证文献记载，是否确定参加过起义。

据史籍记载，太平天国时期，贵州爆发了一次全省规模的起义，黔东南地区的苗军是这场运动的主要人员。他们在征战中，常有身穿铁甲衣的勇士在前锋"开路"，余从随后。作战时身着铁甲虽不敏捷，但是刀枪不入，每每取胜。据调查，苗军穿铁甲衣攻城拔寨的传说很多，此件系反排苗军使用过的铁甲衣，具有重要的历史研究价值。在制作工艺、材质方面，反映了它的产生年代所具有的科学技术水平；从另一方面，则反映了当时村寨的社会政治、经济、军事、文化等状况。所以，从整体来看，此件铠甲具有历史、艺术和科学遗

图三 采访反排寨老唐荣当

图四 采访反排寨木鼓舞传承人万政文

存，真实反映了反排村的物质文化及精神文化，具有当地民族的特色。

为确保文物第一手资料的真实性，2018年7月，馆领导安排贵州省博物馆保管部简小娅等人赴黔东南台江县方召镇反排村对此件铠甲进行调查（图二）。在台江县政协副主席许荣莉及方召镇纪委书记邰金祥、副镇长邰青松的陪同下，经过对反排寨二组的当年已83岁的寨老唐荣当（图三）及67岁的反排寨木鼓舞传承人万政文（图四）的采访，了解到当年村落里确实有几副铁甲衣，他们认为先祖应该是穿过这种铁甲参加战争的，但重量不超过20千克，现在寨子里已经没有哪家收藏了。是否为张秀眉的遗物无法确定，传说则反映了人们对苗族起义领袖的敬仰和怀念。

次日，在对台江施洞贵州苗学专家、贵州省苗学会常务副会长杨培德先生的采访中得知，此件苗族铁甲衣应该是参与了战争，理由是：古时的将领、军队里的士兵是受过训练的练武之人，身上可以负重七八十斤的重量。

以上的调查，始终不得而知此件铁甲衣是穿在身上用于近距离作战的防护之甲，还是振奋士气、震慑敌军之甲。之后了解到，宋朝步人甲（步兵铠甲）是中国历史上最重的铠甲，由1825片甲片构成，当时的制度规定铠甲重量不得超过29.8千克，另外长枪手的铠甲定为32—35千克，弓箭手的铠甲定为28—33千克，弩射手的铠甲定为22—27千克。古代铠甲复制专家江峰曾复制出一套重量达36千克的南北朝时期的明光铠，通过真人实验证明，穿上此重量铠甲在两分钟400米的连续奔跑后基本已失去战斗力，难以支撑一场战斗。

通过对以上寨老、传承人、学者的采访，可以得出以下结论：

清咸同年间的苗族起义在配备武装时是着铁甲衣应战的。此件铁甲衣因重量超常规，应是指挥作战的将领穿在身上或放置在战车上以此震慑敌军所用。张秀眉本人是否穿过此件铁甲衣，已无从考证。

在贵州省博物馆收藏的另一件清代侗族铁甲衣（图五），是1959年在国家收集民间文物的运动中，贵州省黔东南苗族侗族自治州黎平县坝寨乡高西村（原属贵州省黎平县茅贡区器寨工区杨寨队）向贵州省博物馆捐赠的。

图五　清代侗族铁甲衣

　　这件铁甲衣长77.5厘米，肩宽44厘米，腰围101厘米，重11.72千克，有领无袖，肩下有两片铁片，用铁链与肩甲相连，前胸五块铁片、后背六块铁片均用铁链相连。铁甲无盔，颇有锈蚀。根据上文的调查结果，如此重量的这件铁甲衣，是很有可能被穿在身上与敌军近距离搏杀作战的。

　　黔东南苗族侗族自治州黎平县坝寨乡高西村属于典型的侗族大聚居村落。在侗族的文化信仰中，侗族人相信万物有灵，崇拜信仰多神，比如女性神、山神、土地神、雷神、水神、火神等，其中，他们把女性神称为"萨岁"，意为

图六 高西村"萨"坛里内景

祖母神。当年的侗族村寨几乎村村建有"萨"的神坛，神坛有专人看护，每月的初一、十五都要烧香敬茶，新春则是祭"萨"的日子，届时周边村民集会于萨堂，虔诚祭祀侗家人的祖母神"萨岁"。

相传这件铁甲衣是当地始祖的遗物，它在当地侗族人民心中起到了防御侵略者的作用，有着崇高神圣的地位。据当年杨寨队的杨胜美、杨在明老人说，他们的祖先是两兄妹，兄名杨瑞劳，妹名杨瑞李，来时就居住在杨寨。当时距离杨寨2华里（即1千米）的器寨居住着苗族（器寨现在都是侗族居住），有一天他们发现杨寨有砍伐木头的木渣顺水流出，当他们得知是这两兄妹居住在此地后就大为不满，他们不允许其他族群的人居住在这附近，于是想要赶走兄

图七　2018年贵州省博物馆"文化和自然遗产日"活动现场1

图八　2018年贵州省博物馆"文化和自然遗产日"活动现场2

图九　2018年贵州省博物馆"文化和自然遗产日"活动现场3

妹俩，便进户攻打。攻打之时，兄在山上劳作，妹在家中烧饭，妹见兵临家门，便大声呼唤，兄听见后便赶回家来抵抗，据说铁甲衣便是当年兄妹二人抗敌所穿。铁甲衣为当年杨寨全体公有，在当年的"萨"坛里，它作为镇寨之宝悬挂在内壁中央，以显示祖先为了争取生存所作的英勇斗争，世世代代受族人供奉。每逢初一、十五和喜庆日子都会有人焚香化纸供奉敬仰，重大活动和三年一次的"祭萨"活动，则由族中最年长的寨老穿上它游行。据说，1956年撤销镇远专区建立黔东南苗族侗族自治州时，铁甲衣曾拿去展出过，但因当地群众不愿捐献而收回，直到1959年才捐给省博物馆。如今，在高西村的"萨"坛里，村民们仍把这件铁甲衣的照片悬挂在内壁中央（图六），始终提醒后代饮水思源，不忘始祖，铭记历史。

2018年6月9日，"文化和自然遗产日"活动中，高西村寨老、村委会主任、村支书及全寨100多位村民身着盛装远道而来参加省博物馆文化遗产日系列活动"老乡观文物——侗族洋寨铠甲的故事"。

活动中，当幞布揭开的那一瞬间（图七），洋寨族人的眼中露出的是一种激动、喜悦、崇敬的心情，仿佛他们的始祖站在他们的面前，向他们娓娓讲述着当年族人们为了保护自己的家园而征战沙场的故事。族人们手牵着手，围着铠甲用他们的语言唱道（图八、图九）：

今日我寨代表到此地

感谢省馆领导热心肠

感谢当今国家政策好

领导亲民安排我寨得以观铠甲

铠甲六旬不相见

千里路遥难成行

古前祖上为将戴

铠甲护佑寨平安

祖辈奉供记恩情

源远流长永相传

……

三、结语

博物馆作为文物最好的归宿，具有收藏、保护、传播、研究的职能。每一件藏品都在向世人讲述一段故事，每个故事之中都蕴涵着无数的思想智慧和文化力量。今天，我们以多种形式来号召公众对"非遗"、对藏品文物、对文化要有保护和传承的意识，让它们向世界讲述中国，也向国人讲述道理。这就是我们中华民族独特的文化魅力。

[参考文献]

[1] 贵州省地方志编纂委员会. 贵州省志·文物志［M］. 贵阳：贵州人民出版社，2003：536—537.

[2] 胡永祥. 馆藏革命文物［C］// 贵州省博物馆. 征途——贵州省博物馆建成六十周年纪念专集. 桂林：广西师范大学出版社，2020：177—196.

土家族非物质文化遗产——摆手舞

付向宇

(贵州省博物馆)

摘　要　本文指出,土家族非物质文化遗产是土家族所特有的文化标识,是族人代代相传的情感寄托。其中,摆手舞是土家族非物质文化遗产的典型代表。摆手舞的诸多舞蹈动作都是由农事动作演变而来的;即使在传承过程中摆手舞会发生一定的变化,但它的基本动作及原始特征始终贯穿其间;摆手舞的传承与推广需要沉淀、创新和认同。

关键词　土家族;非物质文化遗产;摆手舞

土家族是一个热爱舞蹈的民族,拥有许多传统舞蹈,包括摆手舞、花鼓子、跳丧舞、八宝铜铃舞等,其中摆手舞最具代表性,也最为人所熟知。"社巴日"和"社巴巴"是土家语对"摆手舞"的另两种叫法。摆手舞主要流传于湘、鄂、黔、渝三省一市交界的土家族聚居地,以湖南省湘西土家族苗族自治州的永顺县和龙山县、湖北省恩施土家族苗族自治州来凤县、贵州省铜仁市沿河土家族自治县和印江土家族苗族自治县、重庆市酉阳土家族苗族自治县和秀山土家族苗族自治县为主要传承地。2006年5月20日,土家族摆手舞被列入第一批国家级非物质文化遗产名录,申报地区是湖南省湘西土家族苗族自治州、湖北省恩施土家族苗族自治州来凤县、重庆市酉阳土家族苗族自治县。

由于土家族只有民族语言而没有文字,所以土家族摆手舞的历史起源缺乏原始的文字记载，学术界对此也没有一个统一的权威说法。除了流传于土家族地区的各种传说之外，主要有"巴渝舞说"和"劳动说"两种争论。

"巴渝舞说"指出，土家族摆手舞是起源于古代巴人板楯蛮的军前歌舞"巴渝舞"。板楯蛮是古代巴人的一支，其英勇善战又喜爱舞蹈，便在斗争中逐渐创造了巴渝舞。秦末时期，四川阆中的巴人曾帮助汉高祖刘邦定关中，而巴渝舞就在战争中起到了重要的作用。"还定三秦"之后，高祖极为称赞板楯蛮的勇猛，特意欣赏了板楯蛮的舞蹈，且令喜欢该舞蹈的人习之。因为阆中有渝水，便将这一舞蹈命名为巴渝舞。袁革提出，摆手舞是由巴渝舞衍化而成的一种舞蹈形式，并认为巴渝舞被分成两支流传于世：一支约在西汉初年传入宫廷，逐渐汉化；另一支则在民间得以延续，摆手舞便是其衍生出的一个舞蹈流派。

"劳动说"认为，摆手舞具有土家族人民劳动生活的特点。从舞蹈动作来看，摆手舞展现农事生活，如插秧、推磨、种苞谷；模仿动物行为，如"大鹏展翅""鸡扇翅膀""拖野鸡尾巴"，其自然古朴的内容形态就是土家族先民原始劳动生活的真实写照。劳动是人类社会活动发生的起点，劳动为人类物质生活和精神世界的产生提供了前提条件，由此也可以说摆手舞起源于劳动。土家族摆手舞的动作内容，明显反映出其与农业生产活动息息相关，并且形成了摆手舞独特的舞蹈风格。有学者也通过对摆手舞和巴渝舞的比较，得出摆手舞不是巴渝舞演变的舞蹈产物，而是源自土家族先民的劳动生活的结论。

目前，虽然学术界对于土家族摆手舞的起源还没有一个统一的说法，但是笔者更认同"劳动说"这一观点。因为，从摆手舞的诸多舞蹈动作（如插秧、推磨、种苞谷、打谷子等）可以看出，摆手舞应该就是由农业劳作的部分动作演变而来的；再者，过去土家族世代居住在山区，其日常生活皆以农业劳动为主，所以土家族的摆手舞与其劳动动作紧密相关也是不难理解的。

摆手舞有"大摆手"和"小摆手"两种形式。

"大摆手"的时间约是三年一次;其规模庞大,可以跨地区举办,参与的人数众多;族人所祭祀的主神是"八部大神";展现了土家族民族起源、迁徙和战争等壮观场面。"小摆手"的时间是一年一次;与"大摆手"相比,"小摆手"的规模要小得多,仅限于一村一寨,参与的人数也比较少;主要祭祀的是"土王"(彭公爵主、向老官人、田好汉);其表现的内容以农事生产活动为主,如插秧、割谷子、摘苞谷等劳动动作。"小摆手"是土家族聚居地区普遍盛行的一种舞蹈形式。"小摆手"只有一种简单的队形——围圆而舞,即表演者进场围成一个圆圈起舞,且之后便不再改变位置。在舞蹈的过程中,表演者会随着动作的变换,而由顺时针行进方向换成逆时针行进方向,或反之。

基本类、劳作类、祭祀类动作是摆手舞的三种主要动作种类。

基本类动作主要分为"单摆""双摆""回旋摆"三种。这类动作不表现任何内容,作为摆手舞的基本动作,其是用于连接和过渡其他动作的,贯穿整套摆手舞的始终。劳作类动作在整套摆手舞中出现的频率最多,并且简单易懂,让观众一看就知道舞蹈所要表现的内容。劳作类动作有插秧、挖土、割草、推磨、挑谷子等,真实地反映了土家族人勤劳淳朴的性格。祭祀类动作主要是在祭祀"土王"时所跳的舞蹈。祭祀类动作较为复杂,有祈天、朝拜、拉弓等,且需要组成一定的队形进行表演。在音乐背景的烘托下,舞蹈场面显得非常庄严浩大。

摆手舞所具有的原始特征,主要表现为"手臂的摆动和膝部的颤动""同手同脚"和"群舞"。

"手臂的摆动和膝部的颤动",顾名思义,摆手舞最具特色的动作一定是摆手,即手臂的摆动,而膝部的颤动是附随着摆手动作进行的。这种特征在诸多摆手舞的动作中都有所体现。"同手同脚"也是摆手舞中独具特色的原始特征。同手同脚即"顺拐",是在跳摆手舞的时候摆左手出左脚,摆右手出右脚。所以，这就使得摆手舞的动作看起来十分僵硬、滑稽、不协调，但这也恰恰显示出了摆手舞取悦神灵的功能，因为摆手舞最初就是以娱神为主要目的的祭祀舞蹈。摆手舞还具有"群舞"的原始特征。所谓"群舞"，就是集体舞蹈。无论"大摆手"还是"小摆手"，皆是采用集体舞蹈的形式。在击大鼓、鸣大锣的音乐伴奏下，众人朝着同样的方向做着同样的动作，这不仅突显了摆手舞排山倒海的气势，而且加深了族人对本民族文化的认同感。

摆手舞的传承与推广需要沉淀。摆手舞的传承与推广不是一味地追求速度，也不是盲目地追求一时的成效，而是需要经历一个自我沉淀的过程。这样的沉淀，需要传承人对摆手舞有一个清晰的认识和合理的定位，全面客观地分析摆手舞存在的优劣势。要进步、要发展，就离不开自我的沉淀和反思，就需要追溯到摆手舞的根，需要抓住摆手舞的舞蹈精髓，需要思考摆手舞未来发展的方向。只有真正了解摆手舞之后，才能更好地对其进行传承与推广。在推广摆手舞的过程中，也应该适时地慢下来、停下来，在沉淀中进行舞蹈的自我更新，或许更能使摆手舞在"沉默"中"爆发"出新的活力。

摆手舞的传承与推广需要创新。摆手舞要传承、要发展、要被更多的人所接纳，那就得在保持其文化特质的基础上进行创新，而坚持固我是万万行不通的。因为摆手舞所携带的一些原始特征使得摆手舞看起来很"丑"，缺乏一定的美感和观赏性，所以很多年轻人不愿意学习跳摆手舞。为了打破这一僵局，让摆手舞尽可能地达到现代人的审美标准，就需要对摆手舞进行创新。比如，可以将摆手舞与现在流行的健身结合起来，提取摆手舞和健身的标志性动作，创新出一套独具特色的摆手舞健身操，再利用新媒体平台进行推广传播。这或许可以打破摆手舞不受年轻人追捧的局面，扩大摆手舞的群众基础，为摆手舞争取更多的新一代传承者。

摆手舞的传承与推广需要认同。"民间舞蹈文化依赖于一个拥有特质文化的群体而非个体"，摆手舞的传承也得依赖于土家族群体的力量，而这归根结底还是需要土家族群体对摆手舞存有文化认同感。即使借助各界力量对摆手舞进行推广，也需要土家族对摆手舞本身有民族文化认同感，这一点在传承与保护民族文化的过程中是至关重要的。只有本民族群体了解、认同了摆手舞文化，才会将摆手舞的传承和发展视为自己的责任，摆手舞才能从真正意义上拥有坚实的群众基础，从而才能使摆手舞可以经久不衰地流传下去。

土家族只有本民族语言而没有文字，土家族的历史文化、风俗习惯、民族精神就需要借以文化遗产的形式来记录、传达。所以，对民族文化遗产的保护就显得极为迫切与重要。其中，摆手舞是展现土家族民族文化魅力的典型代表，蕴含了族人敬畏祖先、热爱劳动、率真乐观的民族特质，是本民族和全人类珍贵的非物质文化遗产。

土家族非物质文化遗产是土家族所特有的文化标识，是族人代代相传的情感寄托。其中，摆手舞是土家族非物质文化遗产的典型代表。摆手舞的诸多舞蹈动作都是由农事动作演变而来的；即使在传承过程中摆手舞会发生一定的变化，但它的基本动作及原始特征始终贯穿其间；摆手舞的传承与推广需要沉淀、创新和认同。

[参考文献]

[1] 陈国安.土家族近百年史：1840—1949[M].贵阳：贵州民族出版社，1999.

[2] 陈廷亮，黄建新.摆手舞非巴渝舞论——土家族民族民间舞蹈文化系列研究之五[J].中南民族大学学报（人文社会科学版），2006(4)：44—47.

[3] 段超.土家族文化史[M].北京：民族出版社，2000.

[4] 胡炳章.土家族文化精神[M].北京：民族出版社，1999.

[5] 刘楠楠.试论土家族摆手舞形态流传与发展[D].北京：中央民族大学硕士学位论文，2006.

[6] 彭勃，彭继宽整理译释.摆手歌[M].长沙：岳麓书社，1989.

[7] 彭继宽，彭勃.土家族摆手舞活动史料辑[M].长沙：岳麓书社，2000.

[8] 向柏松. 土家族民间信仰与文化［M］. 北京：民族出版社，2001.
[9] 阎孝英. 土家族摆手舞［J］. 体育文化导刊，2002 (5)：53.
[10] 袁革. 土家族摆手舞源考［J］. 社会科学家，2004 (3)：74—79.
[11] 杨昌鑫. 土家族风俗志［M］. 北京：中央民族学院出版社，1989.
[12] 邹明星. 酉阳土家族摆手舞［M］. 重庆：西南师范大学出版社，2003.

民族文物与铸牢中华民族共同体意识
——以黔南州博物馆民族文物为中心

陆庆园

（黔南州博物馆）

摘 要 本文以黔南州博物馆民族文物为线索，通过深入阐释黔南州境内各民族在历史上交往交流交融遗留下来的文物的文化内涵，进而挖掘文物蕴含的文化价值——共同体意识，其有益于中华民族共同体意识的研究。经过分析，这些文物是黔南各族人民交往交流交融的见证，它们是中华民族共同体意识的集中体现。本文从博物馆展示、宣传、教育的职能出发，着重探讨了展示民族优秀文化对于铸牢中华民族共同体意识的现实意义：它有利于增强黔南各族人民的文化自信，强化民族团结进步成果，对铸牢中华民族共同体意识具有积极的推动作用。

关键词 民族文物；黔南；展示宣传；铸牢中华民族共同体意识

目前，学界在铸牢中华民族共同体意识的研究上取得的成果已经十分丰硕，但就民族文物视角切入的研究甚少。本文以民族文物作为研究铸牢中华民族共同体意识的对象，主要基于民族文物不仅是各民族活动的产物，而且还是各民族文化的重要载体，在这些器物上能够看到各民族文化发展、交流的场景。民族文物所蕴藏的文化内涵是民族文化的具体体现，同时还是各民族交往交流交融的重要见证。此外，一些具备民族属性的革命文物更是见证了各民族的大团结。那么，如何让这些蕴含中华民族共同体意识的民族文物"活起来"，这就需要发挥"博物馆的力量"，要积极发挥博物馆研究、宣传、展示、教育的职能，让这些民族文物的价值真正展现出来，使博物馆成为铸牢中华民族共同体意识的重要文化阵地。

一、黔南州博物馆民族文物概览

黔南州，全称为黔南布依族苗族自治州，位于贵州省中南部，南邻广西，北靠省会贵阳，东与黔东南苗族侗族自治州相连，西接安顺市和黔西南布依族苗族自治州。黔南是一个多民族聚居的地区，生活着汉族、布依族、苗族、水族、毛南族、瑶族、侗族、壮族、仫佬族、彝族、回族、畲族等43个民族。"各民族由于在黔南州定居的时间不一，先定居的选择了自然条件较好的处所，先定居、先垦拓、先建设、先美化，自然环境越来越好；后来者选择的余地小，垦殖晚，自然环境相对则较差。"[1]可见，定居时间的早晚，致使各民族居住环境存在着差异，进而对各民族的物质生活和精神生活产生了巨大影响。经过长期的发展，各民族的文化独具特色，也因此造就了黔南丰富多彩的民族文化。这些民族文化是黔南各族人民在历史发展进程中形成的，可通过具体的实物、遗迹来显现，它们承载着民族的记忆，是各民族交往交流交融的重要见证。所以保护、收藏、研究、展示黔南民族文物，是一项极为重要且迫切的工作，而黔南州博物馆作为地区性的以地方文化为主要内容的博物馆，自然担负起这份责任与使命。

黔南州博物馆坐落于黔南布依族苗族自治州州府驻地都匀市，主要致力于全州的文物收藏、保护、研究、展示等工作。其前身为黔南州民族博物馆，目前馆藏文物达5000余件（套），以民族文物和革命文物为主，主要通过征集入藏。黔南州博物馆的文物征集工作从20世纪80年代组建民族博物馆始就已开展，可以说，20世纪80年代至21世纪初是本馆文物征集的高速发展期，现在

---

[1] 黔南布依族苗族自治州史志编纂委员会：《黔南布依族苗族自治州民族志》，贵阳：贵州民族出版社，1993年，第2页。

馆藏的民族文物和革命文物绝大部分来源于这一阶段,后因经费紧张、人员流动、政策变化等原因,文物的征集工作发展滞缓,断断续续且量少。

由于时代的局限和思想意识发展的制约,当时文物征集的对象主要为黔南世居少数民族和生活在黔南境内人口较多的少数民族,且以前者为重。黔南世居少数民族有布依族、苗族、水族、瑶族、毛南族,人口较多的少数民族有侗族、壮族、彝族、回族、仫佬族、畲族等。在数量上,前者的藏品要远多于后者,后者主要为一些具有代表性的物件。现今馆藏的民族文物有服饰、银饰、生产生活用具、铜鼓、书画、民族乐器、石刻、拓片、水书、钱币、纪念章、古钟、傩戏道具、地戏道具及各种民族工艺品等等。

服饰包括世居民族和人口较多的少数民族服装,在种类上,世居民族的相较丰富,男女老幼以及各种场合的穿戴都有收藏,其他民族多以成年男女服饰为主。银饰上以苗族、水族为主,包括头饰、颈饰、胸饰、手饰、盛装饰和童帽饰等等,主要受用银习惯和用银程度的影响。生产生活用具分为生产用具和生活用具两大类:生产用具,黔南各世居民族均有收藏,如布依族的龙骨车、戽瓢、石碓、水碾、水碓、纺织机等,苗族的犁、耙、锄等,水族的酿酒工具酒甑、天锅、酒坛等,瑶族的猎枪、捕鸟网(套)等;生活用具有布依族的雕花供台、木甑、木水瓢、土陶碗等,毛南族的供台、刻花纹石水缸等。铜鼓主要收藏有苗族、水族的,为麻江型,纹饰类型较为丰富。书画中最具代表性的为布依族灵堂画,它体现的是布依族人的生死观。民族乐器有布依族的月琴、四弦琴、姊妹箫等,苗族的芦笙、莽筒、木鼓、牛角杯等,水族的铜鼓、接音桶(用于接铜鼓敲击出来的声音)等,这些乐器多用于节庆、婚嫁、丧葬,以前两者居多。

石刻分为文字和图案两种类型:石刻文字如布依族的乡规民约碑,瑶族的婚规碑、乡规碑,水族的水文石碑、指路碑、告示碑、纪念碑等;石刻图案主要为水族铜鼓纹图案、动物图案。拓片以石刻文字、图案为主,有清时具有官方性质的告示碑拓片、抗日战士纪念碑拓片、乡规民约碑拓片,还有水族石刻图案、纹饰拓片等。水书是以水族文字来记载本民族关于天文、地理、宗教、风俗、伦理、哲学、历法等方面的文化信息,有很大一部分用于婚丧嫁娶和宗教信仰上,如馆藏的《择吉方法》《开书择吉》《接亲吉凶》《改鬼》等。钱币的馆藏种类较多,有铜钱、银锭、铜币、镍币、纪念币、关金券、大洋、银圆等。纪念章多为纪念一些具有重大历史意义的事件,如淮海战役胜利纪念章、渡江胜利纪念章、抗美援朝纪念章、西南铁路纪念章等。古钟以铁钟为主,年代多为清代,有嘉庆、道光、宣统时期的。傩戏道具包括法器、面具、唱本、道服、神案图、乐器等。地戏道具包括地戏服饰、面具、法器、唱本、乐器等。民族工艺品种类较多,如通过枫香染、蜡染、扎染、刺绣、马尾绣、编织等技艺制作的工艺品及剪纸、银饰、陶瓷等。革命文物包括黔南州各民族在历史时期因战乱采取各种抵御压迫和外来侵略的措施遗留下来的物品,如咸同战乱时使用的各种兵器、红军长征经过黔南时写下的标语及抗战文物、抗美援朝文物等。

综合来看,黔南州博物馆馆藏文物以民族文物为主,革命文物为辅。文物类型较为丰富多样,也从侧面反映出黔南民族文化的多样性与丰富性。这些文物是黔南民族文化的载体,也就是说,它是"民族文化在物质上的表现,是民族文化的物化形式,看得见、摸得着的物质文化形态"[1],是黔南各民族在生产生活、风俗习惯、宗教信仰、交往互动等方面的重要体现。此外,应该看到的是革命文物与黔南各民族有着不可割裂的联系,由此它们已然具备了民族性,我们在研究、展示革命文物时需将民族因素考虑在内。这不仅能彰显革命文物的时代价值,亦可体现黔南各族人民共有的价值追求。

二、馆藏民族文物的文化内涵

黔南是一个多民族聚居区,有着丰富璀璨的民族文化,它是由黔南各族人

---

[1] 宋兆麟:《民族文物通论》,北京:紫禁城出版社,2000年,第6页。

民共同缔造的。在民族文化的形成过程中，我们可以通过一些实物洞察其形成的细节，这一类实物我们通常称为"民族文物"。具体而言，民族文物主要特指"反映少数民族的历史、社会制度、社会生产、社会生活的代表性实物"。[1]因其与民族息息相关，就其外在性或实质性来说，无不具备了明显的民族特征。它不仅体现了某一民族的历史发展状态以及此民族的宗教信仰等方面，还有他们对物质和精神生活、文化艺术的追求，同时更能反映出这一民族与其他民族的关系状况。

民族文物是民族文化的有效载体，每个民族都有自己的民族文物，可以通过它们体现本民族的文化，是见证本民族发展的重要实物。从历史上各个时期民族发展的规律看，一个民族的发展不可能独立于其他民族而存在，所以民族文物的背后往往会掺杂着民族间交往互动的场景，见证民族间交往交流交融的过程。民族文物一个重要的价值"表现在它的互动性上，这种互动性不仅丰富了文化互动的双方，而且也极大地拓展了互动双方的文化价值空间"。[2]所以，我们在审视一个民族的文物时，不仅要注重该文物反映的具有该民族特征的文化特质，更要看到多民族文化交流的一面。也就是说，一个民族文化的形成是以该民族为本位，但也会受到其他民族或一些外界因素的影响，如此一来，彼此的文化价值空间就会发生变化。

具体而言，民族文物反映的即是民族文化，这种文化是融合其他民族文化后形成的具有本民族特色的文化。如民族服饰文化"是民族共同体的产物，是民族风俗习惯的一个方面，是表现一个民族在共同文化和共同心理素质中最直接、最具体、最形象的依据"。[3]以苗族服饰文化为例，苗族是没有文字的民族之一，于是其服饰便成了反映该民族文化的重要载体。同时因苗族支系众

---

[1] 韦云彪：《黔南布依族苗族自治州民族博物馆文物界定、分类、定级现状调研报告》，载民族文化宫博物馆编《中国民族文博（第二辑）》，沈阳：辽宁民族出版社，2007年，第172—174页。
[2] 李黔滨：《关于对民族文物价值的认识——以贵州民族文物为例》，《中国博物馆》2006年第1期，第7页。
[3] 韦启光等：《布依族文化研究》，贵阳：贵州人民出版社，1999年，第20页。

多,每一支系服饰不尽相同,种类繁多,而被称为"中国服饰的活化石",也被誉为"穿在身上的历史"。苗族服饰融入了其他民族的诸多元素,它作为苗族文化的载体,"具有记录文件、阐释观念、表达情感等功能。其内涵丰富深邃,涉及苗族宗族支系、图腾崇拜、社会结构、历史迁徙、巫术宗教、婚姻制度、节日文化、人生礼仪等领域"。[1]可见,其服饰文化内涵之丰富,服饰的不同部位、不同图案、不同场合的穿戴、不同年龄段等,所蕴含的文化内涵都不一样,像有些传递的是求偶的信息,有些表达的是对祖先的崇拜,有些则表达的是祈神火驱邪的功能。

又比如生产工具。贵州是一个多山、道路崎岖的地区,所以生产工具的运用就显得十分重要。历史时期的贵州是生产力相较落后的地区,明代以来,中原百姓不断进入贵州,带来了先进的生产劳作工具,进而使贵州农业的发展发生了质的改变。生产工具是民族大交流、大融合的产物,是农耕文明的交流与发展。此外,在馆藏民族文物中,有一类文物是众多民族所共有的,即铜鼓。它是中国古老的打击乐器,主要流行于我国贵州、云南、广西、湖南、四川等省(区)。许多民族都认为铜鼓具有神秘而强大的社会功能,即"一庆丰收、二祝年节、三思祖先、四驱邪恶、五畅胸怀。铜鼓被众多的民族视为民族、宗族和家族祖先的传世之宝,视为宗族团结兴旺的象征,敬若神灵,年岁拜祭"。[2]由于铜鼓流行的地域广,因地域的差异、民族的认知水平的不同、场合不同等因素,众民族在使用铜鼓的过程中存在一定的差异性,即所谓的民族个性。需要指出的是,众多民族虽然在使用铜鼓的过程中存有一定的差异性,但他们有一个共同的认可物——铜鼓。他们通过铜鼓表达本民族的认知,而又尊重其他民族,这即是儒家文化所倡导的"和而不同"。

在馆藏民族文物中有一类文物和其他文物有所不同,即傩戏(地戏)道

---

[1] 李黔滨:《关于对民族文物价值的认识——以贵州民族文物为例》,《中国博物馆》2006年第1期,第5页。
[2] 柯林:《贵州少数民族乐器100种》,北京:中国文联出版公司,1995年,第155页。

具,它们主要是一种意识形态或精神追求的集中反映。贵州的傩戏大都是历代移民从中原、江南、巴蜀、荆楚、湖广等地带过来的,是一种"宗教意识浓厚的活动,它以驱赶恶鬼,迎请神鬼,为人治病,又为人纳吉、祝福、祷还愿事"。[1]传入后主要流布于贵州的汉族、苗族、布依族、侗族、土家族、彝族、仡佬族等民族分布的地区,可见傩文化在贵州分布之广。贵州傩文化是不同历史时期经不同地区流入贵州广大民族聚居区后,众多民族根据地域情况、自身精神需求、生活需要等经过长期复杂的演变形成的。可见,馆藏傩戏(地戏)道具是民族文化融合后的产物,它集众多民族傩文化于一身,在众民族的发展中,既存在着差异,又有着相同之处。

民族文物是各民族活动的产物,是民族文化形成发展中的信息物证,承载着民族文化的方方面面,是我们研究民族文化不可或缺的重要材料。诸上文章是对部分类型文物背后反映的文化内涵进行阐释的一次尝试,旨在将每一类(或每一件)民族文物的文化内涵弄清楚、搞明白,这样才能将其价值真正地挖掘出来。

三、民族文物是中华民族共同体意识的集中体现

在黔南州博物馆馆藏文物中,有许多民族文物不仅体现了该民族的文化特质,通过上文了解它们产生的背景后发现,在它们中间,更多的是见证了本地区民族间交往交流交融的历史过程。黔南地区民族的多样性决定了其民族文物类型的丰富性,也是其民族文化多元的具体表现之一。通过对馆藏民族文物的深入研究,笔者发现它们不仅有着本民族独特的文化特色,同时与其他民族又有着千丝万缕的联系。

以馆藏布依族文物为例。服饰是布依族文化的重要组成部分,布依族传统服饰主要尚青、蓝、白三色,如馆藏布依族"栏杆"花边右衽衣,蓝色,立

---

[1] 高伦:《贵州傩戏》,贵阳:贵州人民出版社,1987年,第2页。

领、领边绣波浪纹和一道花边，衣襟绣四道"栏杆"花边。我们知道，早在古时布依族先民的住宅就盛行干栏式建筑，布依族人在服饰上绣"栏杆"式样，目的在于让干栏式建筑的文化印记在服饰上得以延续与传承，让自己的后人记住这个族群曾居住的是干栏式建筑。[1]历史上布依族干栏式建筑并非一成不变，时至明代发生了巨大变化。明代，随着"汉民族迁入布依族地区的人数不断增多，他们不仅带去了先进的生产工具，同时也带去了先进的建筑技术。汉民族建造的平房比布依族建造的干栏楼房既省工时又省材料，为一些地区布依族群众所接受，布依族的住宅建筑由此而有所改变。清代，贵州都匀府和贵阳府附近的布依族、汉族杂居地区，布依族群众的住宅建筑受汉族建筑文化的影响更为明显，从而使布依族的传统住宅建筑风格发生了更大变异"。[2]

可见，由干栏式建筑转为平房建筑能够为布依族人所接受，主要基于平房建筑具有省时、省物、省钱的优势。所以，后人将"栏杆"式样绣于服饰之上，是为了纪念本民族的历史与记忆，从而也让它成为该民族的重要符号之一。此外，通过这一符号，我们更应该看到布依族与汉民族之间交往交流交融的过程。两个民族在长期的交流和实践中，在建筑上，布依族人接受了汉民族的建筑技艺，这是二者文化交融的重要体现。

布依族服饰的多彩绚丽还体现在它的图案上，布依族人刺绣技艺精湛，蜡染技术娴熟，进而为布依族服饰注入了灵魂。如馆藏布依族白底挑花鸟枕巾，整体呈长方形，中心为一正方形，正方形内为一朵刺梨花，四角分别有"卍"字纹，正方形四周为对称的两只石榴花纹、两只相向鸟纹及"卍"字纹组成的一大团花，在团花四个角又挑有三角形花。枕巾两端分别为麦穗、石榴花、蝴蝶等图案。布依族服饰上的图案不是凭空产生，它们有的来源于生活，而又高于生活。四角所绣"卍"字纹，又被称作万年花，寓意长寿，常常作为一种吉

---

[1] 李荣静：《布依族服饰文化研究》，贵阳：贵州民族大学硕士论文，2016年，第80页。
[2] 韦启光等：《布依族文化研究》，贵阳：贵州人民出版社，1999年，第53、54页。

祥的图案。[1] 石榴花纹来源于现实中的石榴花，象征着收获。麦穗图案与布依族农耕劳作紧密相关。在布依族地区，姑娘七八岁起，就开始学刺绣、纺织、染布等，同时也要进行田间劳作，其间便将看到的植物纹样记录下来，"通过自己的再创造，把常见的纹样反映在服饰的制作和穿戴上"。[2] 蝴蝶图案有两层寓意，"既表现向往自由的深切愿望，又隐喻男女青年谈情说爱时'花好引得蝴蝶舞'的深层含义"。[3] 再来看正中心的刺梨花图案。刺梨花是布依族的族花，无论是蜡染还是针绣活上，刺梨花都是布依族妇女最青睐的花样。它可以用来表达布依男女的爱意，象征着纯洁与忠贞的爱情，还象征着布依族女子如同刺梨花一样美丽动人。同时，刺梨花结出的刺梨还是"一种谦虚、朴实，却有顽强生命力和益人的水果之王，这正如布依族人的品质一样，不起眼，却是难得的善良珍贵的民族"。[4]

从一件布依族枕巾就可看到，不同的图案汇聚在一起，构成了一幅美丽和谐、寓意深刻的画卷，每一种图案都反映了布依族人对理想愿景的奋斗与拼搏。它是布依族人对美好生活需要的向往和追求的集中体现，不言而喻，这种向往是每一个布依族人乃至整个中华民族所共同追求的目标。所以，布依族人要像刺梨一样秉持着一种谦虚朴实、具有顽强生命力的姿态，同全国各族人民一道去实现这个宏伟目标。

在馆藏的生产工具中，主要是农具，见证了民族间文化交流的过程。馆藏布依族龙骨车，曾为布依族地区重要的农耕灌溉工具。龙骨车主要流行于中原、江南等农业发达的地区，进入贵州的时间很晚，迟至清代时才由地方官府组织学习推广，"至于龙骨水车，大抵是清代乾隆年间逐步推广，由官府雇江

---

[1] 周成飞：《贵州地区蜡染"卍"字纹研究》，北京：北京服装学院硕士论文，2017年，第11页。
[2] 韦启光等：《布依族文化研究》，贵阳：贵州人民出版社，1999年，第27页。
[3] 韦启光等：《布依族文化研究》，贵阳：贵州人民出版社，1999年，第31页。
[4] 李荣静：《布依族服饰文化研究》，贵阳：贵州民族大学硕士论文，2016年，第107页。

楚匠人制造，分给各地仿制"。[1]乾隆五年（1740），贵州总督张广泗上奏朝廷开垦田土等事宜时说道："凡贫民不能修渠筑堰及有渠堰而久废者……至请仿江、楚龙骨车灌田，并雇近教造之处，应于借给工本款内另议……即制造龙骨水车，亦可备府州县分给一架，劝民照式成造。"[2]龙骨车是以汉民族为主使用的灌溉农具，至乾隆年间，由官府在贵州民族地区推广，贵州各族人民通过学习由此掌握了此制作工艺，布依族亦是如此。可见，龙骨车在贵州的推广，是农耕文明在贵州民族地区的一次交流与融合，它推动了贵州农业的发展。

另外一件馆藏农具同样见证了农耕文明的交流融合，即戽瓢，又称戽斗，在贵州民族地区广泛被应用于农业耕作，尤其是布依族、仫佬族等分布区域最为突出。据文献记载，戽斗至少在南宋时期就已产生，是古时汉民族一种取水灌田用的农具。[3]元人王祯在《王祯农书》中说道："戽斗，挹水器也……当旱之际，乃用戽斗，控以双绠，两人挈之，抒水上岸，以溉田稼。其斗或柳筥，或木罂，从所便也。"[4]在此记载了戽斗最初的情况，需要两人引绳牵斗才能作业，斗的制作多为竹篾、藤编。但戽斗传入贵州后，当地少数民族根据自然环境和自身需求做了改良。斗多用树木，中间凿空，两端一大一小，小孔固定上长木棒或竹竿，大孔为进水口亦为出水口。为了节省人力，搭上三脚架将戽斗悬吊起来，可根据水位和农田的高度做调整，一个人就能操作。可以看到，农耕文明的交流促进了贵州农具制作技艺的发展，从它最初的样貌，到传入贵州被大多数民族进行改良的过程，集中体现了以汉民族为主的中原农耕文化和贵州多民族地区山地农耕文化的交流与融合，即在交往中发展、在交流中进步、

---

[1] 《贵州六百年经济史》编辑委员会：《贵州六百年经济史》，贵阳：贵州人民出版社，1998年，第105页。
[2] 《清实录》第一〇册《高宗纯皇帝实录》卷一百三十，乾隆五年十一月上，北京：中华书局，2008年，第9826、9827页。
[3] 清华大学图书馆科技史研究组：《中国科技史资料选编——农业机械》，北京：清华大学出版社，1982年，第133页；周昕：《中国农具发展史》，济南：山东科学技术出版社，2005年，第707页。
[4] （元）王祯撰，孙显斌、攸兴超点校：《王祯农书》，长沙：湖南科学技术出版社，2014年，第515页。

在进步中融合。

除了民族文物外,笔者前面也说到,馆藏革命文物由于其所处人文环境的特殊性,让其具备了民族性。在馆藏革命文物中,有许多文物集中体现了民族大团结、众志成城的共同体意识。馆藏"红军标语——不当白军""红军标语——国民党罪状"等革命文物,见证了中国工农红军为摆脱国民党反动派的围追堵截而转战贵州,1930年至1936年先后多次进入黔南境内,其间同黔南各族人民建立了深厚鱼水情谊的历史。红军战士爱戴、帮助各族百姓,各族人民"为红军带路、做事,红军走后冒着被国民党杀头的危险收留和照护红军伤病员,有的跟着红军走,参加了革命队伍。至今,红军在黔南期间涌现的军爱民、民拥军的事迹仍在黔南各族人民中间流传"。[1]通过这些红军标语,我们仿佛回到了红军过黔南的那段峥嵘岁月,红军让当时处在国民党统治下的黔南各族人民看到了曙光,他们用一言一行凝聚起了黔南各族人民爱红军、爱党、拥护革命的坚定力量。

在红军途经黔南的八年后,即1944年,抗日战争接近尾声,但日寇仍想做垂死挣扎,"1944年10月乘第三次长沙会战后的有利时机,以重兵攻陷衡阳,犯广西,妄图打通中国大陆到东南亚的陆上交通线,在攻陷柳州后,为了确保这条交通线的安全,向国民党重庆政府施加压力,11月中旬,派遣一支部队,分三路窜犯黔境"[2],战火首指黔南。贵州本土抗日战争第一枪在荔波打响,战火先后遍及独山、三都等县。日寇的进犯激起了黔南各族人民的英勇反击,配合中国军队阻挡了日寇进犯的步伐。馆藏的抗日将士纪念碑、日寇弹痕木板等革命文物,承载了中国军队、黔南各族人民共同抗击日寇的历史。当家园遭受外敌入侵、民族面临巨大威胁时,黔南各族人民自发地拿起手中一切可

---

[1] 黔南布依族苗族自治州史志编纂委员会办公室:《红军在黔南》,惠水:贵州省地质矿产局等区域地质调查大队制印厂,1983年,第72、73页。
[2] 黔南州政协文史资料委员会、都匀市政协文史资料委员会:《黔南文史资料选辑·第4辑》,都匀:黔南州政协文史资料委员会,1985年,第27页。

以抵御的武器，奋勇反击，这是黔南各族人民由过去的"自在"状态转向"自觉"的过程，由此形成休戚与共、荣辱与共、生死与共、命运与共的民族共同体意识。

以上是黔南州博物馆馆藏文物的一部分，文章仅列举了黔南地区部分具有代表性的文物，以及部分革命文物。从这些文物的背后我们可以发现，每一件文物都是中华民族共同体意识的具体体现，有体现民族间交往交流交融的，有体现对美好生活的向往与追求的，有体现民族大团结的，等等。总而言之，黔南州博物馆的其他民族文物，同样是中华民族共同体意识的积极体现。

四、展示民族文物，铸牢中华民族共同体意识

民族文物是民族文化、各民族交往交流交融的重要承载物，也是民族大团结的见证物，它不仅体现各民族的优秀文化，更是见证了各民族交往互动、团结奋进的历史进程。黔南州博物馆作为文物收藏单位，"让文物活起来"是我们的责任与使命，"活起来"就是"最大限度地使馆藏文物发挥价值和作用"。[1]通过对馆藏文物价值的挖掘，可见民族文物和革命文物是中华民族共同体意识的集中体现。那么如何将此共同体意识彰显呢？最直观的方式即陈列展览。在陈列布展前需要做的是对展出文物的文化内涵做深入挖掘，将蕴含中华民族共同体意识的馆藏民族文物和革命文物进行集中展示。

展出文物以黔南境内的汉族、布依族、苗族、水族、瑶族、毛南族等主体民族的文物为主体，兼及生活在黔南境内人口较多的其他少数民族，包括侗族、壮族、彝族、回族、仫佬族、畲族等民族的文物。通过这些民族文物，重点呈现黔南州各民族的历史、生活环境、生产生活用具与用品、服饰、婚俗、节日、戏曲、工艺、禁忌等，从这些文物可以看到黔南各民族唇齿相依，共同开发黔南这片热土的历史，从而形成了绚丽多彩、各具特色的民族文化。

---

[1] 湖北省博物馆协会等编：《让可移动文物活起来》，武汉：武汉大学出版社，2015年，第21页。

首先，展览要重点展示各民族的优秀文化。从瑶族岩壁悬崖艺术，到苗族洞葬、水族古墓群；从汉族龙狮、灯夹戏、阳戏，到布依族枫香染、"六月六"歌节、"好花红"歌调，到苗族华丽服饰、银饰装饰、芦笙舞曲，到水族马尾绣、水书、铜鼓，到毛南族打猴鼓舞，到瑶族陀螺等，无不体现黔南各族人民的智慧和厚重的历史与文化。突出各民族优秀文化，目的在于增强黔南各族人民的文化自信心与自豪感。需要特别注意的是，在展示各民族优秀文化的同时，我们还要注重引导观众对中华文化的认识，主要基于"中华文化经历了各民族文化的相互积累、递进、融合，建构起中华文明的参天大树"。[1]要让各族人民搞明白中华文化和各民族文化的关系，"各民族优秀传统文化都是中华文化的组成部分，中华文化是主干，各民族文化是枝叶，根深干壮才能枝繁叶茂"。我们要认清一个客观事实，即中华文化是各民族文化的主流、方向、前提和根本，只有中华文化根深干壮，各民族文化才能枝繁叶茂。

民族文物的展示，不仅增强各民族文化自信和引导各族人民对中华文化的认同，也让各族人民懂得传承和弘扬民族优秀传统文化就是在传承、弘扬中华文化，这是中华民族共同体意识的重要组成部分。因此，也可以看到"少数民族在共创中华的历史与现实中所孕育、养成、延续并日积月累的中华民族共同体意识，既是少数民族优秀传统文化的集中体现与主要内容，也是中华民族共同体意识谱系的重要组成部分"。[2]基于此，本文认为集中展示民族文物，是传承和弘扬民族文化的有效途径，是铸牢中华民族共同体意识行之有效的方式方法。

其次，展览要突出展示各民族交往交流交融的历史进程。纵观中国几千年的文明发展史，实质是中华民族大融合、大发展的历史，黔南各民族的发展亦

---

[1] 郎维伟，黎雪，刘琳：《铸牢中华民族共同体意识必须正确把握"四对关系"》，中国社会科学网 http://ethn.cssn.cn/mzx/llzc/202203/t20220327_5400740.shtml，2022-03-27.
[2] 刘会柏：《弘扬少数民族优秀传统文化　铸牢中华民族共同体意识》，《上海行政学院学报》2021年第6期，第83、84页。

是如此。如前文所言，馆藏民族文物是各民族活动的产物，是各民族交往互动的重要见证物。像布依族服饰上的"栏杆"样式，苗族服饰的各种图案，农耕工具中的龙骨车、戽瓢，苗族、水族、侗族等使用的铜鼓，傩戏文化，等等，无不体现着多民族交往互动的过程。所以在展陈设计时，要突出其中的历史过程与细节，因为多民族"持续而紧密的社会交往本身既是一个共同体存在的核心标志，同时也是共同体意识形成与维持的核心要素"[1]。概括来说，民族间的交往是基础和前提，当民族之间产生交往后，才能谈及交流，这里交流的本质就是文化上的交流。不同民族的文化有各自的特点，当各民族文化在经过交流互动、相互吸收后，进而形成一个共有的文化基础，即共有精神家园，这是铸牢中华民族共同体意识的具体表现。如以汉民族为主的中原、江南农耕文明与贵州山地多民族的农耕文化的交流，生产工具中的龙骨车、戽瓢就是最好的例证，它们见证了共有的农耕文化及共有精神之家园。

最后，要注重展示黔南各民族的大团结。黔南州博物馆作为国家民族事务委员会授予的"全国民族团结进步教育基地"之一，始终围绕"中华民族一家亲，同心共筑中国梦"总目标，开展民族团结进步教育工作。馆藏的民族文物是民族同胞智慧的结晶，也是今天人们社会生活中表达信仰、传达感情以及各民族共同团结进步的象征。此外，还有革命文物，它们是黔南各民族团结一致、万众一心的见证，亦是各民族团结进步的真实写照。如红军过黔南时遗留下的红军标语，它们见证了黔南各族人民帮助红军、拥护红军的历史，是军民大团结反对国民党反动派强有力的见证物；又如抗战后期日寇转战贵州进入黔南后，贵州本土抗战遗留下来的文物抗日将士纪念碑、日寇弹痕木板等，它们是国家危亡、民族危机之际，黔南各族人民大团结共同抵御外敌入侵的有力见证物。换言之，展示这些文物有助于激发黔南各族人民的爱国热情，有利于让

---

[1] 郝亚明：《中华民族共同体意识视角下的民族交往交流交融研究》，《西南民族大学学报（人文社科版）》2019年第3期，第11页。

黔南各族人民更加地团结在一起，进而增强民族凝聚力。

五、结语

　　民族文物是各民族活动的产物，它是各民族优秀文化的重要载体，它见证了各民族交往交流交融和团结奋进的历史进程。从民族文物的角度来研究中华民族共同体意识，是因为民族文物中蕴含着大量的各民族间的共同体意志，包括文化共同体、经济共同体、政治共同体等。从前面的分析来看，通过发挥博物馆研究、宣传、展示、教育的职能，可以让收藏在博物馆里面的文物"活起来"。通过将蕴含中华民族共同体意识的民族文物展现出来，可以增强各民族的文化自信，有助于增进各民族对中华文化的认同感；同时，加深各民族对"各美其美，美美与共""你中有我，我中有你""中华民族一家亲"等民族共同体意识的认知；此外，展示革命文物能够激发各民族的爱国热情，让各民族"像石榴籽一样紧紧地抱在一起"。最后，本文认为通过发挥"博物馆的力量"，以铸牢中华民族共同体意识是行之有效的方式方法，尤其在民族地区，这种"力量"则更为突出。

文物保护

贵州省博物馆藏现生动物标本的养护及管理

石锦艺

（贵州省博物馆）

摘 要 本文以动物标本整理入藏工作为基础，总结在动物标本养护及管理过程中的经验，提出动物标本的养护及管理是一项长期的、系统的、与时俱进的工作，需要标本管理工作人员不断积累实践经验，总结更新自己的知识库，探索更加有效、安全、经济的养护方法，建立更加科学、规范、高效的管理制度，让动物标本更好地服务于展览、教学和科研，发挥出更大的社会效益。

关键词 博物馆；现生动物标本；养护；管理

动物标本是珍贵的研究材料，也是重要的陈列展览材料。动物标本的保存和收藏不可避免地受各种因素影响。为最大限度地延长标本寿命，通过积极养护，尽最大力度修复已经发生损害的标本，提供良好适宜的保存条件，减少各种环境及人为因素对标本的损害，研究人员采取科学规范的管理措施，实现标本的信息化管理，这既是博物馆的基础工作，也是进行科学研究及陈列展览的重要保证。

一、馆藏现生动物标本

1.馆藏现生动物标本的现状

贵州省博物馆收藏现生动物标本共5000余件，标本种类包括了姿态标本、假剥制标本、骨骼标本，主要是一些鸟类、兽类、爬行类、两栖类，其中有很多为国家一级、二级保护动物，如黑叶猴、黑颈鹤、中华秋沙鸭等。这批标本的采集时间从20世纪50年代到20世纪90年代，除了馆内人员采集外，还有部分来自中国科学院昆明动物研究所、中国科学院西北动物研究所等单位的标本。由于制作年代久远，保存条件有限，加之贵州省博物馆搬迁至新馆以后缺乏专人管理，部分标本出现了掉毛、霉变、脱色等现象，标本底座也损坏严重。自重启现生动物标本的整理工作以来，工作人员现已经摸清了该批标本的基本情况，对标本进行了清理、修复及保养，更换了标本底座，整理了一些原始信息，包括标本的采集地、采集时间等，补充了一些基本数据的测量，目前正在逐步开展上架、拍照等工作。

2.现生动物标本在博物馆陈列及收藏中的意义

动物标本是研究动物学和生态学的重要研究对象和材料，是不可再生的生物资源，对于研究动物的分类及演变、生物多样性、生态环境及生物资源的保护等有重要意义。博物馆在现代社会中发挥着越来越重要的教育推广作用，特别是为广大青少年提供了丰富的第二课堂资源，利用动物标本举办展览，具有重要的教育科普意义。展览陈列能充分展示动物标本的直观性和观赏性，从而提高受众的互动性和参与性，促使参观者观察、了解、学习动物的基础知识，探寻动物与人类之间的关系，激发他们对生物学学习的兴趣，增强保护生物多样性的意识。鉴于今后国家保护名录条目的增加，标本的采集和审批会被严加控制，因此，这批标本既丰富了馆藏，又提供了大量的基础研究和陈列展览的材料，具有较高的保存价值，应妥善地养护及管理。

二、现生动物标本的修复

由于保存时间的延长和保存条件的限制等因素，动物标本不可避免地会出现各种类型的损害。对已出现损害的标本，我们要及时地尽最大的努力进行修复处理，避免标本的报废，造成资源的浪费。

1. 剥制标本

剥制标本出现的损害主要有积尘、脱毛、掉色、发霉、生虫、开裂等，清理修复工作采取了以下针对性措施：标本除尘可以使用吹风机开小风，顺着毛发生长的方向吹，积灰严重的，可以先用湿毛巾轻柔地进行擦拭，再用吹风机彻底吹干。杂乱的毛发要使用软毛刷进行整理，比如可以使用毛笔沿着毛发的纹理仔细耐心地梳理，使毛发恢复原本的平滑状态。标本上脱毛的部位，可以用同种动物掉落的毛发或者购买一些人工仿制毛来进行修补，把白乳胶等粘合剂涂抹在毛发根部和皮肤表面，先观察自然生活状态下动物的毛发生长方向，再一根根、一簇簇细致地粘，力求恢复原本的毛发生长状态。对于毛发较长的标本，一层毛发粘完，要彻底干透才能粘下一层，以防止毛发相互粘连；修补完成待胶干透后，再用软毛刷对毛发进行梳理。修补掉色的标本，一般使用丙烯颜料，对照动物生活状态下的颜色进行调色，将待补色部位清洁完毕之后，再进行补色，若是鸟喙、跗跖等部位掉色，待补色完成后，还可以上一层清漆，延缓掉色。霉变的标本首先要隔离放置，避免霉变影响到其他标本的保存，用湿毛巾或湿刷子轻轻擦去霉斑，再用乙醇、氯仿进行涂抹，也可以使用除霉剂进行喷洒，最后在阴凉通风处放干。生虫的标本也要隔离放置，用乙醇进行涂抹，或在密闭空间中使用溴氰菊酯喷雾对虫蛀位置进行喷洒。有条件的话，生虫标本最好能进行熏蒸后再入库，使用甲醛和高锰酸钾进行熏蒸，能有效杀虫。标本的皮肤会随时间而硬化变脆，甚至开裂。对此类标本的修复，首先要将修补部位的皮肤蘸水润湿，反复数次，待周围皮肤软化后，拨开毛发，使用与动物颜色相近的细线进行缝合，切勿牵拉造成人为损害。未安装义眼的标本，也可以先用水软化好周围皮肤，再将义眼涂好粘合剂后插入安装。

2. 骨骼标本

骨骼标本出现的损害主要包括积尘、断裂、发霉、发黄等，清理修复工作采取了以下针对性措施：骨骼标本上的灰尘，可以使用毛刷进行清扫，积灰严重的，可以先用湿毛巾轻柔地进行擦拭，再晾干保存。断裂散落的骨骼标本，可以用粘合剂进行粘合，或使用铜线重新串好，尽量将骨骼还原至最初的位置。骨骼标本中含有大量的油脂，脱脂不完全的标本随保存时间的增长可能会出现标本反油，导致标本发霉、发黄的现象，此类标本要重新进行漂白处理，将发黄发霉的标本放入双氧水中进行浸泡。浸泡前，要先将标本的标签摘下妥善保存，以免标签浸入漂白剂中，导致标本的基础原始信息丢失，待修复完毕后再系上对应的标签。漂白过程中，要将标本完全浸入漂白剂，并不时进行翻动，让漂白剂释放更多的自由氧，充分进行漂白。漂白的时间根据骨块的大小进行人为控制，当标本各个部分黄色去除，呈现乳白色后即可取出。重新漂白的标本要用清水进行漂洗，清洗完放置在通风处，彻底晾干之后才能入库进行保存，否则可能会导致标本再次发霉，产生二次损害。

3.标本底座

对姿态标本的底座也要重点关注，不可忽略。标本底座大多采用实木，若生虫，势必对标本造成影响。标本底座已经发生虫蛀、变形的，要及时更换，根据标本的尺寸定做底座，还可以使用各种树木枝条、树桩等辅助材料，以还原动物的生活状态。最后可以使用清漆涂抹底座和辅助材料表面，防止木材掉渣变形的同时，也可以起到很好的防虫、防潮作用。

三、现生动物标本的日常养护

动物标本的保存受光照、灰尘、温度、湿度、虫害等因素影响，日常养护是动物标本管理中最基本也是最重要的一环。开展动物标本日常养护工作，实际上就是开展动物标本的预防性保护工作。标本管理人员通过有效的监测、评估、调控干预，能减少环境中各种不利因素对标本的危害作用，提供良好适宜的保存条件，努力使标本处于一个安全环境，以期减低对标本的损害，从而最大可能地延长标本寿命。

1.防光

所有的光都蕴含着能量，能产生热效应，引起光化学反应。动物标本含有大量有机物，对光照非常敏感，长期暴露在不适宜的光照条件中，会引起标本内有机物氧化，使动物标本的毛发颜色褪色、皮肤变脆等。适合动物标本保存的光照强度不能超过50lx，任何强光照射都会对标本产生损害。因此，在日常工作中，要提高对光照控制的关注。在陈列展览中，可用人工光源代替自然光源，并通过人为控制光照的距离和角度，避免光源过近和直射；在库房保管中，可以利用玻璃、紫外线吸收剂、防紫外光胶片等减少环境中的有害光波，有条件的话可以直接在黑暗环境中进行保存。贵州省博物馆目前利用藏品保存柜为已上架的标本营造了基本黑暗的保存环境，两侧的玻璃柜门也减少了紫外线对标本的损害，并购买了遮光布对未上架的标本进行遮挡，尽可能地减少光照可能产生的影响。

2.防尘

空气中的微生物无处不在，它们不是单独地飘浮在空气中，而是附着在颗粒物上，与载体一起以气溶胶的形式存在，于是空气中的灰尘便裹挟着大量的细菌、病毒和虫卵，成为传播病菌和虫害的隐藏杀手。长期的积尘环境，不仅对动物标本的皮毛有磨损、腐蚀作用，还因其携带的病菌和虫卵，可能会使标本发生毁灭性损害。此外，由于灰尘是吸湿性微粒，易吸附水分，当空气中有大量灰尘时，灰尘中粘土等物质会与水发生化学反应，对动物标本进行直接破坏。因此，动物标本的保存要进行防尘处理，贵州省博物馆除了遮盖防尘布这一方式，还对柜架定期进行吸尘打扫，避免灰尘的覆盖。为保持清洁干净的库房环境，建议购置紫外线消毒灯进行定期照射，可更安全、更彻底地进行杀菌。

3.控温、防潮、防霉

不适合的温湿度对动物标本的影响巨大。霉菌的生长环境一般相对潮湿、温暖，达到一定的温度和湿度，霉菌的生长速度就会加快，迅速繁殖。高温潮湿的环境会将标本变成霉菌的培养皿，极易导致标本发生霉变。另外，由于标本制作时的填充物通常为棉花等，对湿度十分敏感，干燥会膨胀，吸潮则皱缩变形，反复的湿度变化可能会导致标本开裂。过湿的环境也会导致标本使用的金属支架、固定用的铁丝腐蚀生锈，影响标本的保存。若温度过高，标本制作时未处理干净的脂肪可能会渗透出来，影响标本的整体外观，大大降低观赏性。长时间的高温环境会使标本内的防腐药剂挥发，失去药效，可能会导致标本虫蛀发霉。更严重的是，由于过去使用的防腐药品大多带有毒性，高温会使药物散发在空气中，具有一定的危险性。因此，保持相对低温、干燥、稳定的环境是关键，动物标本较适宜的湿度为50%左右，温度为16—20℃。目前，贵州省博物馆通过控温控湿设备，将库房的温湿度维持在合适的范围内，避免了温湿度大幅度频繁变化使标本受侵害。同时，为了使一些小范围内的湿度得到调控，还配备了除潮剂（如硅胶等），使用时，将蓝紫色的干燥硅胶倒入培养皿中，观察颜色变化，待其吸潮变为粉红色后，便可及时更换。

4. 防蛀

动物标本发生虫蛀现象，往往先从标本内部开始，待发现时通常已较为严重。因此，动物标本的防蛀是一项重要的工作。首先，库房日常要保持相对封闭的状态，严格控制人员进出，降低外界虫源以及孢子随人员频繁进出而侵入的可能性，从源头上进行有效控制。皮蠹和衣蛾是导致动物标本发生虫蛀的罪魁祸首，贵州省博物馆目前的防蛀以驱虫药为主，购买了樟脑丸、樟脑块等驱虫药品，使用时将其放置在培养皿中。为达到防蛀效果，要及时对药品进行补充，保证能在空气中闻到药品散发的味道。但是由于药剂挥发具有毒性，对长期在库房工作的人员来说具有一定的危险性，因此建议利用现有熏蒸设备，定期对标本进行熏蒸，也可以达到良好的防蛀效果。

四、现生动物标本的管理

1. 库房管理

库房的环境建设是库房管理的基础，建设一个能满足动物标本日常养护条件的库房是开展工作的前提。库房环境的管理，需依靠设备和人工两方面协调配合——通过设备及时监控库房温湿度，通过人工完成标本基本状况、库房内药品消耗情况的巡检，如标本是否积尘、发霉、生虫，药品是否挥发消耗等，以便日常管理中防光、防尘、防霉、防潮、防蛀等具体工作的开展。

库房标本的排列上架工作，决定了标本保存及提用的科学性和便捷程度。目前库房依照标本的种类，对假剥制标本、姿态标本、骨骼标本进行分类上架，按照动物分类系统归类摆放，再以登记号进行排列，以便后期进行查找。此外，在进行上架工作时，要特别注意标本的高度是否能放进藏品柜，不能硬塞硬挤，一层不能放下的可以取下柜子活动板，增加柜子的存放高度。标本放置不宜过密，更不能相互接触挤压，标本的前后左右及上部都应留出空间，避免标本受到损害。

标本的出入库管理是保证标本安全的重要环节。一方面要严格遵循《贵州省博物馆藏品管理办法》《贵州省博物馆藏品库房安全管理细则》等规章制度的要求，做好请示报批、出入库登记等工作；另一方面需要降低出入库过程中人为因素对标本可能带来的影响，尤其在搬运过程中需要谨慎处理。搬运动物标本时，应佩戴手套，避免直接接触标本。搬运姿态标本时，尽可能通过抬放底座来实现移动，避免把受力点放在标本本身，特别是颈部、尾巴等脆弱部位。库房搬运时通常使用单层平板车或叉车，由于标本不能叠放挤压，搬运效率低，目前库房已购置了多层推车，增加了一次可搬运的标本数量，提高了效率。

2. 信息管理

一件动物标本的标签上一般包含了动物的学名、分类、体长、性别、标本号、采集号、采集时间、采集地点、采集地海拔等基础信息。由于我馆此批标本制作时间久远、保存条件有限等历史原因，部分标签遗失，加之过去的信息为手写，部分字迹辨认不清，导致部分标本的基础信息缺失。为避免后续保存中的此类问题，已将标本现存的信息录入电脑，形成电子账目，在过去的信息上，增加了动物的拉丁文名、保护等级、外形描述、分布及栖息地等内容。整理过程中还发现过去按照动物分类系统，以"目"作为基础的给号形式，看似对标本进行了科学的分类管理，实则在实际工作中无法适应动物分类学的更新，不符合标本长期管理的需要，以馆藏夜鹭标本为例，过去夜鹭属于鹳形目鹭科，但随着分子生物学及动物分类学的发展，已将曾属于鹳形目的鹭科划入鹈形目，如此一来，便极易造成管理的混乱。为此，将重新规划标本的登记号给号形式，采用标本制作方法作为分类编号的依据，若动物的分类、保护等级等信息发生变动，便可直接在数据库中进行修改，使标本信息及时更新，更加科学准确。此外，为建立更加完善立体的标本数据库，动物标本的拍照工作也正在进行。

五、结语

动物标本的养护及管理是一项长期的、系统的、与时俱进的工作，需要标本管理工作人员不断积累实践经验，总结更新自己的知识库，探索更加有效、安全、经济的养护方法，建立更加科学、规范、高效的管理制度，让动物标本更好地服务于展览、教学和科研，发挥出更大的社会效益。

[参考文献]

[1] 龚静.水生动物标本的日常管理与保养［J］.黑龙江水产，2016 (3): 6—8.

[2] 韩雪雪.科普馆动物标本的管理保养与建议［J］.中国畜牧兽医文摘，2017 (8): 65.

[3] 李长看.动物剥制标本的选择保藏与病虫害修复［J］.安徽农业科学，2013 (9): 3936—3937, 3943.

[4] 肖丹媚，黄笑，等.动物剥制标本修复技术的改进［J］.动物学杂志，2020 (5): 651—654.

[5] 许永贤.浅议动物标本在博物馆陈列中的管理［J］.中国兽医杂志，2017 (9): 113—114.

展览展示

共饮江水
夜郎与南越
精品文物展

论数字化时代的博物馆藏品展示及传播

敖天海

（贵州省博物馆）

摘　要　本文通过理论和实践相结合，指出在数字化发展时代下，博物馆应紧跟时代潮流，加快数字化博物馆建设，充分利用网络优势进行博物馆藏品的数字化展示及传播，以扩大博物馆历史价值和文化内涵的影响力，为观众提供更优质、更便捷的资源展示系统，让更多观众参与到博物馆的发展传播中。

关键词　数字化时代；博物馆藏品；展示；传播

博物馆是城市或国家的代表性建筑，其具有丰富的文化内涵，是城市历史及发展的见证者。[1]其以独特的叙事空间与方式，向人们述说着历史文化。人们走进博物馆，享受视觉盛宴、补充知识、改变思维方式。博物馆相关工作及研究者致力于挖掘和展示博物馆藏品的深度文化内涵，通过便利、交互式的展陈方式，实现其教育功能。为进一步促进文博事业发展，全面回顾自改革开放以来的光辉历程和辉煌成就，展现贵州省文博行业新发展、新动态、新技术，进一步贯彻学习习近平新时代中国特色社会主义思想和党的二十大精神，深入贯彻落实习近平总书记关于文物工作的系列重要论述，贵州省文博行业着眼于增强公众与博物馆的联系，鼓励更多机构和个人了解并参与到博物馆各项工作

---

[1]　潘霞：《新时代体育博物馆数字化发展的思考》，《体育科技文献通报》2022年第5期，第239—241、250页。

中,以营造贵州省内文博行业的学术氛围,让博物馆事业得到全社会的共同关注和支持,续写贵州省文博事业新的辉煌篇章。而随着国家提倡的数字化发展,为积极响应国发〔2022〕2号《国务院关于支持贵州在新时代西部大开发上闯新路的意见》文件精神,博物馆对藏品的展示和传播也做出了极大的改变。

一、数字化时代的博物馆藏品展示形式

中国博物馆的数字化实践最早开始于20世纪末。1998年,河南博物院率先建立了互联网博物馆网站,观众可经浏览网页观赏博物馆的展品。[1]随后,各大博物馆相继开通了互联网门户网站,经互联网技术推出了数字化藏品展示。随着信息化技术的不断发展,直播、移动客户端开发、VR技术不断呈现,博物馆的展示也逐渐以数字化为核心。

1.三维全景

三维全景技术是日趋成熟的虚拟现实新媒体技术,是集文字注解、录音解说、图片展示等多种方式于一体的系统展示技术。[2]多基于客户端、微信公众号而开发的面对公众的展示,能给观众带来全新的视觉体验,是对博物馆静态藏品图像进行的虚拟现实技术。人们通过相机对藏品进行360°的照片拍摄,将获取的照片拼接成全景图像,再经专业的播放软件将之于互联网中显示出来,让观众使用鼠标选择控制需要环视的方向,进行左、右、上、下、远、近的全方位观赏。此虚拟现实技术能制作出藏品三维全景,实现博物馆藏品的真实模拟展示。且三维全景的扩展性较好,能嵌入音频或视频等多媒体资源,可添加热点链接,将具有真实感的藏品及展厅完美展示给观众。特别是2020年初

---

[1] 徐瑞、米汉林、王晨:《基于大数据技术的数字博物馆管理媒介模式研究》,《科学教育与博物馆》2022年第1期,第21—27页。

[2] 桂潇璐:《数字技术打造未来博物馆——德国博物馆4.0项目(Museum4punkt0)观察》,《科学教育与博物馆》2022年第1期,第92—97页。

至2022年底，广大观众不能出门的情况下，观众可以不受空间和时间限制，通过互联网浏览展厅，给人身临其境的感受。三维全景可根据观众的喜好进行全景自动播放或选择性播放，能进行拉近或推远场景、放大或缩小观看效果，也可调整视角，观看想要了解的各个细节。三维全景技术在多个博物馆中已应

图一、图二　贵州省博物馆基本陈列"多彩贵州展"网上展厅

用,如贵州省博物馆基本陈列"多彩贵州展"及临时展览"百年征程 贵州故事——文物文献展"等,不仅通过网络提供了展厅全景展示,还提供了藏品高清图片及详解(图一至四)。三维全景技术应用在藏品展示上,较传统的博物馆橱窗展示具有较大的优势,其表现在:技术路线简单,投入成本不高,博物

图三、图四 贵州省博物馆临时展览"百年征程 贵州故事——文物文献展"网上展厅

馆比较能接受此种展示方式，尤其是对形状规则的文物藏品而言，可经相机及通用性数据处理软件生成全景三维图形；且其形式较新颖，使观看文物的方式更便捷，观众也更易接受，满足好奇心，还能提高他们对文物细节的研读能力，帮助观众更接近藏品、更了解藏品内涵价值。同时，对文物藏品进行三维数据采集，一是可以将之作为文物数字藏品；二是能利用文物藏品进行特色文创产品研发，实现文旅融合，更有利于文物知识的产权保护。

2.三维扫描

三维扫描是通过专业三维扫描仪，制作藏品三维模型进行网上展示。[1]其优点是使藏品更具生动性和直观性。观众可根据意愿任意地拖动或旋转藏品，使藏品清楚地展示，满足观众不同观赏角度。三维扫描模型藏品不仅便于普通观众对藏品进行观赏了解，还便于专业的研究人员进行研究。高精度的藏品扫描可保留其任何细节，相较于对实物的直接观察更加方便，还避免了对实物的损坏。但三维扫描藏品的数据量较大，可生成几兆到上百兆的字节，其过大的文件会减缓网页打开速度，且文件格式较特殊，网页展示需经专业格式转换及数据加工，或是需安装插件，对快速浏览有一定影响。对于图书或古籍藏品，一般是经电子文档形式进行在线传播，其形式较传统。可经专业软件将文档转换为图书形式、加入检索功能、扩展内容及形式，使藏品展示更显生动，更易于观众观赏阅读。

3.AR和VR

AR技术是新型感官刺激与体验手段，经科技力量叠加，把现实空间中难以接触到的信息及感知通过模拟、强化，以刺激观众主观感知，使其接近现实，甚至超越现实感官体验的一种技术。[2]VR是虚拟的电脑仿真技术，经三维立体动态场景虚拟设置，让观众与不存在的景物进行交流互动，使其沉浸式地

---

[1] 欧欢：《数字技术助力智慧文博发展》，《中国新通信》2021年第21期，第27—30页。
[2] 张建国：《数字博物馆对文物保护与全球化传播的保障策略研究》，《情报科学》2022年第2期，第59—64页。

参与体验。博物馆中应用AR和VR技术，能吸引观众的目光，缓解其传统的参观疲劳感，给其带来全新的观赏体验及收获。如中国园林博物馆就于2017年举行了"'看见'圆明园"的数字体验展，引进了AR和VR技术，使现实与虚拟结合，从多角度呈现了圆明园的恢宏气势，让更多的观众在沉浸式体验中深入认识圆明园，感知其文化价值及历史环境。但是此设备也有个缺点，即博物馆作为免费参观的公共属性，观众都会争相体验，在观众较多时需花费时间排队，影响观众的参观体验。

4.网络云展览

数字网络领域的不断开发，使越来越多的博物馆进行了藏品网络展示，让观众足不出户即可身临其境地进行云浏览，[1]不仅省去了观众的舟车劳顿，还拓宽了博物馆观众群体。数字化的展陈给予了观赏者全新的视觉体验，图像、音频、视频等多种展览方式的运用，使观众在虚拟环境中感受藏品带来的震撼感。如2020年初至2022年底，人们因各种因素无法进入博物馆，给云展览带来了契机。四川广汉三星堆博物馆就趁此机会推出了线上云展。把三星堆博物馆通过网络整体推送给观众，观众只需在网上签到即可参观博物馆VR展，并收听有关策展及设计的"一眼千年"篇章的深度精彩讲解。此外，观众还可经云展览参加"金面人头像贴金""云展厅揭幕""国宝藏品合影"等，以深度参与博物馆云展览——观众不仅是受众，还是网页云展览的创作者。云展览将观众变为主角，使其深入了解蜀都历史文化价值及辉煌成就，形成博物馆的独特魅力。

二、数字化时代的博物馆藏品传播策略

在数字化时代下，国内外诸多学者多对博物馆藏品的展示、策划、设计进

---

[1] 刘人宁、肖思和：《数字化时代巴蜀地区文博产业海外传播研究——以三星堆博物馆为例》，《科技传播》2022年第6期，第58—60、114页。

行了研究，但对传播策略的研究较少。为进一步增强公众与博物馆的联系，让博物馆事业得到全社会的共同关注和支持，应加大对博物馆的传播策略研究，以续写贵州省文博事业新的篇章。博物馆藏品的传统传播是采用展品及展品柜的方式来进行文物藏品的展陈，其方式单一、感官冲击力较弱，易造成观赏疲劳感，无法实现藏品价值的有效传递。[1]尤其是藏品背后蕴含的信息，是依赖观赏者的主观意愿及兴趣来传递的，传统的传播方式无法调动多数观赏者的求知欲，使大部分观众难以再次走进博物馆。而数字化的展陈方式是基于参观需求和参观过程，利用各种技术手段介入来实现的，能激发观众的参观热情，并关注到他们的体验及情感参与。对博物馆来说，展览是基础，传播是最终目的。博物馆希望围绕藏品的文化资源设计打造经典展览，综合运用各种传播手段，以吸引更多观众。其具体策略如下：

1. 借势传播，打造节日数字沉浸式体验

借势传播是把销售目的隐藏在传播活动中，把产品推广融入消费者易于接受的环境中，让其在此环境中了解、接受产品。借势传播可帮助品牌与社会热点事件建立关系，引发关注、讨论及流量，只要话题社会性强，能满足大众需求，即可产生较大关注及影响。如故宫博物院借势传统节日的传播，将人们生活中耳熟能详的持续性节庆日作为文化基础，把故宫文化与节庆日关联，充分发挥独特的展览魅力，获取观众注意力，助力文化传播。其最有影响力的是2019年的"紫禁城里过大年"展。该展围绕传统文化浓郁的春节为展览主题，将年味十足的藏品进行展出，把其蕴含的传统元素传递给观众；并运用虚拟影像还原手段和数字化投影技术把观众置身于故宫中，打造沉浸式体验空间，经光线、声音、影像技术刺激观众感官；让观众体验独特的数字式节日气氛，加强故宫展览潜移默化的影响力，使观众在未来的春节中自然联想到故宫，实现

---

[1] 缪宇雯：《数字时代敦煌研究院的文化传播研究——基于场景理论》，《新媒体研究》2021年第18期，第101—103页。

长期的传播效果。再如贵州每年三月三、四月八等民族传统节日可持续30天左右，形成了丰富多彩的侗族、苗族等民族文化。黔东南州民族博物馆可借此展示少数民族服饰藏品，推出创新的特色活动，将民族服饰进行数字化模型展示和虚拟展示，突出服饰的文化内涵和时代价值，为观众带来全新观展体验，以加深其印象，并将观众发展成为历史文化传承者，实现传播范围的扩展。

2. 内容传播，场景互动增添感染力

内容传播是指创造、组织及分配有趣、有用内容的过程，其目标是与特定用户群进行有关内容的对话传播。博物馆拥有丰富的文化藏品及文化资源，其展览有较大的内容传播优势，尤其是在数字化技术的应用下，应以更多趣味性的形式讲述藏品故事、传递文化，给观众带来高品质的内容，激发观众的关注、认可和喜爱。可举办主题性互动展览，还原场景吸引观众。如故宫博物院的"金榜题名"主题文创活动，既还原了古人对理想的重视场景，也满足年轻人的精神追求。该展览利用模拟原型的藏品文物，经搭建实景、还原剧情、数字互动，实现艺术、文化和科技的结合，以主人公求学、寻找自我的故事展现知识改变命运的精神内核。其展览形式新颖，结合科技与观众互动的叙事方式，增强了观众对人物情节的参与感和实景体验感，实现了展览的长期传播效果。

3. 社群传播，新媒体带动参与

互联网和信息技术促进了自媒体、社群圈子概念的产生，改变了一对一的传播模式，转换成了一对多的传播模式。社群圈子带动了粉丝的壮大，而粉丝群体间又实现了裂变式的互动传播，使其传播速度加倍扩展。受众在社群中可自由分享、转发、留言、评论，这种彼此间的互动性方便了传播主体的推广。博物馆也可尝试发展此传播模式，进行线上社交平台官方账号的运营，引入热门话题，以积累大量受众，使其参与和互动，促进热门或精品藏品的展览分享力度，扩大传播。例如，可在博物馆APP中整合近期实体展览藏品图片，以图文介绍、全景漫游形式将线下展览转至线上，扩大受众面；同时设置留言模块，

便于受众之间及受众与博物馆的交流互动。用户也可经账号登录分享喜爱的展品，进一步促进宣传。微信小程序、公众号是依托微信平台设立的，与APP模式相同。因其是建立在社交平台上，可获得大量的用户群，而每个用户群都有社交生活圈，能分享社群或建立以口碑相传的社群宣传模式，从而获得更多群体。此外，自媒体带入热门话题能扩大传播范围。微博就是使用较广泛的自媒体社交平台，其用户群庞大，是数字化时代下博物馆藏品传播的重要选择路径。自媒体下，人人都是话题的制造者及传播者。自媒体带入热门话题可获得较大的关注量，在此分享传播中，博物馆官方微博与受众间的互动可扩大话题的传播范围。受社群化传播形式的影响，受众转变了接受者的地位，成了信息传播者，使话题得以加速裂变，实现口碑式传播效果。而热门话题还可衍生众多子话题，对藏品展览的各种话题进行叠加，可将热度范围海量扩散。在此海量信息冲击下，人们的聚焦点逐渐形成，并获得更多的受众及粉丝，如2022年5月，贵州省博物馆与贵州师范大学美术馆、贵州师范大学当代视觉艺术研究中心共同举办"裂变——数字艺术的全球化浪潮"展，通过自媒体的社群圈子

图五　贵州省博物馆"裂变"展在抖音自媒体平台上的传播页面

传播，达到事半功倍的效果，实现展览内容传播范围的最大化（图五）。

三、结语

综上所述，在数字化发展时代下，博物馆应紧跟时代潮流，加快数字化博物馆建设，充分利用网络优势进行藏品的数字化展示及传播，以挖掘和扩大博物馆历史价值与文化内涵的影响力，为观众提供更优质、更便捷的资源展示系统，让更多的人参与到博物馆的发展建设中。

浅析博物馆文物展出中的数字技术应用

唐治洲

（贵州傩文化博物馆）

摘　要　本文在强调数字技术应用优势的基础上，分析博物馆文化展览中数字技术的运用原则以及具体的运用方式，将数字技术的功能和作用充分地发挥出来，更好地服务馆藏文物的陈列与展览。本文指出，在信息技术如此发达的当下，博物馆也需要与时俱进，充分借助数字化技术的优势，来提高博物馆内文物的展览效果，并带给参观者与众不同的体验感，从而推动博物馆的现代化发展。

关键词　数字技术；博物馆；文物；展览；应用

一、引言

博物馆中存放着大量珍贵的文物，是公众了解我国历史发展进程的主要渠道，同时也有助于城市文化建设。比如贵州傩文化博物馆，就是以傩文化为主题进行建设的城市专题博物馆，馆内收藏着种类繁多的傩面具、傩法器、傩案画等傩文化实物，让人对傩文化这一历史悠久又极具民间信仰特色的文化产生更多的认知。而在网络信息时代，信息技术的运用让博物馆的经营管理水平大大提升。借助数字技术，馆内文物可以被全方位地呈现，包括各类细节都能被观众清晰地看到，同时还增强了博物馆的趣味性和现代性，是博物馆与时俱进的重要表现。对此，本文将结合贵州傩文化博物馆的实际情况，分析有效可行的数字技术应用策略，来助力该博物馆朝着智慧化的方向发展。

二、博物馆文物展出中数字技术的发展状态

所谓博物馆的数字化建设，就是借助多媒体技术将博物馆的展览消息传播出去，吸引更多的人前来博物馆，随后借助数字化技术来呈现博物馆中的文物，进而达到加强公众情感体验的目的，将文物背后的文化潜移默化到公众的意识当中，为其建立文化认同感和增强文物保护意识。

城市博物馆中收藏着大量的珍贵文物，比如贵州傩文化博物馆，就是将各种与傩文化相关的文物存放其中，来展示这独特的文化艺术。博物馆中的文物具有审美价值、文化价值以及艺术价值，是中国传统文化的集中展示场所。在传统的博物馆中，文物都是整齐地摆放在柜子中，是比较"静态"的一种呈现；但是在信息技术如此发达的当下，博物馆中的文物可以图像或是视频的形式展现，如此就能更好地满足参观者的参观需求，促使他们更加深刻、全面地了解文物及背后的历史、故事及价值。而且博物馆在进行信息化建设后，也会建立自己的官网，将博物馆中的文物以在线展厅的形式呈现在网站上，人们就可以坐在家中体验到如在博物馆实地参观的过程和感受。所以当前的城市博物馆都在积极地做着信息化的建设，充分发挥数字化技术的能量，来提高博物馆的展览效果。

中国的数字博物馆建设历程可以追溯到1990年左右，而到了近几年，智能网络技术的普及推动了中国博物馆的数字化建设进程，并展现出良好的效果。数字化技术的高效运用，将中国历史悠久的文物及其背后的文化内涵从静态转化到了动态，从抽象变成了具体与生动，让遥远之历史真正地展现在了眼前，便利快捷地为社会大众提供公益性信息资源服务，成为展示中华历史文化的舞台。

当前，在多个文博信息化工程中，博物馆数字化技术应用的发展非常迅速：国家文物局制定了《博物馆藏品信息指标体系规范》；38万余件（套）珍贵藏品的数据采集工作已在山西、辽宁、河南、甘肃等地进行，上海博物馆等

10余万件（套）文物数据采集工作也已完成，全国部分博物馆文物数字化建设工作也已展开；全国建立互联网站的博物馆近200家；数十家博物馆建立了馆藏信息管理软件、图书资料管理软件和多种版本的办公自动化系统，并运用自建的网络网路；故宫博物院、首都博物馆、上海博物馆、南京博物院、重庆中国三峡博物馆等单位使用信息技术手段，在馆内开展辅助陈列展览，开展数据立体采集与利用；一批数字文化产品对遗产价值进行了深度解读，传播广泛，效益良好。

综上所述，博物馆的数字化建设是社会成长的必然趋势，博物馆信息化建设更应该走在前面，为博物馆的数字化建设保驾护航。

三、数字技术在博物馆文物展出中的应用优势

1. 传统展示方式的局限性

首先，博物馆的文物价值很高，博物馆为了最大程度上保护文物的完整性，会将其放置在展柜中，或是在文物的附近拉起警戒线，目的就是避免观众的触碰而造成对文物的损坏。比如贵州傩文化博物馆中的很多傩面具、道具等，都可能因为触碰而出现破损情况，所以会以柜展的方式去展陈，如此一来，观众就无法近距离地观赏，或者只能看到文物的一个面，视觉感单一，以至观众在看展过程中走马观花，起不到太大的宣传传统文化的作用。还有就是贵州傩文化博物馆的墙壁上陈列着很多傩戏、傩技图片，以及一些民俗文物，其中也存在部分文物残缺的情况，这样也会影响到观众的参观体验。其次是传统的展览形式缺乏对细节的展示。傩文化对于很多民众来说都是非常陌生的。博物馆通过宣传吸引大量观众前来参观，但是传统的展览方式无法将文物的细节呈现，尤其是一些本身结构比较复杂、体积较小的民俗文物，更加需要仔细观察才能形成认知，而传统的展览是很难实现的。最后就是传统展示方式难以刺激参观者对文物产生丰富的感官体验。参观博物馆也是一种旅游方式，为了

提高观众的观展满意度，就需要增强他们的感官体验，但是传统博物馆内，观众只能进行单一的视觉欣赏，难以触碰、强化触感体验，也无法聆听、增强听觉体验。而且很多城市博物馆不允许观众私自拍照留念，因此很难让观众流连忘返、记忆深刻。

2.数字技术的应用优势

加强展品的细节表现。博物馆将数字技术运用到展览中，最直接之优势就是能够展示文物的细节。例如贵州傩文化博物就充分使用数字技术，把馆内的傩面具、傩案画、傩法器等文物进行三维立体展示，让游客对傩面具的构造、材质、设计、纹理等细节都能有清晰的了解。同时数字化技术还能将博物馆中体积较小的文物进行放大，更便于游客的参观，且不会受到因馆内灯光照度较低而环境太暗、视线不清的影响。

展示展品的原生环境。对于现在的人们来讲，文物是历史上每个发展时期都具有的、符合当时社会发展需求与自然变迁的文化和物质，并不是后天创造和形成的，因此具有原生性。为了加深观众对文物的理解，就需要做好这些文物原生环境的呈现以及说明。而传统展览形式下，仅仅依靠文物旁边的文字或是通过人工录音的方式去解释，很难让游客感同身受。比如在贵州傩文化博物馆中，傩文化里就含有儒、释、道、巫文化内涵，与各个民族的宗教仪式息息相关，只有将这些民族的宗教信仰进行详细的解释，才能让观众对傩文化产生了解欲望和兴趣。而数字化技术应用下的博物馆，能高度还原傩文物对应的历史场景以及宗教仪式现场，或是震撼人心的傩技表演以及独具魅力的傩戏演出，这都将大大丰富游客的参观体验。

表现展品的动态过程。博物馆中的不少文物有着复杂的形成过程，但只有亲眼看到这一过程，才能体会文物的得来不易。比如博物馆中的傩面具需要精良的制作过程才能展现其独特的魅力，而在传统的博物馆中是很难看到这一过程的。运用数字化技术，尤其是三维动画技术能够将傩面具的完整制作过程进行重现、循环播放，其中伴随相关内容的讲解，进一步加深了观众对傩面具的认知程度，同时还冲击着他们的视觉、听觉等多种感官。

增强展品展览的互动效果。如今人们的生活方式发生了巨大的变化，接受信息的模式也更加丰富，以往人们只能来到博物馆进行参观，无法满足其对声音、图像的获取需要。借助数字技术，观众可与之进行有效互动，从被动地接受信息向主动获取知识转变，对展览的需求也得到满足。

四、博物馆文物展出中数字技术的应用原则

1. 明确数据技术应用目标

数字化技术的应用并不是盲目的，博物馆在运用该技术时首先要了解什么是数字化技术，它具备哪些特征、展现出什么样的优势等，只有对该技术有全面的理解才能正确地去运用，以此来强化文物的展示效果。如果前期没有做好这方面的准备工作，就随意地将数字化技术应用到博物馆内，反而不利于其技术优势的体现，甚至会导致文物遭受一定程度上的破坏。其次是根据博物馆的展览需求，博物馆技术部门可以将不同模式的数字技术进行整合，这样才能将展示效果提高到更高的层次。

2. 充分运用数据技术的优势

数字化技术能够实现信息的双向传递，从而达到文物和参观者之间的互动目的，增强参观者的体验感。具体来说，博物馆应该在选择和运用数字化技术之前，找到同种主题的数字博物馆，了解其他博物馆在技术运用方面的策略，然后结合自身的特色，将各个数字化技术的优势展现出来，为参观者带去不一样的参观感受，使其在参观的同时，还能了解文物背后的历史、民俗、制作场景等等。最主要的是数字化技术能够让文物"活"起来，使参观者与之建立互动，给参观者真实的体验，让博物馆获得更普遍的发展。

3. 设计数字技术展示应用空间

文物展览的位置会对参观者的视觉、听觉等方面产生一定的影响。因此，

博物馆在选择应用数字化技术的过程中，需要做好空间以及摆放位置的精确设计。同时还要考虑参观人群的个性化需求，比如年轻的参观者更加注重参观的趣味性和视觉冲击性，因此博物馆可以专门为年轻群众设计一条参观线路，在该线路中布置各式各样新奇的展示技术，从而带给年轻参观者有别于其他博物馆的体验感知；针对年长的参观者，他们更加关注文物背后的历史、文化底蕴、民俗人文等，则可以减少复杂的数字化技术应用，设置相对而言比较宽阔的空间，将文物对应的历史背景、文化背景做真实还原；还有就是针对专家学者来说，博物馆是他们田野调查的重要场所，他们也更加关心原生态的展览环境，所以数字化技术的应用要充分展示文物的知识性。当然，这几点在展览中要充分结合好，不能厚此薄彼。总而言之，在借助数字技术展示文物时，要充分借助数字技术的差异性，充分表现展品特色，并且注意参观路线的规划和适当的距离间隔，才能在有限的空间内实现多种需求人群的线路设计，同时使馆内的空间使用率最大化。

五、博物馆文物展出中数字技术的应用方法

1.表现无缝隙视觉效果，巨幕投影技术是博物馆展陈中应用的数字技术之一

该技术有多通道显示系统，相较于普通的投影系统，巨幕投影技术具有屏幕尺寸大、视野更宽、分辨率更高和显示内容更加丰富的优势。在投影的过程当中，如果出现了光线和画面的重叠，就可以利用边缘融合技术，对颜色差异问题进行处理，这样整个画面不会存在接缝情况，让亮度和色彩都保证高质量。2010年，大型画卷《清明上河图》在上海世博会上以动态的形式展示，其中利用了12台投影仪，在高清的状态下把画面放大30倍，生动地把北宋时期的繁荣景象展示出来；再如2014年的《乾隆南巡图》展示过程是利用三维建模技术、边缘拟合技术、运行轨迹设定，在30米×4米的巨幕上呈现出来的，参

观者可以通过文武百官的着装以及自然景观，感受到清代盛景。

2.采取多点触控技术，加强观众直观互动体验

多点触控技术是用户利用手指进行控制的操作模式。多点触控的设备由显示器、墙壁和桌面等组合而成，借助软件识别功能对触摸行为的点进行处理。近年来，多点触摸技术在博物馆展览中得到了利用，主要是借助光学原理，利用红外光源、光学感应器、显示面板和红外发射管进行操作。比如美国博物馆"Collection Wall"的屏幕展示需要按照制作时间、主题和材料进行分类，然后通过明信片的形式展示出来，每40秒就会更新一次。同时在利用数字技术的过程中，四周的同类型作品也可以满足参观者进行放大观看的需求，进而在展品中获取更多的信息。此外，人们可以根据自己的喜好进行作品下载，然后生成展品列表，这样会有更好的参观感受。

3.增强现实感官技术，呈现真实环境效果

以电脑为主导的虚拟现实技术，可以在博物馆的文化陈列与展示中产生虚拟的环境，从而实现感官一体化。这种技术可以在与虚拟内容的交互中进一步加强其真实性和体验性，从而为大众提供虚拟对象与现实环境相结合的新奇体验。具体来说，在使用数位科技时，脸部识别和体位识别功能是通过数位科技来实现馆内展品和参观者之间互动的有机结合。这让人们在参观的过程中有更加丰富的情感体验，比如脸部识别主要是借助摄像头对面部表情进行捕捉，然后短时间呈现在屏幕上，可以满足诸多参观者分享照片的需求。姿势识别功能主要是发现参观者的姿势和展品存在相似度。比如在贵州傩文化博物馆中，可以借助数字化技术来将傩技表演的场面呈现出来，参观者也可以融入其中，模仿各种傩舞技巧，传感器就能快速捕捉到参观者的形体变化，然后与傩技表演进行对比，最后打出相应的分数，这种形式下的参观体验必定会长久地留存在参观者的记忆当中。

六、结语

综上所述,在信息技术如此发达的当下,博物馆也需要与时俱进,充分借助数字化技术的优势,提高博物馆内文物的展览效果,并带给参观者与众不同的体验感,从而推动博物馆的现代化发展。

[参考文献]

[1] 陈谷铨.数字多媒体技术在博物馆陈列展览中的运用分析[J].时代报告:学术版,2019 (2): 139.

[2] 刘禹彤.博物馆陈列展览中数字媒体技术的运用阐释[J].天工,2018 (9): 150.

[3] 汤旎.基于手机媒体下数字博物馆APP应用研究——以成都博物馆"海绵城市"专题展为例[D].成都:西南交通大学硕士学位论文,2017.

[4] 周一川.博物馆陈列展览中的数字媒体技术分析[J].参花(下),2018 (7): 98.

"笔下千里——徐悲鸿绘画展"策展中的几点思考

董佩佩

(贵州省博物馆)

摘 要 本文以"笔下千里——徐悲鸿绘画展"为例,指出临时展览是博物馆的一项重要的业务活动,其地位和作用不可忽视。怎样办好临时展览,是值得每一个博物馆人思考的现实问题,通过举办观众喜爱的各类临时展览,让公众感觉来到博物馆是一种精神上的享受并得到知识面的扩宽,从而自觉、自愿地参与到博物馆的文化活动中来,以此来发挥博物馆的教育功能。

关键词 临时展览;徐悲鸿绘画展;内容;作用

临时展览是博物馆一项重要的业务活动。一般小型多样,经常更换,展品的选择较为自由,陈列内容和形式比较灵活。经常举办临时展览,是活跃博物馆工作的一种有效方法,可以促进馆际之间的互助合作,可以说,"陈列是博物馆实现其社会功能的主要方式,更是博物馆特有的语言"。[1]本文以"笔下千里——徐悲鸿绘画展"为例,结合举办此次书画展的切身体会,来探讨究竟怎样办好临时展览中的输出展,使社会公众在博物馆可以得到更多的科学知识和文化艺术享受,实现社会效益和经济效益的统一。这是每一个博物馆从业者值得思考的问题。

---

[1] 王宏钧主编:《中国博物馆学基础》,上海:上海古籍出版社,2001年,第246页。

一、"笔下千里——徐悲鸿绘画展"展览内容的构思

博物馆展览是知识和思想传播的载体。它既要符合展览传播的需要，又要以观众为中心，设定一定的展览主题、内容和形式，并借助展品、展示设备等手段，吸引公众参观，实现向社会公众进行知识普及和文化传播、服务公众教育的目的。"笔下千里——徐悲鸿绘画展"是贵州省博物馆赴扬州博物馆展出的一个书画展。笔者在2017年底接到这个展览任务，当时对馆藏徐悲鸿的画作不是很了解，于是便请教专家，又到保管部库房查询有关徐悲鸿的资料。据资料统计，贵州省博物馆藏徐悲鸿的藏品一共有59件（套），其中一件为二级藏品，其余均为一般文物。只有一件书法作品，手稿一共有29件（套）。据个人了解，云南省博物馆藏徐悲鸿作品有15件（套），广西壮族自治区博物馆藏有徐悲鸿画作12件（套），扬州博物馆藏的仅有几幅，对比几家来看，贵州省博物馆收藏的徐悲鸿画作数量还是比较丰富的。

"画什么东西，都要有精神的寄托"，这是徐悲鸿先生的至理名言。徐悲鸿是中国近代以来具有影响力的艺术大师，中国现代美术事业的奠基者之一。贵州省博物馆藏59件（套）徐悲鸿作品，大多为抗战时期所作。题材包括人物、走兽、飞禽、松柏、奔马及一部分画稿。抗战期间，徐悲鸿三次到贵阳，办了两次展览，所得收益捐助抗战，由此，贵州遗留不少他的作品。2018年1月在扬州博物馆推出的"笔下千里——徐悲鸿绘画展"，笔者根据对徐悲鸿藏品的了解，在展品的基础上撰写了一个通俗易懂的大纲。展览围绕"画稿"这一重点，以故事串联，使用简明扼要又平实的单元名称让观众印象深刻，从而达到宣传贵州省博物馆徐悲鸿藏品的目的。举办这个展览，除了让观众欣赏到大师的艺术成就，也想通过手稿，让观众了解一下大师的艺术创作过程。再有一点，就是对悲鸿先生贵州缘分的纪念。展览分为三个单元：第一单元"画稿"，是展览的主体部分，手稿当中围绕素描、国画和遗画三个方面的展品来展示。比如这两幅《钟馗图》立幅（图一）和《双马图》横幅（图二），在展出过程

图一　钟馗图　　　　　图二　双马图

中可能会有很多观众疑问，为什么上面写着悲鸿遗画？其实是原收藏者在徐悲鸿先生去世后写的。因原收藏者担心流失后不被人识，故署款"悲鸿遗画"并钤盖原收藏者私印。

《钟馗图》立幅，高101厘米，宽58.8厘米。画面结构丰满，画中人物顶天立地，显得十分高大。画法上结合西画中的造型和技法，以线条的干湿、浓淡、缓急的变化表现出人体的结构，强调了体积感和空间感，简单却富有表现力。可以说是一幅古代文人肖像画，一改传统中国画中钟馗的鬼神气。这幅画作没有题款，暂时还不能了解其完成时间，也无从知道其创作背景，尚不能算是一件完整的作品，但是它的艺术价值就不言而喻了。《双马图》横幅，纵58.1厘米，横89厘米。水墨写意，略施白粉。两匹马儿奔逸欢腾，前后呼应，绸缪缱绻。画上没有徐悲鸿款印，右边题"悲鸿遗画"，是原收藏者所题，下面所钤"德淳"白文方印及"枕菊珍藏"皆为其私印。

285

图三　徐悲鸿、谢稚柳、黄君璧合作《岁寒三友图》

图四　徐悲鸿、谢稚柳、黄君璧合作《竹外桃花图》

第二单元"友谊",是贵州省博物馆藏品第二大亮点,这一部分主要展示徐悲鸿与此画原收藏者的友谊。悲鸿先生多次赠画给此画的原收藏者,有两幅是徐悲鸿与好友一起,三人联手创作的,一幅是《徐悲鸿、谢稚柳、黄君璧合作〈岁寒三友图〉》立幅(图三),另一幅是《徐悲鸿、谢稚柳、黄君璧合作〈竹外桃花图〉》立幅(图四)。

《徐悲鸿、谢稚柳、黄君璧合作〈岁寒三友图〉》立幅,纵89.5厘米,横59.2厘米。松竹梅都有着不畏严寒的自然习性,故称"岁寒三友",被赋予高洁、正直、清雅等品性,为文人雅士所赞颂。《徐悲鸿、谢稚柳、黄君璧合作〈竹外桃花图〉》立幅,纵89.5厘米,横58.7厘米。前为数竿墨竹,后为几只鸭子浮游水上,两根丌满桃花的枝丫横斜从画面右侧伸出。题款中所谓"东坡春

图五　扬州博物馆"笔下千里——徐悲鸿绘画展"现场

江水暖之诗",原名为《春江晚景》,是宋代文学家苏东坡为僧人惠崇所画的《春江晚景》所题的诗句:"竹外桃花三两枝,春江水暖鸭先知。蒌蒿满地芦芽短,正是河豚欲上时。"徐悲鸿与友人以前两句入题作画。这两幅画都作于1942年7月,凉风垭在重庆郊外,当时此画原收藏者在此有别墅,徐悲鸿、黄君璧、谢稚柳在其家中小住,并会聚一起共同创作。因此,这两幅画作应是贵州省博物馆的珍贵之作。

第三单元"成就",是展览的最后一个单元。这一部分的画作大部分都是悲鸿先生抗战时期在重庆所作,并由徐悲鸿亲自挑选后交由好友保管。这些都是上色、题款、钤印之作,应为较成熟的作品。

有了大概的想法和思路,2017年12月,笔者便开始着手整理展览,徐悲鸿展览输出的整个流程大概是这样的:策展方案制定、展览合同签订、文物甄选、大纲撰写、大纲评审、经费申请、文物运输、文物点交、展览制作、布展开放和其他有关展览的工作，同时在这个过程中也得到了领导、各位老师和同事的大力支持。2018年1月4日，"笔下千里——徐悲鸿绘画展"在扬州博物馆正式拉开了帷幕，54件徐悲鸿绘画作品呈现在扬州博物馆。（图五）这是我第一次接触展览大纲的撰写和策划工作。

此次展览中，徐悲鸿的《国殇》画稿是最引人注目的作品，创作于1943年，画作总共有七张。（图六至十二）这七张全是手稿，都是徐悲鸿用炭笔勾出的局部草图。画中展现的是一队送葬的行列，人物表情凝重，抬着棺木。第七张背面有以木炭条书写的"东安十九路军阵亡将士"及"国殇"字样。"东安十九路军阵亡将士"是指中国抗日战争中所发生一个重大事件——第一次"淞沪抗战"，因为1932年1月28日发生，所以也称"一·二八事变"。这几张画稿非常珍贵，只有贵州省博物馆收藏有如此完整的《国殇》画稿。我们现在还不能知道徐悲鸿是何时开始构思这一作品的，但从一些历史资料中了解，他思考了很长时间，并且做了相当多的准备。

廖静文所著《徐悲鸿传》一书中记述："一九三七年一月二十八日，悲鸿缅怀淞沪抗战，创作了国画《壮烈之回忆》。在画面的右上角题写了：'廿六年一月廿八日，距壮烈之民族斗争又五年矣，抚今追昔，曷胜感叹。'"[1]

1937年初，日本想要全面占领中国的野心已经暴露无遗，中华民族到了最危险的时候。徐悲鸿在民族危亡的生死关头，慨然想到五年前十九路军的英勇事迹，这幅画就是在此境中创作。可想而知，1932年的"一·二八事变"作为创作题材一直在他的心头萦绕。徐悲鸿何时实施这幅以抗战为题材的《国殇》创作，现在还没有具体的资料证实，但可知其在1942年已经有了大致的构想，并且积极收集素材。在廖静文的回忆中有这样的记述："（1942年底，从桂林去阳朔）徐悲鸿先生若有所思地观赏了一会儿山光水色，便坐在篷舱里，打开

---

[1] 廖静文：《徐悲鸿传》，北京：中国青年出版社，2015年，第170页。

图六至十二 《国殇》画稿

图十三　猫石图　　　　　　　　　图十四　仕女图

他那画夹，拿出一幅用炭笔勾画了的人物构思在思索，这是他准备创作的《国殇》的草稿。画面是一队送葬的行列，人们抬着为国捐躯的战士们去埋葬。"[1] 从这些记述中，基本上能够肯定贵州省博物馆收藏的这些速写画稿完成于此时，而且就是创作《国殇》的素材。

---

[1]　廖静文：《徐悲鸿传》，北京：中国青年出版社，2015年，第287页。

另如，《猫石图》立幅（图十三）和《仕女图》立幅（图十四）也是徐悲鸿未完成的作品。这两幅是徐悲鸿与友人黄君璧、谢稚柳合作赠予这两幅画原收藏者的作品。1962年，这两幅画原收藏者分别请贵州著名画家王渔父和宋吟可先生补景填色。

《猫石图》立幅，纵79.2厘米，横33厘米，一只猫蹲在石头上，注目远视。石上一枝条垂下，枝巅有几片残叶。原画是徐悲鸿的遗稿，大概是原收藏者保存多年后，因画上无印款而担心流失后无人能识，故于1962年请贵州著名画家王渔父补上一些枝叶，并题款注明，使之成为一幅完整的画。从另一方面来看，这也是原收藏者在当时的条件下想尽力保护徐悲鸿的画稿而采取的一种方式，更是他们给贵州留下的一份珍贵的文化遗产。《仕女图》立幅是宋吟可先生为徐悲鸿遗作补景，并不是随意而为，他应该是见过悲鸿先生以"落花人独立，微雨燕双飞"词意创作的仕女图，于是根据自己的印象来补景、着色，并且题识说明，宋吟可先生也是有依有据。从这几件作品可以说明，贵州省博物馆藏徐悲鸿的手稿是一大亮点，这方面在全国还是比较占优势的，也算是徐悲鸿与贵州结下的又一桩缘分。

二、展览的得失

"笔下千里——徐悲鸿绘画展"的策展可以说得失兼有。先说得。首先，贵州省博物馆藏徐悲鸿绘画的亮点就是其中的手稿相当丰富，通过展览将这一大亮点都一一展示了出来，取得了较为满意的展陈效果。其次，除了展品画面及内容展示之外，通过媒体宣传报道，该展在扬州博物馆展出取得了良好的社会效益，参观人数较多，达到104714人次。

再说失。"笔下千里——徐悲鸿绘画展"的问题和缺憾主要有两个方面。第一个方面是展览的研究深度不够。策划一个关于徐悲鸿的展览，要通过怎样的策划理念，才能把徐悲鸿的历史与艺术地位展现出来，这是一个难题。如何把徐悲鸿的学术高度、研究深度等通过展示的方式呈现出来，这是最具挑战的地方。除了展品画面之外，比如画作的引首、题跋等部分都没有一一展示。如果能把展品上的每一段文字、每一方印章都呈现在观众眼前，这种方式对研究这些画作的流传与递藏、断代与真伪等方面均大有裨益。此外，每一幅画作的背景，如何通过展览、文献的呈现效果来表达一位具有如此容量的艺术大家，其实相较于以往的展览经验来看，还是比较贫乏的。

第二方面是策展团队人员配备的不足。展览输出需要一个策展团队的支撑，不管是策划一个专题展，还是一个大型的书画展，都需要一个团队的共同付出，至少三人的共同参与。就"笔下千里——徐悲鸿绘画展"而言，贵州省博物馆需要到对方馆进行文物点交和布、撤展，不但需要点交的人员，还需要布展的人员，如果策展配备的人数不够，工作进度就会变得缓慢，具体工作落实效率低。所以策划一个原创性的输出展览，从文物甄选、展览大纲的构思、方案的制定、展览运输、布撤展、文物点交等流程中，看似简单，但是要把它做得更好，还需要人手的支撑。如果想把徐悲鸿的学术高度、研究深度全方位地呈现出来，需要在深入研究的基础上挖掘本馆资源，并且除了本馆的藏品之外，还可以向其他博物馆借，从而使展览更加丰富。

三、内容设计起着关键性的主导作用

一个展览的优劣，内容起着关键性的作用。随着国内优秀的展览越来越多，加之到国外观展的观众逐渐增多，观众的品位越来越高、眼光越来越挑剔。因此，展览的内容必须有新意、有价值、有分量，而不能千篇一律。笔者认为，博物馆展览对内容的要求主要有几个方面：

一是要具有一定的学术性。博物馆展览的目的与意义，首先应当是学习、教育与鉴赏，其次才是休闲与娱乐。这就需要博物馆策展人在策划展览时充分利用博物馆的资源优势，将研究成果最大化地运用到展览当中，在对文物"吃透"的基础上，通过恰当的方式或角度来呈现与提炼。这次在扬州博物馆举办的"笔下千里——徐悲鸿绘画展"，作品主要来源于个人、机关及一些专门机构，甚至北京荣宝斋、宝古斋也有提供，大多数流传有序、来源清楚。藏品来源最大的一部分是徐悲鸿生前挚友的收藏。其中贵州省博物馆藏徐悲鸿作品的类别主要是国画，就品相来说，可分为三类。其一为成品，即画面完整，并且题款、印鉴齐全的作品。其二则是虽然画面内容相对完整，但没有题款和印鉴，部分为半成品，或可称为手稿。其三，还有较大部分可能只能称为草稿，用炭笔、铅笔或墨笔作的写生稿和速写稿，甚至还有随意而为的练笔之作。贵州省博物馆藏徐悲鸿的画作中，除了他闻名于世的骏马外，还有飞禽、鸬鹚、喜鹊、水牛、麻雀、猫、鹅、鸭等动物；植物有松、柏、梅、竹、芭蕉等；还有神话人物钟馗、历史人物赵姬、现实人物渔翁及古代仕女，也有其子徐伯阳少年时期吹号的素描；等等。尤为让人新奇的是，还有水墨山水，内容十分丰富。

　　二是展览要具有一定的普及性。博物馆应该服务于社会，通过展览让更多的观众走进展厅，这就需要策展人在展览内容的选择上有所兼顾与取舍。一个好的展览需要深度挖掘展品的相关信息及其背后的故事，讲故事的方式有很多种。不是每一位观众都适合"让文物自己来说话"这样的展示方式。"笔下千里——徐悲鸿绘画展"在扬州博物馆展出时，虽然参观人数较多，但是也有部分观众认为展览的文字说明过于简单。如何平衡展览与观众需求之间的差异，策展人员可以充分利用新媒体技术，让不能用展品及说明文字表达的展览语言通过各种衍生阅读体现出来。在展览说明牌的设计上，可以突出展品的印章设计编号，观众只要输入编号，就可以获取每一件展品详细的文字、图片和音频信息。据统计，展览期间各个博物馆使用微信导览的观众较多，占观众参观人数总量的17%；同时，有的博物馆微信用户新增几千名，占当年增幅的四分之一。不仅如此，策展人员还根据作品卷、轴的不同特点，在展厅外分别放置了横版和竖版的触摸屏，让看不清展品细部的观众，通过触摸屏详尽了解展览作品；触摸屏中还可以列入作者的品评等内容，将内容策划的学术成果通过多种形式加以体现。如何组织展览，首先应该对展览的观众做一个详细的分析，并根据观众不同的兴趣点进行分众化服务。从讲解服务的角度来说，讲解是实现博物馆教育功能的重要手段之一。[1]展览既有针对普通观众的志愿者免费讲解，也有针对对展览本身很有兴趣的观众的讲解员专题讲解，还有针对研究人员的专家导览。新媒体运用上，既有针对年轻人的微信导览，也有针对老年人的触摸屏，还有对未到馆观众的专题网站以及虚拟展示。图书出版上，既要考虑专业研究人员需求的图录、论文集，也要考虑普通观众需要的宣传册、普及本、绘本。文化产品上，既要考虑到普通大众能接受的百元创意产品，也要考虑到高端客户需要的高端仿制品。

  三是展览要做到适当的延续性。展览的延续性应当包括宣传、相关的研讨会、讲座等学术和推广活动。展览的持续性可使展览更加全面、丰富，也可以让观众较为持续地关注展览。"笔下千里——徐悲鸿绘画展"中，笔者认为不能单纯依靠宣传展览本身来吸引人们的眼球。并且，仅依靠徐悲鸿绘画作品也无法使人们直观了解徐悲鸿画展的特点。为了有效地突显展览的主体，起到引人入胜的效果，就必须要加强展览的策划与设计，在开展临时展览的同时，组织一些与临时展览有关的活动。例如，"笔下千里——徐悲鸿绘画展"展出期间，可以在展览会场上增加专家讲座的环节，让专家为观赏的人们进行文化知识讲解，尤其讲解展品背后的故事，有效增加展览的可读性。不仅如此，还可以融入与参展内容有关的文创产品，并且配合独特的展台，展现和传播文化之美。这样既丰富了观众的精神世界，开拓了他们的视野，同时也完成了博物馆的社会教育职能。

---

[1]　姚安：《博物馆12讲》，北京：科学出版社，2011年，第213—221页。

四、结语

总之，临时展览是博物馆的一项重要的业务活动，其地位和作用不可忽视。怎样办好临时展览，是值得每一个博物馆人思考的现实问题。博物馆通过举办观众喜爱的各类临时展览，让公众感觉来到这里是一种精神上的享受并得到知识的增长，从而自觉、自愿地参与到博物馆的文化活动中来，以此发挥博物馆的教育职能。

社会教育

功能翻译论视角下的文博翻译策略及方法探究
——以贵州省博物馆基本陈列"多彩贵州"解说词为例

陈红新

（贵州省博物馆）

摘 要 贵州省博物馆的英文讲解旨在为公众提供贵州历史民族文化知识、传播中华文化、进行文化交流，是贵州对外宣传文化的重要组成部分。英文讲解词文本翻译应当避免复杂的词汇，更加注重功能和社会文化因素，注意结合减译、增译、音译加注法等方法，在连贯性原则的基础上，保持讲解词文本的翻译具有可读性。翻译者需要根据文本的具体情况选择翻译策略和方法，实现传播贵州文化的目的。

关键词 功能翻译理论；讲解词文本翻译；贵州省博物馆；翻译策略和方法

一、引言

博物馆作为一个城市甚至是省份重要的文化窗口，是集中体现本地文化的重要文化设施和机构。近年来，随着中外文化交流日渐频繁，贵州省承办了生态文明贵阳会议、亚洲青年动漫大赛等多种大型会议和国际交流活动，吸引了来自世界各国的观众。在这一大环境下，贵州省博物馆作为诠释和体现贵州历史、文化、个性与特征的载体，是展示贵州形象的重要对外交流平台，也是贵州走向世界的重要桥梁。博物馆的英文讲解，在传播贵州文化及向世界讲好贵州故事中发挥着举足轻重的作用。这种跨文化交际交流，不仅能够传播、弘扬优秀传统文化，还能增强贵州与全球的联系。

本文阐述了功能翻译理论，并在其指导下，通过对"多彩贵州"基本陈列解说词的英译工作，总结和分析了关于这一类型文本翻译的策略及方法，并结合讲解工作实践，探讨了翻译优化策略上的问题。

二、功能翻译理论概述

功能翻译理论（Functionalist Theory of Translation）是目前国外翻译行业从业人员广泛认可并且在世界翻译学界影响最大的一种翻译理论。20世纪80年代，德国的卡特琳娜·赖斯（Katharina Ress）从翻译研究的角度提出了功能主义翻译理论。功能翻译理论认为，理想中的翻译是目的语语篇和源语语篇在思想内容、语言形式以及交际能力等方面实现对等，她称此类型的翻译为"完整的交际行为"。赖斯又依据德国心理学家卡尔·布勒（Karl Buhler）有关语言功能的观点，把语言功能、文本类型和翻译方法联系起来，首次将文本功能概念引入功能翻译理论中。她将文本细化分为信息型文本（informative text）、表情型文本（expressive text）、操作型文本（operative text）和视听型文本（audiovisual text），形成文本类型理论。赖斯对于文本类型的划分，使得翻译者可以根据不同原文本的类型采取不同的翻译策略。翻译者可以通过增译、减译、音译加注法等不同策略实现原文本功能的有效传递。

Skopos一词源自希腊语，意为"目标"或"目的"。赖斯的学生弗米尔（Hans J. Vermeer）提出，"任何翻译行为，包括翻译本身都可以看作是一种行为，任何行为都具有目标、目的，Skopos是用于'翻译目的'的专用名，一种行为进而产生一种结果、一种新的情形和事件，或一种'新'的目标"。他认为翻译主要是一种文化的转移，是一种有目的的人类行为活动。弗米尔把他的理论称为"目的理论"，翻译者可以通过翻译目的选择不同的翻译策略，进而形成不同的翻译文本，翻译目的决定翻译策略和方法。

1981年，曼塔利（Justa Holz-Manttri）基于交际理论与行为理论提出了翻译行为理论（Theory of Translational Action）。翻译行为理论认为翻译是一种为实现信息的跨文化、跨语言交际的有目的的互动行为。提出连贯性法则，认为译文必须符合语内连贯的标准。译文是由源语文本、译者、译文接受者等共同决定翻译文本是否得当，而不是简单地逐句翻译。在翻译过程中要根据许多人甚至是机构综合考虑，再进行文本翻译。

本文以功能翻译理论中的文本类型理论、目的论和翻译行为理论为指导，对贵州省博物馆英文讲解词的翻译进行研究。

三、"多彩贵州"特点及讲解词文本翻译难点

1. "多彩贵州"特点

贵州省是一个多民族聚居的省份，全省世居民族18个。贵州省博物馆在2017年新馆建成重新开放后，推出"多彩贵州"作为基本陈列的重要组成部分。展览展示了贵州18个世居民族的衣食住行，从历史和空间两个维度，揭示了贵州民族文化的多样性。该展览获得"第十七届全国博物馆十大陈列展览推介精品奖"，这是贵州省首次获得这一奖项。

"多彩贵州"基本陈列展览展示了贵州民族文化和历史文化两个方面，涉及范围广，文物种类多。主要有贵州民族服饰、服饰技艺、村落建筑、非物质文化遗产、百工技艺和民俗节日等有关民族民俗文化的内容，以及贵州建省、贵州土司、黔中遗珍等贵州历史文化相关文物。

2. "多彩贵州"讲解词翻译难点

作为一种外宣翻译文本，英文讲解词是以汉语为信息源、以英语为信息载体、以讲解为渠道、以外国民众（包括境内的各类外籍人士）为主要传播对象的交际活动。它是一种以交际翻译为主，更具信息性、专业性、准确性和功能性的文本。"多彩贵州"涉及多个民族民俗文化以及贵州历史文化，不同的民族文化必然要考虑不同的翻译方法和方式。国内对于民族部分的翻译缺少统一

的翻译标准，例如，在介绍苗族服饰"百鸟衣"这个部分时，有些地方的英译是"Hundred-bird Clothing"，有些是"Hundred-bird Attire"。在综合了百鸟衣的实际用途、穿着场合、使用者以及英语文化等多方面角度后，笔者最终采用"Men's Hundred-bird Festival Attire"来介绍展厅中展示的百鸟衣。

另一难点是文化专有名词较多。"多彩贵州"展品包括石器、陶器、青铜器、绘画、书法、少数民族服饰、传统手工技艺等，涉及很多专有名词和古代术语名词。这种复杂的专有名词，尤其是一些未有统一规范的名词，更多的是需要译者主动介入，将多种因素综合起来，确定翻译译文适合受众。

四、功能翻译论视角下的文博翻译策略及方法

1. 文本类型理论下的讲解词翻译

博物馆英文讲解词具有信息功能，属于信息型文本，与新闻报道、文学著作等翻译不同的是，需要在没有可见的文字辅助的情况下，向受众传播讲解词所传递的中心信息。在文本翻译的过程中就需要较多地使用短句、短语进行表述。

减译法，也称简译或省译。英语和汉语在句子结构与语法等方面都有要求，因而原文句子中的某些成分是译文中必须存在的，但是在讲解词翻译的过程中，如果一一对应翻译，会使句子过长不易理解或者句子不符合语法要求，造成信息不能有效传达给受众的情况。译者在翻译过程中根据功能翻译理论中的文本类型理论，并结合英文讲解词的特点进行适当删减、简化或者省略源语文本的某些次要信息，从而达到突出文本核心信息、有效传播文化的目的。

例1：贵州盛产竹子，三穗的竹编在省内久负盛名，因其独具一格的竹编工艺，被称为"竹器之乡"。人们利用房前屋后的竹子制作渔具、餐具和日常用品如竹篮、竹箩等。竹编制品种达几十种，主要有瓦寨斗笠、青洞细篾竹篮、木界箩筐和背篼、美敏竹筛、泥山鱼筛、平茶晒席等，其中尤以瓦寨斗笠

为著。三穗竹编产品远销省内外各地。他们生于竹乡，长于竹乡，竹编工艺已经成为他们灵魂的一部分，制作出的竹器自然是极其精湛的。

这段解说词的目的是为观众介绍贵州省著名的竹编工艺，其中的核心信息是三穗被称为"竹器之乡"。人们利用房前屋后的竹子制作渔具、餐具和日常用品。而我们根据中文讲解词可以看出，这一段文字长句较多，举例较多，如果直译会造成信息量冗杂且不能直接有效传递信息的情况。仔细分析这段讲解词的次要信息，"竹编制品品种达几十种，主要有瓦寨斗笠、青洞细篾竹篮、木界箩筐和背篼、美敏竹筛、泥山鱼筛、平茶晒席等，其中尤以瓦寨斗笠为著"，对于竹编种类的详细介绍，在英文中无对等或相近概念，可简译；"他们生于竹乡，长于竹乡，竹编工艺已经成为他们灵魂的一部分，制作出的竹器自然是极其精湛的。"这一段主要想表述的是三穗地区的竹编工艺精湛，与核心句首句所表达的意思相近，如果译成英文，不仅语句啰唆、结构冗赘，而且会给观众造成混乱，所以译者认为此句可不翻译。综合上述分析，笔者将这一部分翻译为：

Guizhou abounds in bamboo. Sansui County enjoys its great reputation of bamboo weaving in Guizhou. The people of Guizhou arrange their lives according to circumstances; they make their life utensils and tools with bamboo, such as fishing gear, tableware and basket, etc. The bamboo weaving production types are as many as several dozens. The productions command a ready market both inside and outside the province.

增译法。贵州少数民族文化中有丰富的民族传说故事、重要的传说人物以及独具特色的民族图案等信息。对于这些具有地方特色、充满神秘色彩的文化，尤其是背后的故事，国外观众十分感兴趣。在跨文化交际交流向外输出优秀中国文化的过程中，这些文化内容是对外宣传中国民族文化的重要信息。笔者在处理此类讲解词翻译时，采用增译法，对文物内在隐含的故事、传说以及图案内涵等进行适当补充。这种补充文化缺省信息的翻译方法，使讲解词更加具体,达到让观众理解文物文化内涵的效果。

例2:西江银围额,这种饰品直接穿戴在姑娘额头发髻周围。上面有蝴蝶纹和水涡纹,通过图案花纹展现了蝴蝶和水涡相爱,生下12个蛋的故事。苗族把这些祖先图腾放在头饰上,显示了对祖先的崇拜,也期望神灵祖先能够保佑自己。

这段讲解词介绍的是展厅二楼展示的西江银围额。贵州各民族服饰中,银饰、发髻、头帕、帽子等完善了服饰的整体搭配。通过文字,作为源语者的我们可以看出它的用途。但这样一件装饰品,它的实际用途可能并不在观众的认知范围。我们熟悉的蝴蝶妈妈的故事和苗族常用的水涡纹的图案,对于英语受众来说都是不熟悉的。蝴蝶和水涡生蛋的故事也令观众十分惊异。在多次讲解实践过程中,绝大多数观众对这一故事十分好奇,在听完苗族蝴蝶妈妈的传说故事后,对苗族文化产生了浓厚兴趣。根据文本翻译理论的要求,笔者在进行这段翻译时,补充了本件文物的实际作用及其意义和背景故事,不仅使讲解内容更加生动兼具趣味性,并且能够丰富观众的游览体验,从而让文物"活起来",让走在田间、民间的民族故事走向国际。

笔者将此段译为:

Girl's Embroidered Ribbon Skirt with Sliver Ornaments in Xijiang Town, Leishan County.

This ornaments is worn directly on the girl's forehead around the hair bun. It can shade the sun, block the cold wind, and also embellish the headdress. It has butterfly pattern and water vortex pattern on it, showing the story of a butterfly and a water vortex falling in love and laying 12 eggs through the pattern. The Miao put these ancestral totems on the headdress to show the worship of the ancestors. It is also expected that the ancestors will bless them. About the story:Mother butterfly comes from the myth and legend of Miao people in Guizhou. It is said that the mother butterfly came from an ancient maple tree. The mother butterfly had to eat fish when she was born. Once she fell in love with a water vortex, she got pregnant and laid 12 eggs. Later, after the bird's careful incubation, it took 12 years to give birth to 12 brothers. "Butterfly" is rich in cultural connotations in Chinese culture, such as love, reproduction, life, etc..

音译加注法。对于"多彩贵州"展览中包含数量众多的具有文化负载词的内容，尤其是少数民族服饰花纹样式与图腾、贵州土司文化职位名称、贵州古建筑名称等，根据功能翻译理论要求，译者对这一类讲解词翻译时采用了音译加注法，首先对原文进行音译，再对这一文物的文化内涵加以解释说明。这样可以使受众接触到中国特色文化，又不会影响其对这一文物的深层理解。英文讲解词具有目的性和功能性，在涉及中国文化、风俗习惯等理解相对困难的部分时，音译加注法可以避免信息传递失误，这是非常必要的。

例3：苗族彩挑"米""喜"花块背扇，是姑娘出嫁前精心绣制的背孩子的襁褓，体现了暖暖的母爱……上端坠有如意形的鱼吊坠，下面坠带链响铃，做工精美，设计独特。

这段讲解词介绍展厅二楼一件绣有"米""喜"花纹的苗族背扇。当中国观众看到这样的图样的时候，会很快联想到粮食充足、喜事连连这样的美好寓意。而对于不认知中文的外国游客，这样的花纹就需要通过音译加注的方式来介绍，既能表述这一花纹属汉字形状的纹样及其发音，还能阐述花纹蕴含的深层文化含义。

笔者将此段译为：

Swaddle Embroidered with "Mi" and "Xi"Pattern. The pattern "米"and"喜" are Chinese characters. "米"signifies a bountiful harvest. "喜"signifies series of happy events. It's a kind of swaddle by the girl before her marriage, reflecting the mother's love. There is a fish-like pendant on the top and a bell with chain below…

例4：平播钟，是贵州巡抚郭子章在平播战役后铸造，钟上横列篆书"平播报德之钟"……功成后铸造钟、鼎置于贵阳武庙。

这件文物是三楼展厅"建省之路"部分的平播钟。这里的"平播"指的是平定播州。播州是贵州历史上较大的一个羁縻（土司）政权，自唐乾符三年（876）杨端入播，至明万历二十八年（1600）因杨应龙叛乱被剿灭，历经725年的播州杨氏土司政权方告结束。地名具有历史性、社会性、地域性、政治性等多种属性，播州地区现在的政治区域和名称都有了改变。对于来贵州省博物馆参观的大多数观众来说，深入普及这一段历史，耗时长且目的性不强。所以在翻译这部分的文物名称和上面的铭文时，译者采用的是音译翻译，直观地介绍文物上这一组文字，并采用加注法简要叙述这一文物命名的含义。

笔者将此段译为：

This is "Ping Bo" Bell. "Ping Bo" is a battle happaned in Bozhou area. It was cast by Guo Zizhang, Grand Coordinator of Guizhou. There are six seal-script characters "平播报德之钟" on the upper part, meaning "bell of pacifying Bozhou and returning the favor".

2. 连贯性原则下的讲解词翻译

连贯性原则下，英文讲解词的翻译需要舍形取义，在保证原文主旨大意正确的前提下，不必拘泥于原材料的形式和内容细节。博物馆讲解词是一种有目的性的宣传文本，由于不同的语言系统、语言思维和文化等多方面的差异，一味地对中文进行直接翻译必然会影响传播效果。因此，翻译文本需要以语篇为单位进行重组和改变，保证英文讲解词译本的行文连贯流畅、语序正确，才能让观众理解和感同身受，力求让观众对贵州地区的文化有直观的、具体的印象。

受中国文学传统的影响，中国人喜欢用华丽的辞藻、有节奏的排比修辞，以及对仗结构来表述。许多中国旅游文本的特点是形容词及四字短语较多。不同于中文讲解词频繁地使用修饰词，英文讲解词的特点是简洁，更加注重文本的准确性和完整性。在翻译时，过去分词、现在分词、短语和短句是首选，这样可以使游客集中注意力，有效传递文物的文化信息。

例5：贵州的山层峦叠嶂，遍布着喀斯特溶洞；贵州的水清婉隽秀，蜿蜒于深峡幽谷间。山赋水以筋骨，水予山以灵性，共同晕染了一幅多彩的贵州画卷，使贵州成为人类理想的栖居地。

这一段讲解词是典型的中式风格的文字，对仗工整、行文华丽优美、结构讲究，富有诗情画意，读起来也是朗朗上口。段落以对仗结构，介绍了贵州山与水和谐统一的美好画面。但是在翻译时，这段讲解词就需要按照功能翻译理论的连贯性原则，通过对语篇的重组，调整结构，客观地转述中文讲解词的主要内容及主要思想，保证中文信息的有效传播。

笔者将此段译为：

Guizhou is a mountainous region covered with karst caves. Clear rivers winding among between the deep valleys. The fortitude of mountains and the spirituality of waters interplay together make Guizhou to be an ideal place of habitat.

例6：北宋韩琦楷书书札卷。我们现在看的这幅长卷是北宋著名政治家、军事家韩琦写给欧阳修的一封感谢信。韩琦为北宋仁宗、英宗、神宗三朝宰相。引退回乡后，在自家后院修了一座阁楼，以颐养天年，取名昼锦堂，取锦衣昼行之意……因此，此信札经辗转数千年，经无数名人收藏，上面有蔡景行、泰不华、高士奇等历代名人题跋。据载，朱熹也曾在此卷上有跋，可惜已不存。此信札及蔡景行跋语选入书法名帖《三希堂法帖》，名《谢欧阳公帖》，又名《信宿帖》。

这一段讲解词原文结构比较松散，反映了中文的语言流水式、发散式的思维。各句子主要靠语义上的连接贯通，传递的信息也比较杂。《三希堂法帖》《谢欧阳公帖》《信宿帖》等中文名字对于英文观众来说，传递的信息相近。笔者对这一段讲解词采取了舍形取义的翻译手段，客观地将这件文物的主要信息和背景内容进行了翻译。此外，这一部分还穿插了加注法对历史专有名词进行了解释。

笔者将此段译为：

This scroll is a letter of thanks written to Ouyang Xiu by Han Qi. Han Qi is a famous politician, strategist and calligrapher in the Northern Song Dynasty (began in 960 and continued until 1279). Han Qi built an attic in backyard, which is called "Zhoujintang". Ouyang Xiu wrote a famous article for it. This letter has been rolled over for thousands of years and collected by numerous celebrities.

五、小结

本文在功能翻译理论的指导下，以文本类型理论和连贯性原则来探讨贵州省博物馆基本陈列英文讲解词的翻译策略及方法。这一理论在翻译实践过程中具有重要指导意义和作用。笔者在翻译及讲解实践中，不断调整适时的文本翻译。

综上所述，贵州省博物馆的英文讲解旨在为公众提供贵州历史、民族文化知识，传播中华文化，进行文化交流，是贵州对外宣传文化的重要组成部分。英文讲解词文本翻译应当避免复杂的词汇，更加注重功能和社会文化因素，注意结合减译、增译、音译加注法等方法，在连贯性原则的基础上，保持讲解词文本的翻译具有可读性，从而得出翻译者需要根据文本的具体需要来选择翻译策略和方法的结论，以实现传播贵州文化的目的。

［参考文献］

[1] 褚妍，佟玉平. 功能翻译论视角下外宣翻译的多维度研究［M］. 长春：吉林大学出版社，2020.

[2] 高一波. 功能翻译理论视角下的陕北剪纸外宣文本翻译研究［J］. 安康学院学报，2019 (5)：82—86.

[3] 李捷. 名称翻译的语用学研究［M］. 北京：科学出版社，2021.

[4] 刘超英主编. 博物馆常用英语［M］. 北京：文物出版社，2015.

[5] 谭淳. 功能翻译视角下湖湘旅游文本的英译［D］. 长沙：中南大学硕士学位论文，2010.

[6] 王家根，孙丽，赵联斌. 外宣翻译理论导论［M］. 芜湖：安徽师范大学出版社，2019.

[7] 张小冬. 功能翻译理论视角下的博物馆简介翻译研究——以大英博物馆为例［J］. 校园英语, 2020 (9): 251—252.

[8] 赵亚宁, 张芒. 功能翻译理论视角下博物馆文本翻译策略及方法探究——以西安博物院为例［J］. 作家天地, 2022 (02): 77—79.

[9] 周子玉. 功能翻译理论视角下博物馆解说词的英译研究——以陕西历史博物馆为例［J］. 时代报告（奔流）, 2022 (8): 95—97.

[10] 朱露, 董远越. "一带一路"政策下重庆外宣旅游的翻译研究——重庆中国三峡博物馆汉英翻译实例分析［C］. 外语教育与翻译发展创新研究（第七卷）, 2018: 308—311.

对自然类博物馆实现和拓展展陈教育功能的思考
——以贵州省地质博物馆实践为例

侯楚秋

（贵州省地质博物馆）

摘　要　本文以贵州省地质博物馆实践为例，对自然类博物馆展陈教育功能的实现和拓展问题进行思考，指出：博物馆教育工作任重而道远，展览是博物馆最基础的教育手段，但绝不是唯一手段。今天的博物馆观众，特别是一些专业观众或对博物馆藏品和研究有进一步求知需求的人，已越来越不满足于单纯的展览参观。因此，博物馆有责任和义务，围绕本馆的研究以及藏品开展一系列的教育活动，扩大影响面，提高展陈教育的专业度。

关键词　贵州省地质博物馆；展陈教育功能；自然类博物馆

在过去的几十年，教育的理论和实践发生了意义深远的改变，以人为本的教育模式逐渐成为现代教育的主流趋势。博物馆作为重要的社会教育场所，亦在不断探索其功能定位，正经历着由"物"向"人"、由藏品向公众的转变，评判博物馆的价值标准也不再以藏品的丰厚精优程度为唯一标准，而是更加注重在扩大公众参与、鼓励公众体验和学习方面所取得的成绩。陈列展览是博物馆向社会奉献的最重要的精神文化产品，是最为直接、基础的教育渠道以及最主要的传播媒介，其品质的高低、观众的评价等直接影响博物馆的方方面面。本文针对当下自然类博物馆在发挥展陈教育作用上存在的问题，通过分析贵州省地质博物馆的办展理念及过程,就如何促进展教融合、实现和拓展教育功能,提出一孔之见。

一、制约自然类博物馆展陈教育功能的主要问题

(一)基本陈列"同质化"现象严重

因自然科学的知识体系是相同的,而且建造时间又相差不大,国内许多自然类博物馆的基本陈列,在选题上存在许多一致性。在大纲编写过程中,不思考自己特色,不分析和考虑目标人群,仅靠借鉴几本科普读物就完成了大纲编写,内容重复的大纲比比皆是。[1]一些博物馆建设方不具备专业知识背景,一味模仿大馆、名馆,无视自己的本土特色,"地球厅""恐龙厅""进化厅"在许多地方多次出现。一些展陈公司唯利是图,为了多个工程的进度,生搬硬套各大名馆的设计,所以"千馆一面"的现象在自然类博物馆中非常普遍。一个人在这个馆了解到这些知识,换了一个博物馆了解到的差不多还是这些东西,且展陈体例和手法也没有多少创新。

(二)依托展览开展社教活动的频次较低,形式单一

自然类博物馆是以介绍和展示自然界的发展历史和规律为主的博物馆类型,[2]其特殊的知识架构和庞大的知识体系,使得社教活动离开内容全面、体系健全的展览后,走出展厅,走进社区、学校显得尤为困难,效果也是大打折扣。同时受多方因素的制约,如经费、人员、场所、展品等,这些走出展厅的活动频率较低,相当一部分自然类博物馆仅仅是为了定级评估的分值而开展此项工作,缺乏系统而全面的知识科普策略。即便是在展厅的教育活动中,也存在形式单一、整体效果还不够理想的问题。

---

[1] 郭建崴:《关于"千馆一面"与"鱼龙混杂"的反思》,《科学教育与博物馆》2017年第4期,第256—258页。
[2] 姜涛、俄军编著:《博物馆学概论》,兰州:兰州大学出版社,2014年,第47页。

（三）人才队伍建设滞后

博物馆的科普工作大多由讲解员兼职担任，缺乏专业且全面的教育活动人才，而讲解员岗位的流动性大则是博物馆界公认的一大难题。相较于综合类博物馆，自然类博物馆对讲解员的要求更为特殊。自然类博物馆的展品较为单一，其展品体现的故事性差，延伸讲解的空间有限，因此，更为出色的挖掘故事的本事和优秀的教育能力，是自然类博物馆讲解员必须具备的基本素养。[1] 许多博物馆讲解员并不是事业编制内人员，上升渠道严重受限，所以其职业认同感很低，并未把此工作当成终身事业。

二、实现和拓展自然类博物馆展陈教育功能的途径与对策

（一）以"展教合一"为目标，努力增强展览的吸引力和辐射力

长期以来，国内许多博物馆"重展"而不"重教"。过去博物馆的第一目的和要务被认为是"研究"和"收藏"；进入21世纪后，博物馆强调为社会服务的同时，逐渐意识到只有重视教育才是最好地为社会服务。所以博物馆的定义在不断修订的过程中，逐渐将"教育"列为博物馆的目的与业务之一。博物馆展示的根本目的是教育功能的实现，两者的契合度决定了一个博物馆的高度。为此，贵州省地质博物馆通过展览的设立以及拓展方式，围绕教育功能的实现做了一系列的尝试，以"展教合一"的理念摸索出一些经验。

1. 明确的受众定位，能够实现教育功能最大化

过去的观念认为，参观群体的多样性是博物馆的最大特征，所以博物馆展览的设立应该顺从这一特性，覆盖各个年龄层次，涵盖社会的各个阶层。但随着时代的发展，从现代传播学的角度来看今天博物馆的用户需求，不同年龄、

---

[1] 侯楚秋：《浅谈自然类博物馆讲解员应具备的基本素养》，《文物鉴定与鉴赏》2019年第22期，第94—96页。

不同性别、不同职业、不同知识结构的受众需要不同的信息渠道和信息内容。[1]所以笔者认为,博物馆的展陈工作也需改变传统模式,明确博物馆的主要受众群体,以人为本、带有倾向性地为其设立展览,不必且不可能面面俱到。目标群体明确、富有个性和特色的展览更能有的放矢地为其提供教育服务。当然,有目标受众群体,不等于放弃兼顾不同观众的参观体验诉求,只有主次分明的展览,才具有不同凡响的"生命力"。

贵州省地质博物馆作为省级自然科学类博物馆,以基本陈列"神秘贵州——古生物王国"为例,展览设立的目的是传播科学文化知识,培养学生对于科学的兴趣。所以,我们就明确了展览的主要受众群体为青少年、中小学生,所有的展板内容、图文组合、互动展项以及沉浸式空间打造,皆是以青少年、中小学生为对象而设计的,努力将其打造成一个孩子们喜欢的展览,并取得了不错的效果。同时,我们也兼顾了社会其他观众的诉求,用博物馆的展览语言和手法,系统阐释贵州9亿年地质史以及震旦纪至第四纪6.09亿年古生物演化史,重点展示贵州瓮安生物群、青岩生物群、关岭生物群等11个在全球具有重大影响力的代表性古生物群,以及它们与地质环境的关系,激发人们对"地球生命从何而来?它们经历过什么?最终走向何处?"的深度思考,诠释顺应自然、尊重自然、保护自然、与自然和谐相处的生态文明理念。

2.合理规划展览内容,有助于受众对教育知识的吸收

博物馆展览内容是整个展示、教育的核心,直接影响整个教育结果。展览内容除了应满足最基本的准确、翔实、丰富的要求以外,还应当做到结构合理、详略得当、层次分明,才能发挥出最好的教育效果。一般来说,在展陈大纲编写的初期,编写者就会拟定博物馆基本陈列的主题架构。对于一般观众而言,受展厅布局、参观习惯、参观时间、现场人员等因素影响,想在有限的时

---

[1] 邰珊珊、叶秋蕙、陈晶:《博物馆"展教合一"的尝试——以"南宋小百工·青少年教育体验展"为例》,《科学教育与博物馆》2020年第5期,第388—393页。

间内消化、吸收展厅内所有的知识点非常不现实,所以博物馆展览的主题架构就显得尤为重要。展览的每一级标题、文字,都需要高度概括,保证观众能够在最短时间内理解这部分的知识。"主题制"展览结构能够最大限度地把握观众参观的节奏,达到教育目的。

所谓"主题制",即打破材料的时空序列,围绕展览主题搭建、阐释结构和框架。以贵州省地质博物馆"富饶贵州——贵州矿产资源"基本陈列为例,该展览分为黔矿之富(矿种多、储量大)、黔矿之成(成因复杂、成矿条件好)、黔矿之优(九大优势矿产)、黔矿之用(六大特色矿业基地支持经济社会发展)以及黔矿之美(宝玉石工艺品和显微镜下的矿物切片)五个部分,五个部分既相互独立又完整统一,各章节之间逻辑关系明确,内容不拖沓重复,即便观众漏看了某一节中的部分内容,也不会影响其整体参观的效果,较好地提升了观众参观的体验感。

3. "寓教于乐"的展览,有助于知识理解与传播

"寓教于乐"暗示了教育活动大多很难令人愉快。不可否认,在国内,受教育往往是一个"苦学"的过程。"寓教于乐"这个词则可以用来表述博物馆教育与学校课堂教育的不同之处:学校教育通常采用的是教师单方面输出型的"说教式",而博物馆内的教育更注重"体验感"和"互动性"。现代博物馆教育致力于引导并激励观众按照自己的意愿和方式去探索,这比课堂之中的教育难度大得多。博物馆取代了以往只能"看"的被动学习方式,在开放式展览中增加了许多具有参与性和互动性的设计。利用三维空间的打造,使得遥远空间的人类历史或自然风貌得以重现,让观众如身临其境般受到震撼与感动。这些都是一个"寓教于乐"的展览的必要条件。

一个学术味过重、晦涩无味的展览,也就是说没有"寓教于乐"的展览,必定不是一个好的博物馆展览,难以吸引观众,而博物馆也非学校或其他教育机构。

贵州省地质博物馆"神秘贵州——古生物王国"展览就是一个努力打造

"寓教于乐"的教育空间，具有强烈的沉浸式体验感和互动性的展览。该展览以传统手法为主，适度采用了高科技手段，周密考虑多种手法的协调搭配。多处形式设计，如三叠纪海底世界沉浸式空间、远古海洋C形半包围式LED屏幕等，已然成为"网红打卡点"，观众喜闻乐见，社会好评率极高，已经成为贵州省文旅融合的示范点以及周边学校的科普课堂。

4. 兼顾兴趣培养与精神教育

随着社会愈发强调博物馆的公共性和责任，博物馆教育的关注点不再局限于科学原理与知识的传递，而是更倾向于对观众学习兴趣的培养以及对社会价值的传播与建构。一个好的展览，不单单在于其展示的内容有多丰富、知识有多全面，更在于其如何去激发观众思考与学习。博物馆的知识教育固然重要，但青少年的人生观、价值观、社会观的培养也应是教育目标之一。正是基于这样的理念，贵州省地质博物馆所举办的每一个展览，无不传达着保护自然、爱护环境的价值观。借助博物馆独特的魅力，发挥着阐释地史信息、传播地学知识、增强文化自信、助推经济社会发展、助推生态文明建设、促进人与自然和谐发展的积极作用。

（二）以展览内容为依托，切实开展拓展式教育活动

尽管展览绝非博物馆教育的唯一形式、载体与媒介，但是展览无疑是博物馆最好的教育产品。博物馆的教育活动要与展览内容相联系，依托展览开展拓展式教育，这样才会更具吸引力和取得显著成果。

1. 讲解服务

为了更好地发挥社会教育功能，博物馆首先要解决的问题是如何促使观众透彻了解展览所承载的文化内涵。[1]观众在博物馆的参观学习大多是不完整的，受到的教育大多是碎片化的，如果没有专业的指导，不可能领略到更深层次的内涵。讲解在其中的作用就显得尤为关键，讲解的本质是对展览的补充、

---

[1] 郑奕：《博物馆教育活动研究》，上海：复旦大学出版社，2015年，第438页。

完善,将展览没有展示出来的展品背后的故事、文化、知识背景等,通过语言的方式传达给观众。如今,博物馆的讲解系统已经非常丰富了,除了最基本的人工讲解外,智能语音导览服务层出不穷,如无线自动感应式讲解、二维码扫描讲解、AR 导览等等。贵州省地质博物馆与时俱进,采用多样化的讲解服务,在较好地解决观众对展览"看得懂"的同时,巧妙地嵌入知识教育、价值观教育等内容。

2. 线上展览

近年来,在网络新媒体环境的冲击下,线上展览应运而生。将展览、藏品从线下转移到线上,实现了观众足不出户便可"云游"博物馆的可能。线上展览目前的主要内容是网上 VR 虚拟展览和藏品的数字化展示,两者很好地弥补了观众不能到实地参观博物馆的遗憾,扩大了观众量。但也存在一些弊端。目前这两种主流模式,大多是单纯地复制展厅和展品的内容,但是没办法拓展展览内容及其背后的文化内涵。随着科学技术的发展,"云展览""网上博物馆"将会成为博物馆发展的趋势,必将打破现在的瓶颈,不再单纯地"复制内容",会进一步与线下展览融合,两者互补,将传统展览与科技创新相结合,在展示、教育方面取得新的突破。

贵州省地质博物馆"神秘贵州——古生物王国"VR 虚拟展览采用实景一对一 360°无死角模式拍摄,对展览进行了 100%的还原。同时在展览内选取十大特色展品进行了视频、图文镶嵌的详细介绍,并制作三维模型辅助展示。VR 展厅拍摄及制作历时近两个月。前期,制作团队进行实地勘测和探馆初拍摄,定好拍摄场景并拍摄全景照片上千张。后期,图片经制作后逐一合成实景全景图 150 余张,经筛选后选出 100 余张用于"搭建"VR 展厅,配以动态平面图展示实时浏览位置的信息。在制作过程中,为满足参观者对重量级化石的观看需求,在 VR 全景图中加入视频、图片及文字做拓展展示,以达到最佳线上观展体验,激发观众的线下实地观展欲望。特别值得一提的是,展品三维影像主要采集部分较为珍贵且具有特色的古生物化石,将其进行三维影像扫描后形成3D可视化展品模型,可通过门户网等渠道进行展示。

3.文化产品

文化往往能够通过商品得到有效的传播。观众看完展览后,常常会对展览背后的故事或者某件展品产生兴趣,如果有与之配套的文化产品,则会将兴趣转化为消费。兼具文化内涵和经济价值的博物馆文化衍生品的开发,是博物馆展览衍生教育功能、丰富参观者学习体验的重要手段。贵州省地质博物馆的文化产品开发坚持"多元尝试",探索以"自主设计+合作开发"的机制,深入挖掘藏品内涵,结合观众审美需求和时尚潮流,推动文化创意产品开发,实现社会效益和经济效益相统一,打造"贵地博"多样化、层次化、品质化的产品风貌。开发的"黔石之华"系列矿物丝巾、鱼龙纪念币等文创产品深受观众喜爱。开馆仅10个月的销售量就已突破20万件,销售额突破460万元。

4.讲座和研学活动

为了配合展览和加强学术界的交流,博物馆都会定期举办讲座、研讨会扩大教育的影响力,这些活动增加了馆际间的交流机会,强化了博物馆的学术地位。以本馆特色而开设的一系列研学活动,既是对展览的补充,也是教育工作的拓展。"海怪之夜"就是根据贵州省地质博物馆的特色——三叠纪海洋世界为背景打造的专题研学活动,讲述了曾经的海洋霸主——海生爬行类动物的兴衰故事。自推出以来,深受小朋友的热爱,让他们能够在愉快玩耍的环境中学习到古生物的知识。

(三)大力加强人才队伍建设

博物馆要提升社会教育工作水平,必须要培养一批高素质的复合型人才,不仅要掌握自然科学的知识,也要懂得运用新媒体、懂得组织策划等。除需要对个人素质提出要求,博物馆的整体队伍结构也需引起重视。在年龄结构上,要注意老、中、青相结合,尤其注重对中青年专业技术人员的培养;在专业结构上,既要有各个领域专家,也要有素质全面的综合性人才;在职称结构上,应把握好各层次的人员的比例。要坚持事业留人、待遇留人、感情留人的原则,千方百计留住人才,形成各类人才齐心协力干事创业的良好氛围。

三、结语

博物馆教育工作任重而道远。展览是博物馆最基础的教育手段,但绝不是唯一手段。今天的博物馆观众,特别是一些专业观众或对博物馆藏品和研究有进一步求知欲的人,已越来越不满足于单纯的展览参观。因此,博物馆有责任和义务围绕本馆的研究以及藏品开展一系列教育活动,扩大影响面,提高展陈教育的专业度。

纪念馆提升公共文化服务效能的思考

——以杨至成将军纪念馆为例

耿秀福

（三穗县文体广电旅游局）

摘　要　本文介绍杨至成将军纪念馆的公共文化服务现状，分析存在的问题和困难，指出提升公共文化服务效能的措施。

关键词　纪念馆；公共文化服务；状况；措施

随着经济社会的发展，人民群众对精神文化的需求日益增长，对美好生活的追求越来越高。2015年1月14日，中共中央办公厅、国务院办公厅《关于加快构建现代公共文化服务体系的意见》提出："到2020年，基本建成覆盖城乡、便捷高效、保基本、促公平的现代公共文化服务体系。"2017年3月1日起施行的《中华人民共和国公共文化服务保障法》定义："公共文化服务，是指由政府主导、社会力量参与，以满足公民基本文化需求为主要目的而提供的公共文化设施、文化产品、文化活动以及其他相关服务。""公共文化设施，是指用于提供公共文化服务的建筑物、场地和设备，主要包括图书馆、博物馆、文化馆（站）、美术馆、科技馆、纪念馆、体育场馆、工人文化宫、青少年宫、妇女儿童活动中心、老年人活动中心、乡镇（街道）和村（社区）基层综合性文化服务中心、农家（职工）书屋、公共阅报栏（屏）、广播电视播出传输覆盖设施、公共数字文化服务点等。"2019年4月1日起施行的《博物馆开放服务规范》明确:"博物馆开放服务应体现公共文化服务的特性。"2021年3月8日,文化和旅游部、国家发展改革委、财政部《关于推动公共文化服务高质量发展的意见》提出推动公共文化服务高质量发展九项任务。纪念馆是博物馆的一种主要类型,是纪念杰出历史人物或重大历史事件的专题博物馆,是中国博物馆事业的重要组成部分。杨至成将军纪念馆作为公共文化设施,多年来,结合自身特点,积极发挥收藏、教育、服务、宣传等功能,扎实推进了公共文化服务效能的提升。

一、基本情况

杨至成将军纪念馆位于三穗县文笔街道金穗社区,占地面积1460平方米,建筑面积320平方米,为三合院式建筑,一正两厢。2003年6月开工建设,同年10月竣工,11月开馆。2012年6月,完成第一次展陈提升改造。纪念馆以"寻求救国真理,走上革命道路""参加南昌起义,红旗跃上井冈""开创后勤局面,保卫红色苏区""长征路上筹粮,陕北会师赴苏""建立东北后勤,保障前线供给""建立中南军需,建国再立新功"六个部分展示杨至成将军生平事迹。自建成开放以来,获批全国第三批博物馆、纪念馆免费开放单位,第六批贵州省爱国主义教育基地,贵州省第一批全民国防教育基地,贵州省直属机关党员教育基地,黔东南州红色文化教育基地,黔东南州直属机关党员教育基地,黔东南州干部党性教育基地现场教学点,黔东南州公安消防支队思想政治教育基地。

二、公共文化服务现状

1.抓好日常接待,保障基本服务

杨至成将军纪念馆坚持全年天天开馆,认真落实参观登记制度,加强日常参观接待、讲解服务、宣传教育、藏品保护等工作。近年来,每年接待各类参观学习人数 10 万余人次，不断发挥爱国主义教育基地和全民国防教育基地的职能作用。

2.搭建合作平台，推进宣教工作

设置专门的社教工作人员，利用贵州省爱国主义教育基地、贵州省全民国防教育基地等招牌，与教育部门建立协作机制，积极开展馆校共建活动。例如，每年举行"将军故事进校园"活动，县城 10 多所学校每年也组织师生到馆进行学习。2021 年 7 月以来，开展青少年、学生、教师学习活动 40 余场次，参加人数 5000 余人次。

3.抓好重大接待，传播将军精神

2021 年庆祝中国共产党成立 100 周年期间，讲解员全员上岗。其间接待邻近县市开展庆祝建党百年、主题党日活动团队 200 余个，1.8 万余人，本县团队 330 余个，2.4 万余人。全年接待各类参观学习人数 14.2 万余人次，其中未成年人 4.3 万余人次，团队 1600 余个。让将军精神得到了跨行业、跨地域、跨文化交流传播。

4.优化展馆环境，丰富学习体验

近年来，纪念馆不断加强展馆环境建设。2017 年，对各展厅的墙纸进行翻新，重新更换了所有展厅内的墙纸，让整个展厅面貌焕然一新，给参观学习者创造一个整洁、干净的环境。同时定制办公设备，提高了工作效率。2022 年，启动新一轮陈列布展工作，重新编撰展陈大纲、形式设计方案，撰写讲解词，进一步提炼将军精神，丰富了杨至成将军的生平事迹和历史功绩。

5.健全规章制度，细化管理措施

为加强规范纪念馆的管理，充分发挥爱国主义教育基地、全民国防教育基地的作用，建立健全了考勤管理、安全管理、安保人员管理、讲解员管理、保洁员管理、交接班管理、文物藏品管理等制度，并上墙公示，为规范管理提供了制度保障。

三、存在的问题和困难

1. 展馆面积狭小，接待能力有限

杨至成将军纪念馆建筑年代较早，建设周期较短，设计缺乏科学性，直接影响功能分区、陈列布展和参观接待。杨至成将军纪念馆于2003年修建，一正两厢，正房三开间，每间27平方米，厢房每间面积39.5平方米，展厅总面积160平方米。展厅面积小，开间狭窄，超过50人的团队不能一次性入馆参观，严重影响着团队参观学习的体验。

2. 藏品资料不足，展示手法单一

藏品是博物馆发挥各种社会职能的物质基础，制约着其他各项业务工作。据三穗县第一次全国可移动文物普查，杨至成将军纪念馆藏品53件（套），主要为书法、织绣、文件等类别藏品，珍贵文物9件（套）。采用图片文字、桌式陈列柜、偶尔穿插声像多媒体等方式展陈，难以满足数字信息时代下人们对学习体验的需求。

3. 专业水平不高，价值阐释不够

杨至成将军纪念馆于2015年设立正股级，核定编制3名，在编3人，其中2人长期抽调到其他单位或其他岗位；聘用人员8人，主要从事讲解、安保、保洁等工作，所有在编人员均为管理岗人员。人才队伍结构不合理、不专职，对杨至成生平事迹学习不够，历史功绩和藏品研究不深，价值阐释不够。

4. 科技运用不足，保护设施落后

藏品保护技术在纪念馆藏品管理工作中具有极其重要的意义。杨至成将军纪念馆无专门藏品库房，未展陈的藏品无法在库房分类保护，基本陈列的藏品则运用桌式陈列柜直接展陈，馆内无环境监测、环境调控、夹层玻璃展柜、专用囊匣等预防性保护设施，对藏品只停留在保管层面，不能阻止或延缓藏品的自然破坏过程。

四、提升服务效能的思考

1. 完善管理体制，激发创业激情

（1）优化岗位结构。一个博物馆，无论是藏品保管、陈列设计、科研水平的提高，还是观众工作、社会教育，专业技术人员都起着决定的作用。办好博物馆，一定要建立一支具有良好的政治业务素质、结构合理、相对稳定、充满活力的专业技术人员队伍。[1]文博事业单位专业技术岗位一般不低于单位岗位总量的70%。[2]博物馆、纪念馆人才队伍结构合理，专业技术人员占在编职工总数的60%。[3]纪念馆及其主办单位和机构编制部门应严格按照专业技术岗位占总编制数的60%设置，保持人才专职，让纪念馆真正成为保护收藏、宣传教育、科学研究并重的文博事业单位，也是贯彻落实国家政策的重要体现。

（2）科学定岗定责。按照"因事设岗，适才适用"的原则，科学合理设置岗位，根据岗位特点及岗位职责选择适合该岗位的人才，保证各类人才都能在各自的岗位发挥专长，为纪念馆事业长期、健康发展做出贡献。同时，结合部门、岗位的工作性质，征求员工意见，建立岗位责任制，签订目标责任书，并将责任书置于醒目处，以督促岗位责任的落实。

（3）健全规章制度。健全完善消防安全、财务、人事、参观、文物征集、文物出入库、人员出入库、文物交接、复制拓印、藏品保管、陈列展览、宣教服务、设备管理、卫生保洁、交接班等制度，以及各种突发事件应急预案。让各功能区、藏品、展品、展具等都有人管，有人抓。

（4）加强安保意识。文物安全是文物保护的底线、红线、生命线。要做到警钟长鸣，定期和不定期开展消防安全学习教育培训、技能演练，提高应急能力。严格执行安保人员的交接班管理和相关制度，制作安全检查表，定期和不

---

[1] 王宏钧主编：《中国博物馆学基础》，上海：上海古籍出版社，2001年，第380页。
[2] 人力资源社会保障部、国家文物局：《关于进一步加强文博事业单位人事管理工作的指导意见》，2019年11月6日。
[3] 贵州省文物局：《贵州省博物馆、纪念馆免费开放绩效考评办法》，2022年6月10日。

定期开展消防安全自查，确保馆内及周边环境安全。

（5）健全培训机制。培训是提高纪念馆人员素质的重要手段，是一项长期的任务，要注重实效，加强实践锻炼。管理人员培训，注重提高文物的保护利用和管理能力，要学习与自己管理对象有关的专业技术知识；专业技术人员培训，注重提高文物保护的专业技术水平和依法利用文物资源参与创新创造创业的能力；工勤技能人员培训，注重提高文物修复技能水平和服务保障能力。

（6）打通人才转岗通道。按照公开公平公正等原则，以岗位职责能力为依据，允许文博事业单位专业技术人才、工勤技能人才比照管理岗位同等资历人员条件，通过竞聘上岗等方式，转聘相应的管理岗位，提升干部职工干事创业的激情。

2. 强化教育服务，促进文化传播

（1）制定服务标准。要了解服务对象的需求，明确服务内容，有的放矢制定服务标准。制定博物馆教育服务标准，丰富博物馆教育课程体系，为大中小学生利用博物馆学习提供有力支撑。[1]服务标准应包括开放时间、社教活动、基本陈列、安全管理、志愿服务、宣传开展、讲解服务、预约登记、票务管理、咨询服务、物品寄存、投诉接待、物品租借、展厅服务、卫生保洁、设备维护、车场管理、仪表礼仪、举止礼仪、交际礼仪等服务标准。

（2）加强多方合作。合作才能办成大事，办成好事，办成长久之事。应当鼓励学校结合课程设置和教学计划，组织学生到博物馆开展学习实践活动。[2]加大合作力度，支持革命博物馆、纪念馆、陈列馆与党政机关、企事业单位、驻地部队、城乡社区、教育机构建立共建共享机制。[3]强化研究、活化文物，加强省内各博物馆及文物收藏单位之间的合作，不断推出原创性展览，讲好贵

---

[1] 中央宣传部、国家发展改革委、教育部、科技部、民政部、财政部、人力资源社会保障部、文化和旅游部、国家文物局：《关于推进博物馆改革发展的指导意见》，2021年5月24日。
[2] 《博物馆条例》第三十五条，2015年3月20日起施行。
[3] 国家文物局：《关于促进文物合理利用的若干意见》，2016年10月11日。

州故事。[1]推动公共图书馆、文化馆、博物馆、美术馆、非遗馆等建立联动机制，加强功能融合，提高综合效益。[2]

（3）推进志愿服务。纪念馆作为公益性文化教育机构，既是为服务社会公众而办，又必须依靠社会公众的支持、赞助才能办好。应完善文化志愿者注册招募、服务记录、管理评价和激励保障机制，加强对文化志愿队伍的培训，提升文化志愿者的服务意识、服务能力和服务水平。[3]进一步规范文化志愿者的招募，对文化志愿者进行分类培训辅导。推动建立各类文化志愿团体。完善文化志愿服务记录和激励制度，逐步建立星级文化志愿者认证制度，对服务时间长、表现突出、贡献较大的优秀文化志愿者团队和个人按国家有关规定给予表彰奖励，增强广大文化志愿者的工作成就感和社会荣誉感。[4]发展壮大博物馆之友和志愿者队伍，构建参与广泛、形式多样、管理规范的社会动员机制。[5]

3.建立征集机制，丰富文物藏品

藏品是博物馆、纪念馆业务活动的基础，社会教育和服务、陈列、研究、编辑出版等都离不开藏品。博物馆应根据本馆的性质和任务收集藏品。[6]实施经济社会发展变迁物证征藏工程，征集新中国成立以来反映经济社会发展的重要实物，记录时代发展，丰富藏品门类。[7]支持国有博物馆间通过调拨、交换、借用等方式，优化藏品结构，帮助藏品较少的博物馆形成有特色的陈列展览。[8]

---

[1] 贵州省文化和旅游厅：《贵州省"十四五"文化和旅游发展规划》。
[2] 文化和旅游部、国家发展改革委、财政部：《关于推动公共文化服务高质量发展的意见》，2021年3月8日。
[3] 中共中央办公厅、国务院办公厅：《关于加快构建现代公共文化服务体系的意见》，2005年1月14日。
[4] 文化和旅游部、国家发展改革委、财政部：《关于推动公共文化服务高质量发展的意见》，2021年3月8日。
[5] 中央宣传部、国家发展改革委、教育部、科技部、民政部、财政部、人力资源社会保障部、文化和旅游部、国家文物局：《关于推进博物馆改革发展的指导意见》，2021年5月24日。
[6] 《博物馆藏品管理办法》第二条，1986年。
[7] 国务院：《关于进一步加强文物工作的指导意见》，2016年3月4日。
[8] 国家文物局：《关于促进文物合理利用的若干意见》，2016年10月11日。

树立专业化收藏理念，强化党史、新中国史、改革开放史、社会主义发展史相关藏品征集。[1]纪念馆开展文物征集应注意几个方面：

（1）确定征集范围。要根据自己的特点和具体任务，确定藏品征集的对象和范围。如杨至成将军纪念馆，主要征集与杨至成家世、行迹、革命活动、友人关系、生平爱好、收藏品、生活用品有关的文物、照片、资料，以及相关的研究、逸闻、纪念物、消息报道、评论文章、电视剧本等。

（2）提出科学计划。一是对藏品现状的调查。了解藏品数量、种类，哪些丰富，哪些缺项，哪些急需补充等，做到心中有数。二是对陈列和展览的调查。计划筹备什么展览，急需补充哪些展品，哪些需要更新，目前正进行哪些研究或出版项目，需要什么样的文物、标本、资料等。三是对征集来源的调查。了解有无征集的可能和途径，以及更多的革命活动和事件发生地。

（3）明确征集方式。藏品来源主要有发掘、采集、收购、调拨、交换、捐赠、移交等。发掘是历史、考古、综合等类型博物馆获得藏品的主要途径。采集是自然历史博物馆征集工作的主要内容。收购是以经济手段搜集文物标本的一种方法。调拨是上级主管部门按各馆性质与需要，将属于国家所有的文物标本有计划地拨给。交换是博物馆之间自愿互利原则下交换藏品，互相弥补不足。捐赠是指接受机关团体或私人的捐赠。移交指接收公安、海关、法院、市监等部门依法没收移交的文物标本。纪念馆要根据自身实际，明确征集范围、征集方式，有计划地进行藏品征集工作。

4.提高展陈质量，优化陈列环境

陈列展览是博物馆向社会奉献的最重要的精神文化产品，是博物馆开展社会教育和公共服务、实现社会职能的主要载体和手段，是信息传播的最基本形式。要提高陈列展览质量和水平，充分发挥馆藏文物的教育作用。[2]完善服务

---

[1] 中央宣传部、国家发展改革委、教育部、科技部、民政部、财政部、人力资源社会保障部、文化和旅游部、国家文物局：《关于推进博物馆改革发展的指导意见》，2021年5月24日。
[2] 国务院：《关于加强文化遗产保护的通知》，2005年12月22日。

标准，提升基本陈列质量，提高藏品利用效率，促进馆藏资源、展览的共享交流。[1]支持文博单位发挥资源优势和专业优势，加强文物研究，深入挖掘文物资源的历史文化内涵、思想精髓和时代价值，推动展陈策划专业化、社会化，打造精品陈列。[2]提升博物馆展陈质量，加强对藏品价值的挖掘阐发。[3]做好陈列布展，提升展陈质量应把握好以下几点：

（1）理解陈列主题，把握展出内容。要区别陈列的性质和陈列的类型，是长期陈列，还是短期展出；是纪念展览，还是生平展览等，都要根据各自的不同特点进行设计。要正确理解陈列主题，把握展出内容，要与内容设计人员充分交换意见、设计思想，统一认识。一个部分或一个单元应只突出一个中心，一个陈列也应只突出一个主题，紧扣主题开展陈列。

（2）满足经济实用，保障展出安全。陈列形式设计涉及平面、立体、空间、色彩等形态，为解决展品布置保护和观众参观等问题，要综合考虑环境造型、色彩设计、平面设计、标题系统、展品标牌、展具、辅助展项、采光照明、文物保护、人体工程学等问题。比如环境造型的外形和材质应符合展陈功能与文化风格的需要。色彩设计应注重色彩的情感倾向和文化象征性，把控照明对材质质感和色彩效果的影响。展具应注意艺术性、统一性和安全性，确保展出安全。

（3）增强精品意识，创作精品陈列。要研究并确定陈列的主题、基本内容和预期达到的目的，选择、征集必要的文物标本资料和辅助展品，深入进行陈列内容、展品研究，拟定陈列大纲和计划，研究文物组合，进行陈列艺术形式研究和设计，辅助展品和必要设备的设计与制作。在陈列展览的各工作阶段，要听取馆内外专家、观众代表等各方面的意见和建议。陈列展览形式设计要把文物安全贯穿始终，在保障展出安全的基础上，提高展陈质量，创作出精品

---

[1] 国务院：《关于进一步加强文物工作的指导意见》，2016年3月4日。
[2] 国家文物局：《关于促进文物合理利用的若干意见》，2016年10月11日。
[3] 国务院办公厅：《"十四五"文物保护和科技创新规划》，2021年10月28日。

陈列。

5.强化科技支撑，提升保护能力

实施馆藏文物信息化和保存环境达标建设，加大馆藏文物的科技保护力度。加强文化遗产保护科技的研究、运用和推广工作，努力提高文化遗产保护工作水平。[1]发挥科技创新的引领作用，充分运用云计算、大数据、"互联网+"等现代信息技术，推动文物保护与现代科技融合创新。实施预防性保护工程，对展陈珍贵文物配备具有环境监测功能的展柜，完善博物馆、文物收藏单位的文物监测和调控设施，对珍贵文物配备柜架囊匣。[2]加快推进藏品数字化，完善藏品数据库，加大基础信息开放力度。强化预防性保护，加强文物常见多发病害病理研究，提升藏品保存环境监测、微环境控制、分析检测等能力，完善博物馆安全消防制度建设和设施配备。[3]充分运用科学研究成果和环境监测数据，改善博物馆藏品保存环境；加强文物数字化保护，推进相关文物信息高清数据的采集和展示利用。建立文物数字化标准规范体系，健全数据管理和开放共享机制，加大文物数据保护力度。[4]根据国家有关文物科技保护的政策，推进杨至成将军纪念馆馆藏文物数字化保护。

（1）馆藏文物数字化采集加工。如对珍贵文物进行三维扫描数字化采集，录制中文高清音频，采集加工展厅720°全景影像等。

（2）馆藏文物管理平台建设。构建三穗县杨至成将军纪念馆文物数字资源综合管理平台，规范数字资源管理标准化，提高数字资源管理效率，促进文物数字资源安全利用，加强纪念馆数字化信息资源的科学管理，全面实现纪念馆珍贵文物的采集、加工、存储与展示利用。

（3）数字化成果展示利用。建设触摸互动展示系统、VR互动系统、网上

---

[1] 国务院：《关于加强文化遗产保护的通知》，2005年12月22日。
[2] 国务院：《关于进一步加强文物工作的指导意见》，2016年3月4日。
[3] 中央宣传部、国家发展改革委、教育部、科技部、民政部、财政部、人力资源社会保障部、文化和旅游部、国家文物局：《关于推进博物馆改革发展的指导意见》，2021年5月24日。
[4] 国务院办公厅：《"十四五"文物保护和科技创新规划》，2021年10月28日。

数字展厅系统。升级和丰富纪念馆的数字化展陈设备及内容,增强文物展示的互动性和体验感。

五、结语

提升纪念馆公共文化服务效能,推动公共文化服务高质量发展,是贯彻、落实国家系列重大决策部署的具体行动,是进一步深化文化体制改革、发展社会主义先进文化的重要任务,也是让人民群众享有更加充实、更为丰富、更高质量的精神文化生活,保障人民群众基本文化权益,满足人民群众对美好生活新期待的要求。纪念馆作为公共文化设施,要不断加强自身管理、建设,认真贯彻、落实国家有关文化、文物法规的政策、措施,积极探索纪念馆提升公共文化服务效能的路径,发挥纪念馆在公共文化服务中应有的职能作用。

民族地区地方高校博物馆讲解员的培养策略[*]

许英

(黔南民族师范学院民族研究院)

摘　要　本文在前人研究高校博物馆讲解员队伍建设的基础上，采用个案研究的方法，从黔南民族文化展览馆讲解员队伍的现状入手，分析了其存在问题的原因，并提出了建章立制、落地生根、吸纳成员、优化管理、双语培训、打造特色、夯实基础、提升素养等建议。

关键词　高校博物馆；讲解员；双语培训；专业素养

高校博物馆作为博物馆系统中的一份子，同样具有收藏、研究和教育的功能，但在研究能力和社会教育方面更别具一格。[1]讲解员作为高校博物馆开展社会教育活动的主体之一，担负着为观众导引参观、讲解展览等职责，是观众快速汲取文化知识的直接引导人。而博物馆发挥教育功能的主要途径是陈列，[2]陈列的主要解读者又是讲解员。讲解员在博物馆和观众之间充当"红娘"的角色，同时也是高校博物馆和高校的"代言人"。因此，讲解员质量的高低直接影响高校博物馆能否充分发挥育人功能。因此，如何培养讲解员便成为每个高校博物馆特别关注的问题之一。

---

[*]　本文是在研究报告《再谈高校博物馆讲解员的培养——以黔南民族文化展览馆为例》[贵州省教育厅高等学校人文社会科学项目（2019jd050）研究成果之一]的基础上修改而成。
[1]　耿超等编著：《博物馆学理论与实践》，北京：科学出版社，2018年，第95页。
[2]　耿超等编著：《博物馆学理论与实践》，北京：科学出版社，2018年，第129页。

关于高校博物馆讲解员，研究者们探讨了高校博物馆讲解员的重要性、培养（选拔、培训、管理）高校博物馆讲解员的办法、高校博物馆讲解员队伍建设存在的问题以及解决的路径等方面。高校博物馆不同于公共博物馆，大部分高校博物馆的讲解员由学生来兼任，因此研究者们讨论的主要对象是学生讲解员。从研究方法上来说，既有解释学方法，也有个案研究法，还有问卷法等。这些研究成果似乎已经将高校博物馆讲解员的培养方式阐述得很透彻了，我们借鉴那些建议或意见，或许可以改善某一高校博物馆讲解员队伍的现状，促进高校博物馆育人功能的发挥。但由于高校博物馆所处地域不同、所属高校发展情况不一、发展水平参差不齐，所以在培养讲解员时也同中有异、异中有同。那么，高校博物馆的讲解员应该如何培养？范围再小一点，例如地处民族地区的高校博物馆讲解员应如何培养？研究者也注意到了这个问题。如宋才发以中央民族大学民族博物馆为例，阐述了民族博物馆讲解员讲解的方式、需注意的礼仪规范、需具备的基本素养等问题。[1]这些分析的确对培养讲解员有很大裨益。然而问题是，在前人提出的培养高校博物馆讲解员办法的基础之上，对于民族地区地方高校博物馆而言还有没有其他的一些切实可行的措施呢？

当前，大部分地方高校博物馆存在管理机制紊乱、办馆理念固化、功能定位不明确等问题，[2]黔南民族文化展览馆作为地方高校博物馆之一，同样存在这些问题，[3]而且黔南民族文化展览馆所在院校是贵州省地方院校中升本最早的学校。因此，它的发展对贵州省其他地方院校博物馆以及其他民族地区地方高校博物馆的发展具有较大的借鉴意义。基于此，本文以黔南民族文化展览馆为例，再谈此类高校博物馆讲解员的培养策略。

---

[1] 宋才发：《民族博物馆讲解员的素质及规范探讨》，《吉首大学学报（社会科学版）》2011年第1期，第163—167页。

[2] 秦炜棋：《"文化融"视域下地方高校博物馆理念重塑与跨界转型——以百色学院博物馆为例》，《百色学院学报》2019年第5期，第130—133页。

[3] 许英：《贵州地方高校博物馆铸牢中华民族共同体意识的实践与探索——以黔南民族文化展览馆为例》，《中国民族博览》2022年第8期，第199—201页。

一、黔南民族文化展览馆讲解员队伍概况

黔南民族文化展览馆（以下简称"民展馆"）的讲解员队伍由馆内老师和学生组成，但以学生为主。每年的新生在民展馆接受入学教育时，讲解员在老师的安排下招募"新鲜血液"。有意向的学生领取填写报名表，等待面试。面试由民展馆管理者组织并实施，通常是一位面试老师和两位学生讲解员配合完成面试工作。面试的内容主要包括面试者的形象（仪容、仪态等）、普通话、少数民族语言能力、试讲等。因面试者人数少、讲解员流动性大等原因，一般情况下，只要来参加面试的都会通过面试。面试之后，以"以老带新"和个人自学为主、老师辅助的方式进行讲解培训。培训期为一个月，结束后，讲解员们着馆内布依族、苗族、水族、瑶族等民族的服饰进行现场考核。考核通过后，当有参观接待时，老师根据各位讲解员的课余时间随机分配；学生讲解员都有课程时，由馆内老师负责讲解。

民展馆的学生讲解员中，每年一般有4—5名老生讲解员，8—9名新讲解员，但经常参加讲解活动的不超过5名。在性别方面，以女生讲解员为主，有男生讲解员的概率很小。以2010年民展馆招录讲解员的情况为例，收到报名表13份，有2名男生报名；参加面试者9人，1名男生参加面试，4人放弃；考核结束后，1名男生主观认为自己不适合做讲解工作而决绝退出，只剩余8名讲解员。

此外，民展馆也有激发学生积极性的奖励方式：或通过学校的勤工助学岗位，为学生提供一定的生活补助；或为优秀讲解员颁发证书；或为讲解出色、踏实肯干的学生开具服务证明，以为其增加实践学分。

需要补充说明的一点是，民展馆也会通过田野调查、参观其他博物馆等方式加强讲解员的解说能力。当然，这种方式是随机的，不是习惯性做法。以近五年的情况为例，该馆分别于2018年和2019年对讲解员开展了田野考察培

训。[1]例如该馆老师于2018年3月带领讲解员赴凯里市红岩村、三江村调研当地民俗文化;当月,还去了黔南州博物馆和黔南州民族博物馆参观学习。[2]

二、黔南民族文化展览馆讲解员队伍存在的问题

从上文可以看出,民展馆作为高校博物馆的一员,同样存在没有明确的管理规章制度、没有系统的培训体系、学生讲解员流动性大、服务意识差等问题。[3]除此以外,民展馆还存在学生讲解员招募方式单一的问题。我们按照问题的主体归属对这几个问题做一分类,"没有明确的管理规章制度""没有系统的培训体系""学生讲解员招募方式单一"等是一类,"学生讲解员流动性大""服务意识差"等是一类,这些问题的主体一是管理者,二是讲解员本身。下面,笔者从管理者、讲解员两个方面入手对这些存在的问题作分析。

从管理者的角度分析。民展馆属于黔南民族师范学院的教辅单位民族研究院管理,而民族研究院的工作内容包括办公室工作、文献资料、文化产业、各类基地建设〔国家民委人文社会科学重点研究基地(培育)贵州少数民族文化传承发展研究中心、贵州省民族古籍研究基地、贵州省科普教育基地、贵州省高等学校人文社会科学研究基地地方民族文化与教育研究中心等〕工作,以及民展馆、科研工作等,在岗工作人员每年4—6名不等,处于"粥多僧少"的状态,民展馆的管理者也经常更换,而且往往只有一名老师管理民展馆。在这种情形下,对于管理民展馆的老师来说,要求只有一点:只要能够招录到讲解员,经简单培训可以自如应对各类观众就可以了。另外一方面,在工作量允许的情况下,囿于专业背景、专业能力等因素,管理者虽是摸着石头过河,但如前文

---

[1]《我院带领展览馆讲解员赴绕河村考察培训》,https://mys.sgmtu.edu.cn/info/1055/1396.htm,2019年12月9日。
[2]《创新工作思路,提升服务水平》,https://mys.sgmtu.edu.cn/info/1049/1263.htm,2018年3月20日。
[3] 刘馨:《高校博物馆讲解队伍现状及发展对策》,《市场研究》2019年第2期,第66—67页;彭洁:《高校博物馆学生讲解员管理工作存在问题及对策——以西安航空职业技术学院航空馆为例》,《知识经济》2017年第7期,第131—132页。

所述，他们也在想方设法提高学生讲解员的综合素养。从以上两个方面，我们不难理解民展馆管理者有心无力的艰难处境。

从讲解员的角度分析。民展馆虽然有不成文的激励机制，但是因该馆开具的志愿服务证明在加实践分时所占分值太小，所以很多新讲解员在透彻地了解到获得更高实践分的渠道后就退出了。学生讲解员流失的原因还有校外实习、复习考研考工作等。[1]

三、培养策略

虽然黔南民族文化展览馆培养讲解员存在的问题主体有两个，但是假如有规范健全的管理方式引导、吸引讲解员，他们很可能会积极主动地履行讲解职责，所以主要的责任归属应是管理者。那么，管理者应如何立足该馆实际，建设培养一支有高校特色的讲解员队伍呢？

1.建章立制，落地生根

不以规矩，不能成方圆。讲解员的培养亦是如此。有研究者已对高校博物馆的讲解员从招聘、选拔、培训、管理等方面做了详细的梳理或提出了建议。如在招聘时可通过校园网站、校园微信公众号等渠道加大宣传力度，可争取二级学院的支持，可在其他社团招新时设摊招聘等；[2]在选拔时要成立工作小组，经初试、复试等环节；在培训时要对其进行藏品知识、讲解技能、礼仪规范、综合素养等方面的培训；[3]在管理时可建立学生讲解员个人档案、形成总结学习

---

[1] 毕然、宋刚:《高校校史馆学生校史讲解员管理工作微探》,《科技风》2021年第28期,第139—141页。

[2] 刘海霞:《对高校博物馆学生志愿讲解员工作的思考》,《江苏工程职业技术学院学报》2017年第2期,第87—89页。

[3] 朱凤林、王丽柑、蓝文面:《地方高校博物馆学生讲解员培养探析——以玉林师范学院桂东南历史文化博物馆为例》,《桂林师范高等专科学校学报》2021年第5期,第39—44、64页。

制度、定期考核等；[1]除了要学习这些具体的做法，还要将这些做法制定成相关的规章制度，如《讲解员招聘办法和管理条例》《讲解员培训制度》《讲解员奖惩制度》《优秀讲解员评选办法》，等等。《教育部办公厅关于加强高校博物馆管理工作的意见》也强调要细化完善管理办法，依法办馆。[2]例如中南民族大学民族学博物馆制定了《中南民族大学民族学博物馆科普志愿者服务章程》《中南民族大学民族学博物馆科普志愿讲解员仪表及讲解礼仪规范》《中南民族大学民族学博物馆科普志愿者奖励管理办法》等制度以加强管理。[3]

"落地生根"是指让规章制度切实运转起来，实实在在地发挥作用。所谓"令在必信，法在必行"，规章制度更应如此。有研究表明，相对完善规范的制度能够在一定程度上提升讲解员的业务素质。[4]中南民族大学民族学博物馆不仅对讲解员进行规章制度、礼仪规范教育，[5]还鼓励讲解员参加讲解比赛，如第四届国家民委系统科普讲解大赛[6]、2021湖北省科普讲解大赛等比赛[7]，以此来激励讲解员的讲解热情，提升讲解员的讲解水平和综合素养。已有研究也表明，恰当的激励机制能够调动人的主观能动性，[8]激励人热爱工作、不断学习

---

[1] 陈理娟：《高校博物馆讲解员队伍特色化建设路径探讨》，《文博》2015年第1期，第76—81页。
[2] 教育部办公厅关于加强高校博物馆管理工作的意见，https://cgm.haut.edu.cn/info/1103/1497.htm，2019年11月12日。
[3] 中南民族大学民族学博物馆制度汇编，https://www.scuec.edu.cn/mzxbwg/bgzc.htm，2020年3月1日。
[4] 常慧：《新时期加强博物馆讲解员管理工作的一些思考》，《中国民族博览》2018年第11期，第231—232页。
[5] 《我馆召开本学期志愿讲解员工作会议》，https://www.scuec.edu.cn/mzxbwg/info/1005/1631.htm，2021年10月19日。
[6] 《我馆志愿讲解员谭可欣喜获第四届国家民委系统科普讲解大赛二等奖》，https://www.scuec.edu.cn/mzxbwg/info/1005/1665.htm，2021年5月24日。
[7] 《我馆志愿讲解员在2021年武汉市科普讲解大赛中荣获佳绩》，https://www.scuec.edu.cn/mzxbwg/info/1005/1644.htm，2021年7月21日。
[8] 张科：《外语教学模式与高职英语教学探究》，《成人教育》2011年第11期，第118—119页。

进步。[1]

2. 吸纳成员，优化管理

目前，很多高校博物馆的讲解员队伍不仅包括学生讲解员，还有院系教师等兼职人员和专职外聘人员。黔南民族文化展览馆也可以招募一些校内在职教师和退休教师做兼职讲解员，他们时间相对灵活自由、知识储备丰厚、阅历丰富，既可以壮大讲解员队伍，又可以作为学生讲解员的培训教师。这也就是说，我们要拓展讲解员招聘渠道，使讲解队伍多元化。[2]

同时要合理有效利用资源，强化学生讲解员的管理。民展馆可以和宣传部（黔南民族师范学院的校史馆和五星思政广场归属该校宣传部管理，也有一批讲解员队伍）联合建立一支讲解员队伍或者成立讲解团（学生社团），一方面可为双方招募到形象气质佳、讲解能力更强的讲解员，为更好地宣传高校文化、传承民族文化奠定基础；另一方面这是优化利用资源的做法，可缓解双方管理讲解员的压力。如凯里学院于2012年3月正式组建凯里学院解说团，主要负责该校校史馆、生态馆、苗侗博物馆的解说工作。[3]同时，可以在讲解团或讲解员队伍中选拔具有管理能力的学生担任团队的管理者，[4]既可辅助团队老师的工作，又能增强学生的主人翁意识。有研究者认为，主人翁意识是一种精神气质，是人的自主意识和主观能动性，可以增强责任感，促使其茁壮成长。[5]

3. 双语培训，打造特色

民展馆陈列有布依族、苗族、水族、瑶族、毛南族等民族的藏品，很多

---

[1] 陈远方：《图书馆基于ISO11620标准的动态绩效考核探析》，《图书馆理论与实践》2014年第1期，第17—20页。
[2] 陈理娟：《高校博物馆讲解员队伍特色化建设路径探讨》，《文博》2015年第1期，第76—81页。
[3] 凯里学院解说团简介，https://www.kluniv.edu.cn/xcb/jst.htm，2021年11月2日。
[4] 沈桂凤、倪东鸿：《高校校史馆讲解员团队激励策略——以麦克利兰需求理论为视域》，《文物鉴定与鉴赏》2021年第7期，第143—145页。
[5] 曾勇：《高职教师专业自主发展主人翁意识养成研究》，《职教论坛》2014年第14期，第31—33页。

观众都会饶有兴趣地提问，涉及较多的是民族语言问题，特别是水族的语言文字。这就要求讲解员必须具备一定的少数民族语言文字知识，至少要掌握一门少数民族语言，能够认识或书写少数民族语言文字。民展馆招录的大部分讲解员是少数民族学生，会说一些简单的日常用语，但是具体到某一藏品信息时就会出现一时语塞或如鲠在喉的现象。黔南民族师范学院建设有双语服务基地，有布依族、苗族、水族等民族语言的专家，民展馆可以将双语培训纳入讲解员培训项目，提升讲解质量，尽可能地满足观众的需求，打造特色讲解员队伍。

语言文字是文化的载体。加强讲解员的少数民族语言文字能力，不仅可加强少数民族语言文字的保护和传承力度，还对传承和保护民族传统文化、增进国家认同感、铸牢中华民族共同体意识有积极意义。[1]

4.夯实基础，提升素养

夯实基础，提升素养指的是展馆老师和讲解员应该努力加强自身的专业性，丰富讲解内涵。前文提到，展馆老师往往身兼数职，专业性不强，但这是外在因素，内因才起决定作用。因此，首要应解决的是内涵问题。

那么，展馆教师的专业素养体现在哪些方面呢？宋娴等认为场馆教师应具备的专业素质包括专业知识、专业技能、专业理念等三方面，专业知识包括博物馆学知识、学科知识、观众相关知识、教育学知识、科学史哲类知识、传播学知识、展品相关知识等，专业技能包括管理能力、研究能力、创新能力等实践必需能力和学习能力、团队协作能力、抗压能力、沟通表达能力、感染力等辅助实践能力，专业理念包括职业道德、职业认同、责任感等职业精神和批判性思维、主动性、反思等职业态度。[2]这为展馆教师专业素养的提升提供了理论依据，也是展馆教师努力的方向。学生讲解员的专业素养同样也包括三方

---

[1] 程燕、肖奚强：《粤北世居瑶族母语保持现状及策略研究》，《江淮论坛》2022年第3期，第173—179、193页。
[2] 宋娴、罗跞、胡芳：《基于扎根理论的场馆教师专业素质特征实证研究》，《教师教育研究》2019年第5期，第87—93页。

面。一是讲解知识。讲解员要在熟记讲解词的基础上梳理清楚每件展品背后的故事，将藏品内涵学通学透。二是讲解技能，包括语言能力、沟通能力、应变能力等。[1]三是讲解意识，包括责任意识、奉献意识、爱国主义意识、服务意识等。[2]

然而，内涵提升不是一蹴而就的，需要不断积累、不断内化。首先，教师和讲解员需要认真学习相关专业知识，逐步提升知识素养；其次，需要积极主动地投入工作中，积累实践经验；最后，展馆需要组织专业培训、外出交流学习等活动，取长补短。

四、结语

讲解员作为博物馆和观众沟通的枢纽，与博物馆教育功能的释放效能有直接关系。本文通过黔南民族文化展览馆讲解员的管理实践，在前人研究的基础上分析了症结，提出了具体的建议。黔南民族文化展览馆作为民族地区地方高校博物馆的一员，在建设讲解员队伍时既要遵循或借鉴一些共性经验，如规范选拔、培训流程、强化管理，制定规章制度，使讲解员队伍有章可循，也要避免"千馆一面"，要在挖掘、创新展馆特色上狠下功夫，例如双语培训等，通过讲解员将其直接呈现给观众。同时，博物馆教师和学生讲解员等博物馆人要努力提升专业素养，使博物馆发挥更大的潜力和能力。

本文的研究加深了对民族地区地方高校博物馆培养讲解员存在问题的理解，补充和拓展了民族地区地方高校博物馆培养讲解员的途径，同时也对民族地区地方高校博物馆的博物馆人的努力方向有重要的启示意义。然而，本文的研究也存在一定的局限性。第一，本文仅以贵州地方高校博物馆其中之一作为

---

[1] 肖芳：《试论博物馆讲解员应具备的职业素质》，《大众文艺》2019年第9期，第69—70页。
[2] 钟华：《新时期博物馆讲解员应具备的素质浅析》，《文物鉴定与鉴赏》2017年第8期，第119—121页。

案例，案例的范围有一定的局限性，未来的研究应该开展多案例研究，扩大范围，收集其他民族地区地方高校博物馆的数据，增加研究的深度和科学性。第二，本文的研究数据是从研究者的角度采集的，受个人认知、知识素养等影响，未免会使研究结果有较强的主观性。未来的研究可以采用访谈法、参与式观察法等研究方法，对管理者、讲解员、观众等进行深度了解，进一步探索更有效的培养路径，增加研究的客观性。第三，受自身研究能力所限，本文的研究还较浅薄，后来者可以就此研究问题开展更有深度的研究。同时，为提高培养建议的有效性，还可以对民族地区地方高校博物馆的培养机制进行效果评估。

博物馆讲解工作的思考

杨娇

（贵州傩文化博物馆）

摘　要　博物馆作为文物与标本的重要收藏与存储场所，承担着社会教育以及国民综合素养提升的重要功能，对国家发展以及社会稳定有着极大的影响。随着中国人民物质生活需求与文化素养的增强，越来越多的人愿意进入博物馆接受传统文化的影响和熏陶，进而让自身精神需求得到满足。这就得不断提升博物馆的讲解服务能力，高质量落实讲解工作势在必行。基于此，本文以博物馆讲解工作特征为立足点，对博物馆讲解工作的实施策略进行分析。

关键词　新时代；博物馆；讲解工作

馆内讲解是现代博物馆工作中的一个重要组成部分，同时也是理论和实践相结合的一个方面，如何借助讲解工作，对标本和文物进行全面的挖掘和文化的表达，是一门相当大的学问。丰富的内涵，体现了新时代下的博物馆呈现出鲜明的科学性和高质量发展。目前，博物馆既贴近生活、贴近群众、贴近实际，又有特殊感染力和魅力。继承中华优秀传统文化，传承民族精神，也是各个博物馆工作者的责任。责任重大，使命重大。博物馆工作者需要全面把握这一使命，明确讲解工作需求以及重点，提升讲解工作服务质量与水平。

一、博物馆讲解工作的特点和重要性

1.博物馆讲解工作的特点

博物馆中的文物是一个"黄金名片",它是不可再生的文化资源,它是一种全面承载本地历史文化、灿烂文明和维系中国传统的精神载体。解说工作,主要是解读和讲述,是博物馆最主要的社会教育功能。"点、线、面"的融合是新时代博物馆解说工作中要注重的工作思路。"点"是馆内的一个重要陈列,"线"是指展品之间存在的关联性,"面"则是指需要表达的主题内容。点、线、面的有机融合,其实就是讲解员依托需求,寻找不同展品之间的关联性,重点讲解展品存在的亮点,以此来表达展览主题与重点,这也是新时代讲解工作的主要特征。[1]

一方面,新时代博物馆讲解并不是简单说明与描述博物馆展厅陈列的各类藏品,也不是照本宣科式进行简要说明,而是在全面讲解展品内涵的同时弘扬中华民族文化,践行社会主义核心价值观。在讲解时需要全面发挥出文物具备的文化内涵,以优秀传统文化引领社会风尚,让中国文化软实力能够持续增强,扩展陈列展览的传播力和影响力。[2]

另一方面,讲解工作存在直观性。虽然博物馆陈列展览的藏品都配有相应的文字与图片说明,可引导观众欣赏,但是,不同类型的陈列展览说明难以让不同文化水平的观众需求都得到满足。受到空间以及展品的约束,有些内容难以全面表现。而真正对观众产生魅力的仍旧是文物与标本的直观鉴赏,在此基础上再配合直观讲解工作,可以让观众深入了解与学习。

2.博物馆讲解工作的重要性

正确的指导思想与理念有着密切关系,而理念常常会结合形势与工作需

---

[1] 杨梅:《对博物馆讲解工作的几点建议——以嘉峪关长城博物馆为例》,《丝绸之路》2021年第2期,第111—115页。
[2] 郝军霞:《新形势下博物馆讲解工作的思考》,《卷宗》2021年第12期,第62—63页。

求出现改变。现阶段，科技与全球经济一体化，政治与文化多元化发展局面逐步形成，为文博工作发展带来极大挑战，这就需要改变过往工作模式与思想理念，依托新时代发展要求进行理念革新。[1]特别是博物馆，其不仅承担着文物、标本收集与整理工作，更承担着科学研究及知识宣教等重要任务。若是一些优秀的标本或者文物只是被收藏入库，而没有展现出应有的文化价值，那么，与普通物品并没有较大差异。《博物馆工作条例》中明确指出，博物馆是中国文化发展的重要内容，它是指标本科学研究机构，是文物的收藏与宣传教育机构。这也说明，博物馆的宗旨是利用展览的语言、其他多种辅助表达工具，将馆藏文物、标本的研究全面带入展厅，为观众传达爱国主义意识、科学文化知识、社会主义观念，不断提高人民的文化程度。因此，在博物馆的工作与发展中，讲解工作十分重要。

3.博物馆讲解员与导游员的区别

从工作角度进行分析，博物馆讲解工作本质就是为观众介绍各种文物，传递文化与历史知识，而导游工作本质则是全面帮助游客解决基本出行问题，知识分享与传递只是一个单纯的伴随性内容。[2]从服务对象与内容角度分析，博物馆通常将参观者称为观众，有个人以及团队两种模式，两者存在流动性大与临时性强的特征，讲解及服务内容一般需要围绕着博物馆的展陈进行，形式较为单一，讲解服务时长比较短，服务地点以展厅为核心，具备优异的社会教育以及素质教育功能。导游员服务对象则主要为景区游览者，一般被称为游客，游客大部分都是自由行游客，服务时间相对比较长，服务地点可以涉及众多不同地区。

---

[1] 帕丽巴克·激浪：《对博物馆"小小讲解员"培训工作的几点思考——以新疆维吾尔自治区博物馆为例》，《文物鉴定与鉴赏》2021年第4期，第123—125页。
[2] 孙民：《文物讲解在博物馆工作中的重要性与艺术性探究》，《商情》2021年第50期，第161—163页。

二、博物馆讲解工作的现状

1.讲解人员专业素养有待提升

大部分博物馆都蕴藏着大量文化知识，这必然对讲解员的专业水平以及素养提出更高要求，需要其树立一个"为人民服务"的讲解意识。讲解员可以利用生动形象的语言内容以及讲解技巧来吸引参观者，达到传播文化知识的目的。不过，部分博物馆工作人员具备的宣讲水平相对较低，讲解人员综合素养不够优异，讲解过程中"照本宣科"以及"千篇一律"的情况经常可见，可能会降低观众的参观兴趣。

2.观众结构的复杂

在博物馆开放政策正式实施之后，越来越多的观众愿意进入博物馆进行参观学习，这使博物馆的观众结构出现根本性的转变，讲解人员在实施讲解的过程中，可能会面对专业领域、年龄结构各不相同的参观人员。并且随着人民群众文化意识的增强以及文化素养的提升，传统讲解模式已经很难适应观众需求。因此，在今后的讲解中，需要实施个性化、有针对性的讲解工作。[1]

3.讲解内涵不足

现阶段，各个文物与标本的讲解词基本上是统一制定的，在内容上存在新意与深度不够的情况，难以有效、全面地回答观众的临时提问，只是枯燥实施讲解工作。这就造成观众在博物馆参观时，对讲解员所传达的内容只是被动接受，理解与掌握不够，更不能深入感受到文物真正具备的魅力，难以给人留下印象。

4.讲解设备有待完善更新

随着新时代到来，方便观众的现代化设备与科技越来越多，给博物馆带来的影响不断加大。但现实中，部分县市级博物馆内部讲解设备更新力度并不

---

[1] 吴丽娜：《"筑梦海塘，志愿服务我先行"——杭州海塘遗址博物馆志愿者工作的实践与探索》，《文物鉴定与鉴赏》2021年第7期，第137—139页。

高，仍旧采用传统设备实施讲解，难以全面展示时代发展的特征。此外，博物馆内部智能化导览讲解设备较为缺乏，仍采取单一的语音讲解方式，可能会使讲解效率受到影响。

三、博物馆讲解工作的方法

（一）开拓创新，增加活力

1. 讲解语言的创新

在讲解活动中，讲解员需要做好讲解语言的创新与改善。一是对不同层面的观众采取不同的语言讲解方式，通过生动有趣的讲解，让各个层次的观众都可以感受到文物、标本具备的历史魅力，使其树立自信，全面投入到社会建设任务当中。二是可以在语言讲解中适当融入幽默用语，让讲解过程更加生动有趣、催人向上，以此来吸引参观者的注意力。

2. 讲解模式的创新

在新时代下，博物馆需要积极改变过往的讲解模式，与观众进行高质量的互动交流，给观众话语权。一是在讲解工作开始时，引导观众表达出对展品的不同理解，展现观众参观时的真实感受与想法，让其可以对博物馆的展品产生较为深刻的记忆。[1] 二是要与观众进行情感互动，结合观众类型与需求，选择差异化的讲解模式，以此来获取观众的认同。

3. 展示形式的创新

结合经济与科技的需求，积极升级与改进博物馆讲解设备和设施，配置更多现代化、性能优异的设备，让博物馆文物展示可以多元化。可以在博物馆完善电子导览讲解设备，设置无线自动感应、数码按键等各种方式引导观众使用。讲解设备的语音由专业播音人员录制，当中配置文字、影像以及动画等媒

---

[1] 余艳雯：《试论讲解服务工作在文博事业发展中的重要性》，《参花》2021年第4期，第69、70页。

体形式。使用者在博物馆内只需要利用手机等终端设备扫描二维码，就可以收听语音导览解说，欣赏实时图片及文字。同时，还可在博物馆配置专业的投影仪器等设备，由讲解人员结合投影仪展示文物并进行讲解，提高博物馆的讲解质量。

4.个性化讲解

讲解时，需要全面分析与研究观众类型，结合不同观众的需求采取不同类型的讲解服务。一是面对普通观众，讲解需要保证讲解词通俗易懂，能够让他们在休闲、娱乐的状态下学习文物知识，增长见识。二是面对专业观众（此类观众往往与学术考察、研究有密切关系），实施讲解服务时，需要深层次介绍文物内容，尽量使用专业术语讲解，描述与之相关的历史知识、细节，全面展现本博物馆的专业水准和文化内涵。三是面对领导观众，在讲解服务中，要严格把握讲解时间，明确需要重点讲解的内容，在最短时间内传达尽可能多的知识。

（二）充分了解和吸收讲解知识

1.培养多元化讲解队伍，开展丰富的讲解活动

博物馆作为社会服务机构，在对外开放中都会配置有专业讲解队伍。但随着科普教育工作的广泛开展，馆内观众日益增多，接待任务更加繁重。有限的解说队伍显然很难满足大众的需要。因此，解说团队的系统化和科学化管理需要培养，同时志愿者队伍也能够循序渐进走上解说岗位，以得到多层次、多数量的讲解员。例如，充分吸收退休后有专业经验和工作热情的专家作为志愿者，请他们对现有的讲解队伍进行知识培训，不地改进和优化现有的讲解文本，也请其在固定时间为大众进行专业讲解。此外，可以组织开展"小志愿者"培训教育活动，针对大学志愿者以及其他年龄段学生志愿者实施培训教育，介绍展厅特色，以及语音表达、语音词汇、讲解知识、形体仪表等。培训结束后引导小志愿者们持证上岗，让他们再为同年龄段学生进行讲解。

2. 充分了解展厅的设计理念，呈现整体印象

博物馆作为文物与标本的主要收藏与存储场所，其内部展厅设计、排列情况是由众多专家以及专业工作人员仔细分析与研究后得出的最佳方案，知识体系十分严谨。并且从博物馆、众多藏品当中挑选出的展品，也具备丰富的审美性和科研价值，若是要想让观众可以在比较短时间内对博物馆展厅的主题和各类展品的价值有一个全面的了解，使大家对展品的印象更加深刻，就需要讲解员对展览的概念进行清晰的概述，为参观者勾勒出一个整体的轮廓，并对展品进行集中讲解。我们要把博物馆整体当作一幅灿烂、优美的图画，为观众呈现。

（三）提升讲解员职业素养

1. 讲解员业务知识量要过关

由于博物馆特殊的文化环境，讲解员要储备大量知识，也就是要做到"专"和"博"。"专"是指讲解员的理论知识要专业，其言论要与史实相一致；"博"，则是指讲解人员的文化底蕴要深厚，这也是讲解员组织资料能够发挥自如的根本所在。不过要想保证讲解员拥有此类素养，博物馆就必须要积极实施培训与教育工作：需要针对讲解员实施系统化、专业化的管理，首先，能够在一个固定时间段内组织讲解人员展开学习，制定初级、中级与高级等不同等级考核标准，以此让讲解队伍素质不断提升。其次，讲解者需明确把握新时期学科研究的思路和成果，把讲解与学术综合起来，接收全新的信息知识，以此来保证博物馆可以树立一个"与时俱进、推陈出新"的形象。同时，讲解人员要自主展开学习与研究，通过不同学习平台，掌握各种与文物有关的信息，积极参与到职业培训教育中，"向观众学习、向书本学习"。

2. 规范礼仪，陶冶道德情操

观众前往博物馆，接触最多的就是藏品、展厅以及相关服务人员。其中藏品与展厅较为固定，可服务讲解人员是多元的。他们长时间与观众接触，对于观众而言有极大的影响，是博物馆的"形象代言人"。因此，讲解人员的言行

举止以及道德情操需要重点关注，比如保证吐字清晰，采取多样化的声音模式来增强感染力，用熟悉、简短、具体的字词来吸引观众注意力，让其可以拥有深刻感受与良好体验。

3.勤学多练，提高写作水平

如果说讲解人员是文物与观众间的桥梁，那么讲解词就是建设桥梁的砖石。讲解人需要结合讲解工作的基本要求和讲解的效果，不断提高讲解词写作水平，也可积极参考其他博物馆文物展示以及讲解词写作的优点，持续提升写作质量，让讲解词的知识传播功能得以全面发挥。

总之，在新的发展形势下，博物馆讲解员要根据实际的讲解需要，掌握时代的发展需要和观众的需求，大胆创新、刻苦钻研，更好地完成博物馆讲解工作。

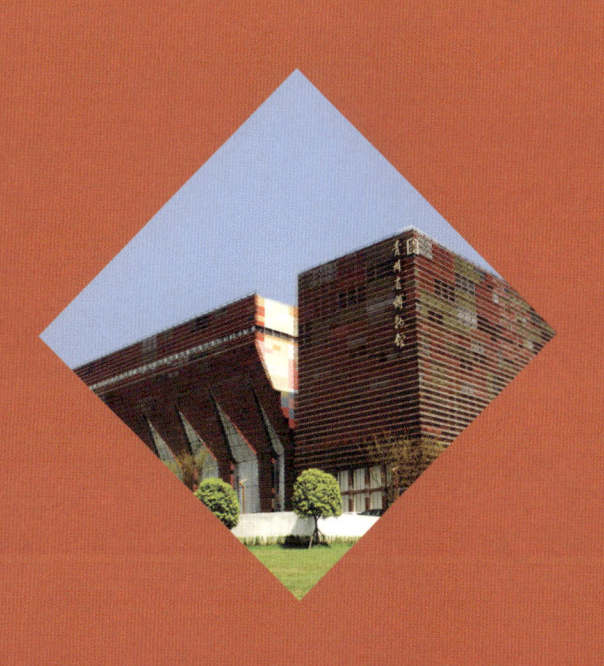

文博发展

大数据是贵州实施乡村振兴的利刃

——基于贵州省博物馆参与乡村振兴工作的思考

吴一方

（贵州省博物馆）

摘　要　本文基于贵州省博物馆参与乡村振兴工作的思考，指出大数据不仅在产业兴旺上大有文章可作，同时在社会治理、医保社保方面也在发挥着重要作用，是贵州实施乡村振兴的一柄利刃。

关键词　大数据；贵州；乡村振兴

20世纪六七十年代，有人曾托名明代刘伯温言："江南千条水，云贵万重山。五百年后看，云贵胜江南。"从贵州来说，"十三五"期间，贵州省委省政府紧扣"八要素"，科学精准制定施工图，舞动指挥棒，走出一条产业发展助推脱贫攻坚、接力乡村振兴的新路子。2020年，贵州经济继续保持高速增长模式。全省农林牧渔业总产值4358.62亿元，比2019年增长6.5%，排位全国前列。其中，种植业总产值2781.8亿元，增长7.7%；林业总产值293.66亿元，增长8.2%；畜牧业总产值1019.01亿元，增长2.8%；渔业总产值61.09亿元，增长6.4%。农林牧渔专业及辅助性活动总产值203.05亿元，增长5.8%。全省规模以上农产品加工企业1217家，省级重点龙头企业1176家，农民专业合作社65221个。目前，贵州茶叶、刺梨、蓝莓、李子种植面积全国第一；辣椒产加销全国第一；食用菌裂变式发展，迈入全国食用菌生产第一梯队省份；贵州朝天椒获批立项，列入2020年全国优势特色产业集群建设名单；太子参产量占全国需求量40%，初具全国定价权。

贵州"胜江南"，胜在得天独厚的气候资源，胜在到处是金山银山的生态环境，胜在连年经济的高速增长模式，胜在"黔货出山"。而所有这一切，与大数据的发力密不可分。贵州省博物馆作为贵州省文化和旅游厅下属公益一类事业单位，承担有脱贫攻坚与乡村振兴的职责，近十年，相继派遣人员赴铜仁市万山区、碧江区、德江县参与脱贫攻坚和乡村振兴工作。本文以此为例，通过理论研究，探讨大数据在贵州实施乡村振兴过程中的作用。

一、大数据融合农业产业发展，实现农产品提质上档

贵州有着优越的气候条件，年平均温度16.0℃，2020年空气优良天数比例达99.2%，没有受到污染的空气和土地，不仅物种多样，产品也是健康环保。但因贵州是全国唯一没有平原支撑的农业省份，农业产业不大，农产品质量参差不齐，生态效益并没有转化为经济效益。大数据的应用实现了农业产业种植模式的升级，有力带动农业产业转型升级，提质上档。

1.农产品安全溯源

安全溯源系统通过大数据溯源，督促农业企业在生产管理时做到安全规范；可使消费者知晓农产品的生产、加工、销售过程，从而放心购买和食用。贵阳市率先推动76家省级以上农业产业化重点龙头企业实现农产品可追溯。2018年8月10日，贵州科学院与乌当区政府签订合作协议，由贵州科学院出资100万元、乌当区政府匹配50万元，共计150万元，建设乌当区农产品质量安全追溯体系"一库两平台"（即乌当区农产品生产主体信息大数据库、乌当区农产品质量安全追溯认定平台、乌当区农产品质量安全监管信息化管理平台）。是贵州大数据"七朵云"工程中"食安云"在县区一级的第一套示范性技术，承担纳入体系的农产品的追溯认定，实现农产品"从田间地头到餐桌"的安

全追溯。2019年，有40余家企业、110多个农产品纳入该体系。目前，仅贵阳市在该系统上线的精品水果生产企业、基地已达100余家，涉及猕猴桃、葡萄、桃等10个精品水果品种，可追溯面积超过10万亩，占全市果树总面积的16.46%，为打造"贵阳精品水果"品牌提供了很好的助力。

同时，贵阳市建成"果蔬生产管理信息服务平台"，实现"生产数据分析""产地准出管理""检测数据自动上传""标签自动打印"等功能，形成食品安全追溯体系，给产品装上了"绿色身份证"。通过大数据技术和农村电商的不断发展，贵阳市农业生产已实现精细化、智能化，贵阳市农特产品在市场竞争中更具活力。

铜仁市大力开展农产品质量安全专项整治工作，继续实施国家地理标志保护工程，建立完善蔬果、茶叶、畜产品等特色农产品质量安全追溯体系，建立健全国家农产品质量安全追溯管理信息平台。录入平台的生产经营主体有1016家。

万山区推动全区农产品质量安全追溯系统接入国家平台，使用全国统一的农产品质量安全追溯标识，加大追溯信息线上监控和线下监管力度，做到源头可溯、过程可控、流向可查、实时监管，全区农产品质量安全监督抽查合格率保持在98%以上。

黔南州深化国家农产品质量安全县、国家农产品质量安全州创建，健全农产品质量安全追溯体系，推广应用国家农产品质量安全追溯平台，逐步实现农产品全过程追溯。

2. 农产品品牌认证

通过对农产品的地理标志保护、无公害产品、有机产品、绿色产品等认证，保证消费者买到货真价实的农产品。

铜仁市大力推进试行食用农产品合格证制度，已开具食用农产品试行合格证39384张。2020年，共完成食用农产品抽检3237个，种植业产品监督抽检2233个，禽蛋和水产品抽检1004个，检测合格率均为100%。全市认证绿色食品23个，有机农产品109个，农产品地理标志保护产品10个。

万山区积极引导企业开展"二品一标"认证。目前，全区共有25家专业合作社、24家公司获得无公害产地证书，认证面积15.4万亩，其中蔬菜5.96万亩，水果4.15万亩，食用菌0.81万亩，油料作物4.48万亩；认证无公害农产品产地25个，其中蔬菜认证产品5个，水果认证产品7个，粮油认证产品1个；无公害农产品认证12个，有机认证8个，全区已通过无公害认证的水果经营主体9个，认证品种3个，认证面积达2.4万亩，有机认证1个。畜产品、水产品产地产品共认证了25个；有机产品认证9个，正在申请绿色食品认证3项。

黔南州推行产品合格证制度，从源头上严格监控产品质量，全面提高农产品质量安全监管水平。

3.农产品标准化生产加工

以大数据为平台，用统一的标准对农产品的生产加工过程进行监控，确保农产品质量。随着大数据等新型技术手段的广泛普及，贵阳市先后在精品水果、马铃薯、茶叶生产基地试点开展农业大数据应用，推广部署环境实时监测系统，实现环境实时感知和控制，提升便捷化、精准化生产管理水平。全市茶园面积达28万亩，投产茶园24.9万亩，建成茶园10万至20万亩县1个，万亩茶园乡镇10个，万亩茶园村5个，建成出口茶、有机茶、特色茶、茶资源综合开发利用等专用基地10余万亩，茶叶类省级现代高效农业示范园区3个，规模连片效应初步突显。引进清洁化初加工线100余条，精制加工线10余条，抹（碾）茶生产线3条。掌握红、绿、白三大茶类加工工艺和抹茶生产技术，涉足黄、青、黑茶生产，有力提升了茶叶加工水平，产品的品类、品种、产量得到质的飞跃。培育壮大了一批茶叶龙头企业，目前已有茶叶生产企业、合作社139家，形成了大中小并举的茶叶加工集群，其中不少茶企利用大数据技术与智能装备，推动传统的茶叶加工向机械化、标准化、清洁化、智能化方向发展。从2018年开始，为做好质量和品质控制，贵茶集团陆续建设了"贵茶联盟"大数据管理系统、动态质量管理数据库和ERP生产数据系统，明确质量、安全和品质关键控制点，实现动态监控与智能生产，以及茶叶从田间到茶杯的全程质量与安全控制。大数据"基因"的植入，让贵阳的茶园越来越绿，贵阳茶香味越来越浓。

万山区制定了规范的地方标准体系与综合生产技术规范，大力推广农业标准化生产，深入实施质量兴区战略，全区产业示范基地率先全面推行农业标准化，提升农业生产标准化水平。

二、大数据融合农产品销售，拓宽黔货出山渠道

农业产业与大数据的融合碰撞，创新了农产品的销售模式。

1.电商平台如雨后春笋

松桃苗族自治县结合全县电商发展实际，立足于"引进来、送出去、自起炉灶"的发展思路，与本县产业发展大局及精准扶贫部署实际相结合，强化对接、实争项目、力拓市场、精心谋划，积极推动以"政府搭台、企业唱戏、三大支撑、四轮驱动"为总体思路的"互联网+县域特色经济"的松桃电商发展模式，让"松货"出山，让群众致富，让政府增收。截至目前，松桃苗族自治县完成县级电商服务中心建设1个，县级物流中心建设1个，引进第三方培训或孵化企业1家，完成网货供应商6家，成功孵化网商10家。成功打造乡镇物流配送代办点47个，覆盖全县4个乡镇。确定电子商务发展主体企业7个。建立和开通"苗家购""邮乐购""淘宝""优产地""黔邮乡情""中国社会扶贫网"等网络销售平台，大力发展网上直销，产品远销北京、上海、广州、长沙、贵阳等地。松桃苗族自治县围绕市场产品需求，以农产品外销倒逼供应链体系提质增效，着力构建农产品市场需求与贫困村贫困人口之间便捷、畅通、高效的产销流通渠道，拓展电商销售平台。加大电子商务发展主体的培训和扶持力度，整合农业、扶贫、供销等资源，开展电商培训55期2932人次，其中建档立卡贫困人口培训547人次，带动贫困人员就业创业1630人次。此外，充

分利用邮政、供销联社、阿里巴巴农村淘宝等已有网点和公共资源，升级改造了135个农村电商服务站点。黄桃、百香果、猕猴桃等绿色优质产品深受江西、广东、上海、重庆、江苏、贵州等省市消费者青睐。

普定县充分利用"黔货出山""安货入青（岛）"等契机，2020年以来先后3次前往山东青岛等地开展农产品宣传推介，并在青岛崂山设立普定特色农产品销售专柜。与广东、上海、江苏、浙江、江苏、江西等省外市场建立了长期合作销售体系，推进韭黄进机关、进医院、进校园、进企业等。同时依托普定县企业在省外开设的直销店、电商办及县普润公司等销售平台，加大本县农特产品销售力度。充分利用好国家级电子商务进农村综合示范县的契机，借助淘宝、京东、贵农网、厂家网等知名电商平台，推动农产品销售。截至目前，已建成1个县级电商运营中心，110个农村电商服务站点，5个物流配送网点，培训电子商务从业人员2100人次，构建"网上交易，网下配送"的产销对接模式。主动对接贵州蔬菜集团，在"黔菜网"开设普定专区。通过开设普定特色馆、直播带货、"中国农民丰收节"、首届电商年货节、"双十一"等多途径、多渠道宣传销售普定农特产品。2020年3月通过市长直播带货平台，助销普定农特产品一次性发货12万元。

清镇酥李作为国家地理标志保护产品，是清镇市农业产业结构调整发展中的优势产业。仅新店镇而言，酥李种植面积达1.5万余亩，占全市总面积的42.86%；年产量近7000吨，占全市总产量的45.31%。清镇市政府联合互联网及全媒体平台以"黔货出山，助农增收"为突破口，搭建各类网络销售平台，致力将清镇酥李打造成为全国知名品牌，实现清镇酥李品牌价值和销量的提升，带动产业发展，实现农民增收。仅2018年，清镇酥李借助互联网渠道，线上共销售3000余单，线上线下联动销售清镇酥李共计60余万斤，销售额达300余万元，带动建档立卡贫困户170余户310余人。

贵阳市坚持融合创新，奋力推动农村电商发展。一是农村电商网络服务体系初步形成。全面实施新农村现代流通服务网络工程，加快构建农村电商网络体系，建成632个"农村电商便民服务站"。二是积极开展电子商务进农村综合示范县建设。清镇市、修文县、乌当区、白云区、开阳县、息烽县6个国家级、省级示范县（区）共完成农村电商服务站建设380个，建成电子商务示范乡镇5个、示范村5个、示范网点64个。清镇市完成177个行政村电商服务和快递网点的建设，覆盖率达97%，通过电商渠道将刘姨妈黄粑、鸭池河酥李、红枫湖葡萄、翁林旮旯鸡等一批农特产品成功推广到全国各地。三是继续利用南明区永乐村、花溪区黔陶村、开阳县穿洞村、乌当区谷定村、息烽县立碑村等村淘（农村淘宝）资源，统筹推进农村创业创富，进一步促进农村电商创业脱贫，帮助农村通过电商致富，有效增加当地农民的收入，提升农民的生活水平。

黔南州建立完善全州农业物联网公共服务平台，构建大数据、云计算、互联网、物联网技术为一体的现代农业发展模式。深化农产品产销对接，拓展省内市场、东部市场和"黔货出山进军营"三大市场。

2018年12月26日，农业农村部信息中心、中国经济信息社、贵州省农业委员会、遵义市人民政府联合，在遵义市新蒲新区虾子镇中国辣椒城，上线发布了遵义朝天椒（干椒）批发价格指数，客观反映出遵义朝天椒（干椒）批发价格走势。持续开展遵品入京、入沪、入渝、入深、入广，和农超对接、农校对接及农产品进机关、进社区等展销推介活动。率先在全省组建电商公司，与淘宝、京东、邮乐网等合作搭建"特色中国·中国供销遵义馆"平台，其中"淘宝·特色中国"开通遵义馆、余庆馆、湄潭馆、习水馆、绥阳馆、桐梓馆、务川馆、正安馆8个特产馆，使遵义市成为"淘宝网·特色中国"栏目中开馆最多的地级城市。

除了在种植、加工环节，大数据还在销售环节助力贵阳茶实现精准营销，提升知名度和影响力。2019年，全市实现干茶产量1.49万吨，产值达29亿元，产品远销欧美，享誉海内外。

2. "云上""云下"联动构建智慧物流

贵阳农产品物流园是贵州省交易品类最齐全的国有农产品综合交易市场，也是贵州首个数字化、智慧化的农产品批发市场，每天进出物流园的车辆有8000辆左右，蔬菜和水果每日交易约4000吨，每天的交易额超过3000万元。园区规划用地866.45亩，建筑规模69.52万平方米，总投资34亿元。拥有建筑面积8万平方米、库容10万吨的大型冷库，全国技术最先进的供配中心，200余辆生鲜直通车，建成了贵州首个实现对供应链、园区、O2O交易、支付结算等全过程进行智慧化管理的大数据平台——智慧农批云平台，能够对进入物流园的农产品进行安全溯源，并为商户提供了线上交易渠道，同时还能根据系统内商户商品交易量、交易金额、诚信经营状况、园区贡献度等运营数据，生成相应的信用分，园区将根据信用分为商户提供各项金融服务。智慧农批云平台的建成，不仅提高了园区的管理效率，降低了管理和物流成本，还能有效保障农产品的安全、高效流通，同时通过销售数据指导农产品的种、养规模，减少资源浪费，让整个物流体系变得更加"智慧"。

2020年5月25日，传化智联中国智能物流大数据（贵阳）中心正式启动。该中心以大数据赋能区域物流，建成后将提供数据可视化分析与数据挖掘应用等，为区域供应链及行业供应链发展提供新动能。同时，贵阳市还引导星力百货集团与"盒马鲜生"合作发展新零售，引导"京东到家"与贵阳市沃尔玛、永辉超市、北京华联、合力超市等线下店铺开展合作实现社区配送，线上线下一体化发展，为居民提供更优质的购物体验。

三、结语

如上可见，大数据不仅在产业兴旺上大有文章可作，同时在社会治理、医保社保方面也在发挥着重要作用，是贵州实施乡村振兴的一柄利刃。但我们应清醒地认识到，大数据在贵州的应用方兴未艾，发展也是不平衡的。如毕节市农村电子商务发展缓慢，成为一二三产业融合的短板。近年来，尽管随着毕节市农业大数据园区的建立，农业信息化有了长足发展，但服务于"三农"的公共信息平台数量仍显不足，农民对电子商务不了解，对电商服务农民、促进农业产业化和农村经济发展中的作用不清楚，大量农产品仍以传统销售方式为主，全市网上交易的农产品才刚刚起步。因需求信息不对称，销售手段落后，导致部分农产品滞销甚至烂掉，损失不可估量。

又如黔西南州在参与粤港澳大湾区蔬菜产业发展方面存在不足，一是企业参与积极性不高。部分原因是黔西南分中心尚未启动，周边的粤港澳大湾区菜篮子生产基地产品未能实现在平台上的流通，体现不出预期的效益，对其他企业和基地缺乏带动和引领。同时，企业在申报过程中需提供指定承检机构的检测报告，产品送检费用由企业自行承担，一些企业不愿送检。二是申报成功的企业在基地管理和平台使用方面有待完善和加强。根据粤港澳大湾区菜篮子办公室相关工作要求，生产基地需要在平台上完善相关工作信息，但是由于部分企业缺乏相关人才，不能及时有效地处理相关事务，导致系统信息完成度不高，有待加强。诸如此类，针对企业积极性不高的问题，政府和企业可联手在农产品生产流通等平台上建立统一的机制，为企业的入驻发展运营提供地方性支持，在政策上为其提供尽可能的帮助。同时加强统一平台的管理和联系，完善产业链上的信息服务平台的建设。

"雄关漫道真如铁，而今迈步从头越。"贵州在"十三五"期间克服重重困难，完成了艰巨的"脱贫攻坚"任务，奉献了"贵州精神"，为党和人民交上了一份满意的答卷。对于乡村振兴，大数据的应用仅是"小荷才露尖尖角"，其潜力十分大。

[参考文献]

[1] 段超木，邹林，吴一方. 农业产业与大数据融合碰撞 销售模式创新"黔货出山"路宽[N]. 贵州日报，2022-3-31(13).

智慧博物馆应用探析
——贵州高速服务区建设小型智慧博物馆的可行性探讨

苏肖雯

（贵州省文化和旅游厅纪检监察组）

摘　要　本文旨在通过交文旅融合背景下在贵州高速服务区建设小型智慧博物馆的可行性研究，将深度挖掘和活化贵州文物价值、讲好贵州故事结合起来，深入探讨如何运用新技术新手段，将旅游产业、文化产业融入交通服务当中，主动对接经济社会文化发展需求，打造贵州特色文化展示窗口，促进交文旅多领域融合发展，不断为公众提供高品质文化产品和体验服务，助力多彩贵州民族特色文化强省和旅游强省建设。

关键词　智慧博物馆；文物活化；贵州故事；交文旅融合；贵州高速服务区

一、智慧博物馆与传统博物馆的区别

智慧博物馆与传统博物馆的最大区别，就是"活"字，核心是以"人"为本。众所周知，传统博物馆是以"物"为重，往往受限于场地、技术、展陈能力等因素，所能展示和提供的文物量都相当有限，大量的藏品不仅没有机会展出，更无提供给大众去体验和感知的可能，极大制约了博物馆具备的社会教育和文化传播功能的有效发挥。智慧博物馆的出现，首先打破传统博物馆对藏品展陈的时空限制，既利用多媒体和虚拟现实技术，在实体展馆之内搭建数字化多媒体展厅，实现传统展览不具备的数字化藏品现场展示，又依托互联网，搭建在线虚拟展馆，实现藏品的在线展示；其次，综合运用动作系统、三维引擎等技术，变传统的静态空间为新的动态互动空间，让大众能够自然地融入空间的一部分；最后，是对传统博物馆进行的彻底革命，让静态文化遗产在巧妙的互动之中焕发勃勃生机，在文明的传承、碰撞、创新之中讲述好文物故事，让"到博物馆去"成为社会新风尚，让更多的人不是在博物馆就是在去博物馆的路上。

归根到底，建设智慧博物馆的初衷和使命，就是想让文物"活"起来，文物不再只是挂在墙上或摆在陈列柜里死板的展品，而是依托物联网、云计算、大数据、人工智能、5G等科学技术，通过运用声、光、电、图像，搭建起更加全面、深入和广泛的互联互通，突破可见的单一性，全面激发大众所有感官，充分调动视觉、听觉、触觉、感觉，多层次多角度地让文物变得立体、生动，达到既可观可听、又可触可鉴、可知可感、可玩可乐的境界；再加上，利用抖音、快手、微信、微博等新媒体平台的宣传优势，不断提高与大众的互动性、黏合度，适时推送博物馆信息，挖掘文物的历史价值的同时，激活文物的时代价值并拓展文物的产业价值。比如，法国卢浮宫率先进行藏品数字化利用，早在2004年，就将馆内公开展示的3.5万件藏品及13万件馆藏绘画在互联网上展示；为了方便各国观众网上浏览3D虚拟参观项目，网络界面还采用了法语、英语、西班牙语和日语四种语言版本。[1]

二、智慧博物馆和贵州高速服务区发展现状

1. 智慧博物馆

2008年11月，IBM公司向世界推出了一个新概念——智慧地球（Smart Planet），其具体特征为：更透彻的感知、更全面的互联互通、更深入的智能化，随之带动了智慧城市的建设热潮。2012年4月，IBM正式宣布与巴黎卢浮宫博物馆合作，开始建设欧洲第一个智慧博物馆。

---

[1] 李姣、洪海：《"智慧"让文物活起来》，《光明日报》2019年4月14日，第12版。

而中国智慧博物馆建设具体内容和发展思路的初步提出，始于国家文物局2012年组织的重点课题"中国智慧博物馆建设可行性研究"。2014年，国家文物局确定成都金沙遗址博物馆、甘肃省博物馆、苏州博物馆、内蒙古博物院、四川博物院、广东省博物馆和山西博物院七家博物馆为国家智慧博物馆首批试点单位，标志着我国博物馆正式进入智慧博物馆建设阶段。[1]自此，中国博物馆开启了对智慧服务、智慧保护、智慧管理应用模式的探索之路。

经过这些年的试点建设，智慧博物馆的概念已越来越深入人心，并且在全国文博界有了较大影响力。现阶段，我国已逐步建立了基于统一化资源平台的博物馆智慧化数据库系统，越来越多的博物馆开始利用感知定位与个性化导览、多媒体平台、AR、VR、AI等数字化技术和设备，为大众提供丰富多彩的、满足人性化的、全景式体验服务。从2016年人工智能讲解员"敦煌小冰"正式上线，到2022年虚拟数智人"艾雯雯"入职国家博物馆——智能服务方面的大力开发与运用，让大众可以在文物中尽情畅游，体验"文物就在眼前、文物就在身边"的独特魅力，从走近文物、了解文物，到实现与文物之间的轻松"对话"和深入互动。

然而，智慧博物馆的建设不是一蹴而就的，尤其是2020年新冠疫情暴发以来，全球博物馆行业发展遭受重大挫折，国内博物馆的大多数展览也被迫从"线下"转到了"线上"。在这种大环境下，智慧博物馆的发展是机遇与挑战并存。机遇是与世界接轨，不断输出优秀的中华文明，努力实现中国2035年基本建成世界博物馆强国的战略目标；挑战是要培养起一大批既懂博物馆业务又懂信息技术的高端复合型人才，不断攻克新技术，高效利用资金，掌控新技术和经济成本之间的平衡。

2. 贵州高速服务区

目前，贵州高速服务区按照"一区一特色、一区一品牌"的创建思路，围

---

[1] 余一、易嘉琪：《智慧博物馆发展路向何方？》，《收藏·拍卖》2022年第4期，第28—35页。

绕乡村振兴战略，大力实施服务区经营品牌升级和"最美高速·助力脱贫"计划，综合利用土地开发建设文化形象展示综合体、交通文化旅游融合发展综合体、黔货出山销售综合体、大美黔菜体验综合体和物流运输集散综合体，推动"高速公路+文化""高速公路+旅游""高速公路+扶贫"深度融合，打造公路沿线配套产业带及"特色+综合体"服务区，初步得到了省内外广大司乘人员的肯定和点赞。但是，随着人民群众对出行服务需求的不断提高，特别是贵州省全域文化旅游的快速推进，2021年2月习近平总书记在视察贵州时对贵州发展提出的总体要求，省委省政府围绕"四新"主目标，提出了"四化"主抓手，旅游产业化作为"四化"之一，还没有与传统交通充分融合。也就是说，传统交通与文化旅游深度融合发展还存在诸多不足，比如资源开发不够、功能服务单一、市场运作传统、辐射带动不足等。

2022年，《国务院关于支持贵州在新时代西部大开发上闯新路的意见》（国发〔2022〕2号）（以下简称"新国发2号文件"）为贵州文化旅游注入发展新动力：支持培育创建国家级文化产业示范园区（基地）、国家文化产业和旅游产业融合发展示范区。加快优秀文化和旅游资源的数字化转化和开发，推动景区、博物馆等发展线上数字化体验产品，培育一批具有广泛影响力的数字文化和旅游品牌。

不仅有"新国发2号文件"对贵州文化旅游的大力支持，在2022年贵州省《政府工作报告》中，也强调要"加快推进旅游产业化""着力提振服务业""深化'旅游+''+旅游'，积极发展休闲度假康养、山地体育旅游、文化体验、乡村旅游等融合业态。深入开展'文明在行动·满意在贵州'活动，维护贵州文旅良好形象"。

这一系列的利好政策对贵州省加快推进交通、文化、旅游产业化，奋力实现大旅游大提质必将起到巨大的推动作用。

三、贵州高速服务区建设小型智慧博物馆的意义

反观贵州省内当前高速服务区的发展现状,在推进交通、文化、旅游产业化的路子上,还没有起到很好的促进作用,无法跟上服务区已由单一功能向商业综合体转变的发展趋势。与过去相比,人们需要更加复合和生动的消费体验,服务质量一般、同质化严重、没有跟上公众现代化需求的服务区满足不了大众出行个性化的需求。

为了解决既有问题,更好地认清形势、顺势而为,迫切需要挖掘一个拿到贵州省外可以对标大槐服务区和常州芳茂山服务区,在省内可以赶超"平塘·天空之桥"服务区的建设有特色智能博物馆的高速服务区。这个高速服务区应该成为贵州文化旅游服务名片,它不仅是高速路公共服务的窗口,更是区域城市对外开放的形象;对周边经济社会文化发展形成强有力的带动,能够充分发挥综合联动效应;其消费业态的升级将带来"贵州服务"品牌整体商业价值的提升,甚至有可能对贵州整个文旅市场带来前所未有的影响。

关于这个高速服务区建成后的实证研究,将进一步阐释什么是交文旅融合,如何高质量融合,如何在交文旅融合的大背景下最大程度地实现小型智慧博物馆的推广应用。其借鉴意义,是那些希望依托智能化迭代升级的大型博物馆,也能通过小型博物馆的策展设计和运营模式来掌控运用新技术与控制经济成本之间的平衡;是那些没有海量客流的服务区,也能通过对现有服务区的改造提升来实现刚性需求的有效挖掘;是那些还没能更好融合交文旅来做大做强的服务业,也能通过大数据调研、业态整合、开阔思路来重新布局自己的商业版图。

四、交文旅融合背景下,如何实现"交通+小型智慧博物馆"

1.深入学习利好政策,精确定位项目内容,最大程度发挥政策推进作用

紧扣"新国发2号文件"和《"十四五"文化发展规划》精神,对大旅游、

大数据融合、文化产业等服务性产业的创新发展打开新思路，交通运输部门要紧紧围绕"四新"主攻"四化"，推动高质量发展总要求，抢抓交通运输部批复贵州省交旅融合试点重大机遇，充分吃透、利用、发挥好国家层面上一系列利好政策对贵州交通运输产业、文化产业、旅游产业融合发展起到的政策推进作用；主动作为，在创新开发打造了全国交文旅融合示范项目"平塘·天空之桥"服务区后，找准高速服务区定位，积极带动全省建成一批交文旅融合样板工程。

中国自古有驿道，驿道上有驿站，就相当于我们现代社会的高速公路和高速服务区。驿道和高速公路作为经济发展的必然产物，高速服务区的定位也随着经济社会文化的不断发展，从简单满足加油、休息、如厕等需求，变为逐渐满足大众高品质、多样化服务的需求。

许多中小城市会在周边大城市的高铁站或者机场人流量密集的地方进行城市及旅游宣传，以期能为城市快速招揽游客，但往往忽视了地方高速服务区对于地区形象的导流作用。据资料显示，在全域旅游的拉动下，目前通过高速公路到达景区的游客占到了90%，其中自驾人数占到50%。[1]

2. 结合高速服务区实际和博物馆需求，从服务交通大局、策展引流出发，制定切实可行的小型智慧博物馆建设方案，力争形成小型智慧博物馆的"贵州样板"

"没想到博物馆都搬到高速公路上来了，在服务区就能看到渡海战役等解放战争时期的历史文物，很惊喜。"在中国大陆最南端高速——湛徐高速徐闻服务区，由50余件渡海作战珍贵文物组成的路上"红色博物馆"让过往司机和乘客穿越时空，回到那段激动人心的岁月，见证着先烈们艰苦的战斗历程。[2]

---

[1] 姚雨蒙：《高速公路服务区C位出道指南》（https://www.qianzhan.com/analyst/detail/329/210303-42e2472a.html）。

[2] 王丹阳：《红色博物馆"上路"圈粉——沿着高速看广东红色资源，"红色之窗"等你来打卡》，《羊城晚报》2021年5月4日，A03版。

湛江的最大特色是革命历史底蕴浓厚，拥有着宝贵的红色文化。那我们贵州呢，最能迷魂夺魄的当数贵州文脉、民族传承和山水形胜。在省内，要配套建设有小型智慧博物馆的高速服务区，定位必然是复合功能型高端服务区，成为贵州旅游服务名片、贵州特色文化展示中心。该服务区应具备自我商业驱动迭代的良性发展能力，能够不断丰富并提升大众的贵州体验，是贵州文化宣传、贵州旅游推广、贵州服务质量提升的对外展示窗口。

对于这类小型智慧博物馆的投资，不一定非得是国有的，要积极寻求相关政策的支持推动，大力引导民间资本和社会力量广泛参与。如果是非国有的，可以探讨将某些非国有博物馆同样纳入博物馆质量评价体系之中，促进产生较大的社会、经济、文化效益。在技术条件允许、投资规模合理的前提下，小型智慧博物馆的展陈面积最好能达到4000平方米，可以"黔美时光"为主线，设置不同展馆，穿插讲述贵州自然风光、文化历史、民族风情、非遗民俗、特色美食等等。

3. 不断加强策展能力、丰富观展体验，提升小型智慧博物馆的馆藏文物保护能力，定期更新数字文化内容供给，实现集聚效应和辐射目的

作为高速服务区内的小型智慧博物馆，最大特点是"小而精"。既然是要打通交文旅的脉络、为交文旅服务，那么，首先自然是对策展能力的考验。策展能力的强弱，直接影响到人流量持续性和能否变现的问题。

习近平总书记在2013年12月30日中共中央政治局第十二次集体学习时，强调"系统梳理传统文化资源，让收藏在禁宫里的文物、陈列在广阔大地上的遗产、书写在古籍里的文字都活起来"。因此，要在高速服务区全力打造一个集"视、听、感、知、玩"为一体的小型智慧博物馆，把多种静态保护和活态传承的文化遗产都囊括进去，让人们可以听听芦笙、箫笛、侗族大歌，穿穿虚拟的民族服饰，沉浸式置身贵州山水之中，试试激情的山中漂流，摸摸牙舟陶、大方漆器，研学一下竹编、剪纸、蜡染、陶艺，再捎点文创特色产品，最后点击一下贵州导览图，寻找深度游览贵州文化的探秘之境。从博物馆出来，还可以去馆外的餐饮休闲区，品品酸汤鱼、肠旺面、牛肉粉。让更多的人开车上路、关注文化遗产、参与出行观展——通过横向整合文化资源，最大程度地扩展外部产业链和客户链，实现价值链的有效提升，发挥集聚效应和达到辐射效果。

让这场邂逅在贵州高速服务区的博物馆之旅，变成一场活色生香、观之有趣、食之有味的文化盛宴；让高速服务区逐步由过去的路过地转变为旅游目的地，去高速服务区兜风、打卡、逛博物馆成为人们生活中的常态微旅行；让外地游客对贵州独一无二的文化旅游资源心生向往，并付诸实践去亲自发掘贵州文化旅游宝藏，镌刻贵州记忆。

五、结语

在贵州高速服务区建设小型智慧博物馆，是交文旅优势元素深度集成的重要体现，是历史文化遗产与现代生活场景碰撞的有利产物，是贵州美学和文化赋能的精妙再现。希望有一天通过贵州高速服务区小型智慧博物馆这一空间载体，大家都能体验到"把贵州带回家"的感觉，让"贵州故事"深入人心。

革命纪念馆融入地方发展的路径探究
——以四渡赤水纪念馆的实践为例

曹行燕

（四渡赤水纪念馆）

摘　要　本文以四渡赤水纪念馆的实践为例，探究革命纪念馆融入地方发展的路径。四渡赤水纪念馆建馆以来，始终围绕"文化兴镇，文旅富民"的发展思路，以主人翁的责任和担当，主动融入地方发展。建成四渡赤水博物馆群，推动地方文化建设和红培产业发展。坚持以事业推动产业、以产业反哺事业的理念，带动地方文旅产业发展和革命老区群众脱贫致富，让一个没有特色支柱产业的纯农业乡镇，闯出了一条"文化兴镇"的可持续发展道路。本文从四渡赤水纪念馆助推地方发展的探索和实践中，窥见一座革命纪念馆通过以点带面的形式，助推革命老区振兴发展的文化力量。

关键词　文化力量；老区发展；文旅富民

新时代的革命纪念馆在文化传承、公共文化服务、社会教育、文化产业发展等领域发挥着重要力量，越来越得到社会各界的关注和重视。革命纪念馆作为博物馆的重要组成部分，承担着传承民族精神和开展爱国主义教育的重任，但革命纪念馆大多建在偏远的革命老区，在发展中长期处于劣势。革命纪念馆如何利用好文化资源，助推革命老区发展和振兴，让曾经为中国革命做出贡献的老区人民过上小康生活，是新时代革命纪念馆的新课题和新责任。

四渡赤水纪念馆从建馆之初，一直秉承"文化兴镇，文旅富民"的发展思路，始终坚持以事业推动产业、以产业反哺事业的发展理念，深挖文化资源建设四渡赤水博物馆群，编制土城古镇的保护规划，率先垂范地带动地方文旅产业发展，开展红色教育培训实践，牵头深入村寨开展脱贫攻坚，充分发挥革命纪念馆的社会职能和文化力量的优势，全力融入到地方的发展中，让一个没有特色支柱产业的纯农业乡镇，闯出了一条"文化兴镇"的可持续发展道路。

2022年国际博物馆日主题为"博物馆的力量"，笔者以地处黔北小镇的四渡赤水纪念馆为例，从文化挖掘保护利用、文旅产业示范带头、红色教育培训实践、帮扶革命老区群众脱贫等方面的实践路径与方法中，窥见一座革命纪念馆通过以点带面的形式，融入地方发展，助推革命老区振兴发展的文化力量。

一、深挖文化资源，推动文化事业发展

遵义市习水县土城地处贵州西部，古时因赤水河航运交通便利，成为川盐入黔的重要码头和集散地，素有"川黔锁钥"之称。20世纪80年代，陆路交通快速发展，土城失去了航运的发展优势，逐渐衰退成一个缺少支柱产业的纯农业乡镇，处于当地经济发展的边缘化位置。

"清悠悠的赤水河，光秃秃的山，几根枣子树，几棵大麦柑。"这首民谣正是土城当年贫穷落后的真实写照。如何破题，寻找到一条适合土城可持续发展的路，成为地方党委政府的大事、难事。2002年1月，土城镇党委提出，习水是四渡赤水战役的主战场，应筹建四渡赤水纪念馆，发展红色旅游。

土城镇计划筹建四渡赤水纪念馆传播红色文化，利用土城古镇发展旅游，助推地方发展的工作思路，得到习水县委县政府的支持，批准四渡赤水纪念馆作为土城镇人民政府的股级机构，四渡赤水纪念馆有了正式的"身份证"。

经过两年的努力，一个粗放式的"四渡赤水纪念馆"开馆了（图一）。初创的四渡赤水纪念馆十分简陋，陈列的说明文字是复印机放大打印的，图片是大小不等的冲洗照片，地图是喷绘制作的，数十件实物存放在像商店柜台一样的玻璃柜里，质朴地诉说着一个个感人的故事。但这个简陋的四渡赤水纪念

图一　2005年，四渡赤水纪念馆（旧馆）开馆揭幕仪式

馆得到了很好的社会反响，曾在土城口口相传的英雄故事，终于有了"落脚之地"。

2005年，习水县委县政府提出加强土城红色文化挖掘，提升四渡赤水纪念馆展览内容和形式的决定。这次展览提升得到了县委的高度重视，划拨了经费，派出专人广泛收集资料，深入调查征集展品，请了布展公司进行设计，经过两个月时间，顺利完成了展览的提升工作。试运行时，时任中国人民解放军国防大学校长的裴怀亮将军，率数百名将校军官学员参观后，给予了"把四渡赤水讲得很清楚"的高度评价。

四渡赤水纪念馆展览提升后，对革命老区的发展起到了一定的推动作用，到此参观的游客络绎不绝。但展厅面积小、陈列形式单一的短板很快显现出来，无法满足观众日益增长的文化需求。重新建一座高质量的四渡赤水纪念馆，全面展示四渡赤水战役，得到省、市、县政府的高度重视。

四渡赤水纪念馆一边着手筹建四渡赤水纪念馆新馆，一边组织申报四渡赤水战役革命遗址文物保护单位，一边聘请北京大学的教授编制土城红色旅游景区修建详规。

2006年5月，土城的12处红军四渡赤水战役旧址被列入第六批全国重点文物保护单位。同年8月，土城被建设部（今住房和城乡建设部）、国家文物局共同授予"中国历史文化名镇"称号。11月，中共中央办公厅批准在习水县土城镇重建四渡赤水纪念馆。一个个好消息，成为土城文化事业快速发展的"助推剂"。

四渡赤水纪念馆新馆建设被列入遵义市的重点文化项目推进，解放军后勤工程学院负责四渡赤水纪念馆建筑设计、遵义会议纪念馆研究员费侃如撰写陈列大纲、清华大学美术学院教授洪麦恩主持陈列设计、清华工美担纲陈列布展工程，各项筹建工作高标准地推进着。

经过两年多的紧张筹建，2007年7月9日，真正意义上的四渡赤水纪念馆终于建成（图二），填补了四渡赤水战役没有专题纪念馆的空白。

图二 四渡赤水纪念馆（新馆）

　　四渡赤水纪念馆建成后，收藏、展示、社教、研究等职能工作，摸索着开展起来。刚建成的那些年，土城交通不便、旅游设施不完善、景点单一，旅行社在线路规划上容易忽略，或是按过路站点规划，游客停留时间短。四渡赤水纪念馆对地方旅游产业的带动效果，并没有预期的那般好。

　　四渡赤水纪念馆通过认真调查研究，分析面临的难题，提出以红军长征四渡赤水文化为重点，地域文化和古镇文化为补充，建设四渡赤水博物馆群，提升地方文化旅游内涵，助推革命老区文化产业发展的思路。

　　经过十年的发展，女红军纪念馆、红军医院纪念馆、中国工农红军第九军团陈列馆、毛泽东与四渡赤水陈列馆、朱德与四渡赤水陈列馆、耿飚长征陈列馆、贵州航运博物馆、赤水河盐文化陈列馆相继建成开放，极大地丰富了土城的文化内涵，得到了社会各界的一致好评。这也是四渡赤水纪念馆建成十年来，深挖红色文化、历史文化、地域文化，推动地方文化传承交出的一份优异答卷。

四渡赤水博物馆群的蓬勃发展,在土城引发蝴蝶效应,当地政府及知名企业也大力在古镇上建设博物馆。春阳岗酒窖博物馆、宋窑博物馆、习酒博展馆、贵商文化陈列馆、土城国际艺术中心、土城十八帮文化体验馆等相继建成开放,一个个纪念馆、博物馆成为土城最美的文化景观,像一颗颗美丽的珍珠,温润着土城这座千年古镇,让一度衰退的土城焕发出了新的生机。如今,土城建成了以四渡赤水纪念馆为龙头的"博物馆小镇",远近闻名,成为贵州一张亮丽的文化名片。

2021年,贵州省文化和旅游厅在《贵州省"十四五"文物保护和科技创新规划》中,提出将重点打造长征纪念馆群,支持习水等有条件的地方打造博物馆群,形成布局合理、特色鲜明的贵州博物馆发展体系。通过20年的探索和实践,土城实现了从建一个馆到一个馆群,再到一个博物馆小镇的飞跃发展。目前,土城的文化资源得以保护利用,影响力和知名度不断提升。无疑,文化才是老区发展的最佳路径和驱动力。

二、率先垂范,带动老区文旅产业发展

四渡赤水博物馆群建成后,如何把文化资源转换为推动地方发展的驱动力,如何带动地方文旅产业发展,成为四渡赤水纪念馆较长一段时间里的重要工作。

其一,把红色文化资源转换为教育资源,助推地方红培(红色教育培训)事业"火"起来。为把红色资源利用好,把红色传统发扬好,把红色基因传承好,四渡赤水纪念馆依托丰富的文化资源优势,探索性地针对党员干部、企业、青少年、部队等群体开发教学课程,通过现场教学、专题教学、访谈式教学等形式,尝试性地开展革命传统教育和爱国主义教育,得到社会各界的一致认可。(图三)

图三 小学生在四渡赤水纪念馆接受青少年爱国主义教育

依托四渡赤水博物馆群的文化资源优势，四渡赤水教学服务中心、四渡赤水研究中心等红色文化教育培训机构应运而生，开发了互动式、访谈式、体验式、交流式等多种形式的教学课程，打造了"四渡赤水及其蕴藏的思想与智慧""体验四渡赤水·实现出奇制胜""永远的女红军""歌声中的红色记忆"等一批精品课程。

2019年，四渡赤水纪念馆累计接待游客223.68万人次，接待干部培训班381批次17120人，研学旅行72批次21794人，实现了红色教育各个年龄段、各种群体的全覆盖。四渡赤水博物馆群的文化资源促进了土城教育培训事业的发展，带"火"了土城的红培产业。

其二，把文化资源优势转化为发展优势，带动地方百姓"富"起来。四渡赤水博物馆群影响力与日俱增，观众和游客逐年增多，但土城的旅游"六要

图四　滋州府客栈

图五　红运楼外景

图六　"乐客来"餐馆

图七　"王豆花"小吃店

图八　"我在土城等你"咖啡吧

素"发展较慢，导致游客到土城吃饭、住宿难。四渡赤水纪念馆提出以事业推动产业、以产业反哺事业的发展理念，成立了四渡赤水旅游开发有限公司、四渡赤水旅行社，担负起发展文化产业的带头示范作用，率先在古镇上打造了红运楼、岸上大院等精品客栈，带动古镇酒店、客栈的发展。出资帮助七户居民在古镇上开设特色餐馆，满足游客的用餐需求，带动古镇餐饮业的发展。租赁门面在古镇上经营茶吧、酒吧、咖啡吧、土特产专卖店等，带动和引领更多的古镇居民投身旅游业，助推地方旅游产业发展，完善古镇旅游功能（图四至八）。

四渡赤水纪念馆建馆时年不足10万人次的参观量，2019年猛增到年223.68万人次的参观量，增长了22倍。"红色旅游+"带动了当地客运、餐饮、住宿、食品加工等行业的迅猛发展，游客中心、停车场、美食街、赤水河谷自行车步道等旅游配套设施日益完善，当地群众在家门口吃上了"旅游饭"，生活过得红红火火。

多年来，四渡赤水纪念馆始终坚持以事业推动产业、以产业反哺事业的发展理念融入地方发展，成为革命老区文化经济发展的建设者、参与者、引领者，推动老区文旅融合发展，让"红色旅游+"成为革命老区产业发展的助推力，让一个无特色支柱产业的纯农业乡镇，闯出了一条"文化兴镇"的可持续发展道路。

三、创新社教模式，让红色基因代代传

社教工作是纪念馆发挥教育职能的重要渠道，更是连接观众、服务群众的桥梁。四渡赤水纪念馆建馆以来，不断地探索和创新社教新模式，提高社教水平。2011年，四渡赤水宣讲团和四渡赤水艺术团相继成立，旨在结合时代精神和社会需求，开展革命传统教育和爱国主义教育工作（图九至十三）。

自宣讲团、艺术团成立以来，年开展社教活动约260场次，这两支由纪念

图九　四渡赤水宣讲团走进杨得志红军小学

图十　四渡赤水宣讲团走进习水虹顶社区

图十一　四渡赤水宣讲团走进村庄1

图十二　四渡赤水宣讲团走进村庄2

图十三　四渡赤水艺术团在《长征组歌》音乐会上的演出

馆工作人员和志愿者组成的队伍，充分挖掘当地红色文化资源，以史实和时代精神为题材，开发诗歌、歌曲、舞蹈、小品、情景剧、快板等形式多样的社教内容。把四渡赤水博物馆群作为主阵地，以"进企业、进农村、进机关、进校园、进社区、进军营"六进活动为抓手，通过喜闻乐见的形式，把红色文化的种子播撒在边远的村寨、小巷深处的社区、大山深处的校园。这种深入基层的文化活动、群众喜闻乐见的形式，赢得当地群众的普遍赞誉，他们称赞四渡赤水纪念馆是习水红色文化传承的排头兵、习水公共文化服务的主力军。2016年，遵义市委将四渡赤水纪念馆开展的"六进"活动写进市委文件，并在全市推广。

2018年，四渡赤水纪念馆提出"七进四送双服务"的社教模式，开展了党的十九大精神专题宣讲、脱贫攻坚政策宣讲、红色文化进村寨等富有时代精神价值的教育活动，把党的政策精神、红色故事、文化惠民活动，送到革命老区群众的家门口，让红色精神融入到百姓心里。

2018年1月，四渡赤水艺术团被中央宣传部、文化部（今文化和旅游部）、国家新闻出版广电总局（今国家新闻出版署和国家广播电视总局）评为第七届全国服务农民、服务基层文化建设先进集体。2021年，四渡赤水宣讲团被中央宣传部评为"2021年全国文化科技卫生'三下乡'活动优秀团队"。

多年来，四渡赤水纪念馆始终坚持传承红色基因的社会职能，结合群众对文化的需求，不断创新社教模式，通过重点对象与全员覆盖相结合的形式，把文化惠民活动深入社会各界，为革命老区的文化建设和传播做出了较大贡献。

四、勇担社会责任，助力老区脱贫振兴

2015年11月，习近平总书记发出"坚决打赢脱贫攻坚战"的伟大号召，四渡赤水纪念馆勇担社会责任，积极响应，第一时间在馆里成立了脱贫攻坚工

作组，从组织领导、工作责任、问责制度等方面进行了全面部署，确保脱贫攻坚各项工作和政策措施落到实处，打赢扶贫攻坚这场输不起的"战争"。

四渡赤水纪念馆的两任馆长分阶段地担任土城镇脱贫攻坚指挥长，指挥全镇参战的同志冲锋陷阵。一位副馆长对接帮扶一个镇，两位副馆长分别担任两个村的指挥长，业务部门的两位主任派驻到村任第一书记。馆里所有在编干部和部分聘用干部，全脱产到村担任包组组长或组员。

帮扶干部们打起行装，从文化战士变身为攻坚队员，奔赴波澜壮阔的脱贫攻坚战场，奋战在红军走过的大地上，与村干部们一起深化村情认识，深刻查找分析贫困原因，定位发展方向，共谋脱贫攻坚大计。他们走进结对帮扶贫困百姓的田间地头，摸底子、结对子、开方子，针对每户群众制定脱贫计划（图十四、图十五）。

脱贫攻坚期间，四渡赤水纪念馆还充分发挥革命纪念馆的职能和优势，结合时代精神和脱贫攻坚政策，通过举办"党的十九大精神""文明风采"巡展，编排贴近生活的文艺节目，深入到习水县60多个村、组，开展文化扶贫宣讲演出近100场次，将党的政策精神和红色文化送进千家万户，把扶贫与扶志、扶智相结合，激发群众内生动力，增强群众脱贫的信心，充分发挥革命纪念馆文化扶贫的力量（图十六至二十）。

四渡赤水纪念馆先后帮扶了土城镇长征社区、华润社区、群峰村、青杠坡村等10个村寨，已累计投入帮扶资金100余万元，共帮扶贫困户117户脱贫，为革命老区脱贫攻坚贡献出文博人的力量，给革命老区群众交出了一张优异的答卷。四渡赤水纪念馆勇于承担社会责任，用自身能力反哺社会的责任担当，得到了社会的充分肯定，被当地群众喻为脱贫攻坚战场上的"轻骑兵"。

从2002年提出建四渡赤水纪念馆至今，已经走过了20个春秋。20年间，四渡赤水人披荆斩棘，在抓好纪念馆业务工作的同时，以助力地方文化旅游产业发展为己任，坚持事业推动产业、产业反哺事业的发展模式，带动革命老区旅游产业发展，为地方文化、文旅、脱贫工作做出了积极贡献。

图十四　2017年8月31日，四渡赤水纪念馆馆长罗永赋在黔沿村高山上走访贫困群众

图十五　2017年9月20日，四渡赤水纪念馆副馆长李宛儒又一次来到统一村3组易地扶贫搬迁户鄢光华家，动员老人一家搬到山下去

图十六　四渡赤水宣讲团进村寨

图十七　四渡赤水宣讲团走进青杠坡村

图十八　四渡赤水宣讲团走进群峰村

图十九　四渡赤水宣讲团走进新阳易地扶贫搬迁安置点送温暖

图二十　四渡赤水艺术团走进群峰村3组

2020年12月，四渡赤水纪念馆被评定为国家一级博物馆。在新的起点上，四渡赤水纪念馆将一如既往地发挥好博物馆的职能，根据时代发展的新要求、老区振兴的新任务、人民群众的新需求，不断思考方向和探索路径，为文化、文博事业和革命老区的振兴发展，贡献出文博人的力量。

[参考文献]

[1] 白锡能, 任贵祥, 主编. 红色文化与中国发展道路论文集［M］. 北京：中国社会科学出版社, 2015.

[2] 贵州省文化和旅游厅. 贵州省"十四五"文物保护和科技创新规划［OL］. 黔文旅发〔2021〕45号.

[3] 韩延明, 主编. 红色文化与社会主义核心价值体系建设研究［M］. 北京：人民出版社, 2013.

[4] 李水弟, 主编. 红色文化与传承［M］. 江西：江西人民出版社, 2009.

[5] 盛名. 红色文化开发需坚持经济效益与思想价值并举［J］. 人民论坛, 2018 (27): 19.

[6] 习近平. 决胜全面建成小康社会　夺取新时代中国特色社会主义伟大胜利——在中国共产党第十九次全国代表大会上的报告［M］. 北京：人民出版社, 2017.

[7] 中共中央, 国务院. 乡村振兴战略规划（2018—2022年）［M］. 北京：人民出版社, 2018.

文旅融合与博物馆工作实践的思考及对策

杨萍

(黔东南州民族博物馆)

摘 要 本文指出,在新时代文旅融合背景下,博物馆的实践发展工作具有多方面的挑战,因此,博物馆需要重视问题分析,同时落实人才培养、文旅服务能力提升等方面的措施,从而使工作得到全方位保障,这也是国内博物馆在后续发展过程中需要重视并完成的主要任务。

关键词 文旅融合;博物馆工作;文化建设

随着国家事业单位改革创新的开始,2018年,原文化部与国家旅游局进行合并,文化和旅游部应运而生,这也标志着文化和旅游融合发展的序幕得以拉开。而在社会公共文化服务单位当中,博物馆是一个重要的载体,同时也是新时期文化旅游的重要窗口。简而言之,在新时期的文旅融合背景之下,博物馆工作实践迎来了很好的机遇,同时博物馆自身的文化旅游功能也变得更加突出。博物馆需要重视文旅融合这一重要的发展机遇,促进工作实践的优化和创新。

一、文旅融合下博物馆发展的重要意义和作用

博物馆本身就具有一定的文化旅游功能,这也是部分游客在前往不同城市旅游的过程中会选择博物馆进行参观、游玩的主要原因之一。而在文旅融合的

大背景之下，博物馆实践发展工作具有更加重要的意义和作用。

1.有利于博物馆服务空间的拓展

根据国家文物局数据显示，截至2020年，中国的国有博物馆有3825家，占比69.11%；民办博物馆1710家，占比30.89%。从数量上来看，国内博物馆在改革开放这一重要进程中，经历了一个快速发展的时期，其数量达到了世界博物馆总数的8%。[1]

即便如此，由于国内的人口基数比较大，依据2020年的全国人口数据可以发现，国内每37万人才拥有一座博物馆。简单来说，就是博物馆自身的服务空间比较小。顺应文旅融合的趋势，博物馆的服务能力进一步释放，一方面增加了博物馆的数量，另一方面，一系列公共文化产品的服务空间将得到很好的拓展，在这一过程中，博物馆自身的文化影响力和博物馆旅游的吸引力都会得到提升。这一点对于博物馆的建设发展和文旅融合宏观战略的发展来说，都具有重要意义和价值。

2.有利于提升博物馆的服务价值

所谓的旅游，归根结底来说，其灵魂和根基是文化，这一点是毋庸置疑的。当下文化旅游消费数额快速增长，博物馆无疑会成为含金量最高的文化旅游资源。而且，随着社会不断发展，人们对文化旅游资源的需求也变得更加强烈，博物馆无疑成为一个很好的目的地选择。近年国内旅游事业发展过程中，在旅游旺季，全国各地博物馆的参观人数都有比较大的增长。并且，在文旅融合的背景下，博物馆同时兼具艺术欣赏、历史溯源、科学研究和教育宣传等方面的价值和功能，[2]这与公共文化服务和旅游事业发展的契合性都比较高，在文旅融合背景下推进博物馆实践工作，也有利于更新和增强社会大众的文化精神

---

[1]　植中坚：《基于文旅融合语境下博物馆开展研学活动的有效措施》，《文物鉴定与鉴赏》2022年第2期，第79—81页。
[2]　杨红：《遗产保护与文旅融合：关于露天博物馆模式的探讨》，《民族艺术》2022年第1期，第105—112页。

消费观念和生活幸福感。由此，博物馆自身的服务价值也得到了拓展和提升。例如，黔东南州民族博物馆为充分发挥爱国主义教育基地和民族团结进步教育基地的作用，更好地向广大青少年进行民族文化传播、科学知识普及、未成年人思想道德建设，开展了丰富多彩的科普教育活动，配备有专门的接待、讲解人员，并将责任落实到人。黔东南州民族博物馆长期与多个部门合作，并聘请专家小组为博物馆的青少年科普教育和民族文化教育进行辅导，使青少年科普教育的职能更加科学化、规范化；长期与贵州省各大中专院校合作，为学生提供社会实践、课题研究场所和辅导，培养讲解人员，并向他们提供机会，参与我馆的各种活动；同时，参加了西南博物馆联盟第四次会议暨"博物馆青少年教育"学术研讨会、国家文物局全国博物馆教育培训班、"情怀——博物馆教育的初心与担当"研讨会等等。以上活动和培训，拓展了对外交流的空间，提升了黔东南州民族博物馆的软实力。

3.有利于博物馆发展渠道的创新

事实上，无论是国外还是国内的博物馆，在发展过程中都出现了一定的滞缓现象。简单来说，作为博物馆，其重要的价值和作用并未完全发挥出来。而在文旅融合的宏观背景之下，博物馆的发展渠道应得到创新和优化。例如，2019年，国内博物馆"过大年"成了新热点，新闻联播也进行了报道。其中折射出来的是中国人民群众的文化生活品位逐渐提升，高品质文化需求也在随之突显。由此可见，在国内社会建设和发展过程中，可以反映出博物馆文化之于旅游事业融合的巨大市场空间。在这一趋势之下，博物馆的创新发展和建设也有了创新渠道，[1]对国内的文化建设和旅游事业发展都能够发挥出重要的作用。另外，从博物馆自身的角度来说，其在新时期的发展欲望也比较高。依据相关研究和调查可以发现，国内众多博物馆都在积极寻求创新发展之道，而文旅融

---

[1] 刘莹：《文旅融合背景下博物馆旅游多模态创新发展路径探究》，《科技视界》2022年第1期，第144、145页。

合这一重要策略,给予博物馆重要的生存和发展契机,也为文旅融合增添了重要活力。

二、文旅融合背景下博物馆实践发展所面临的挑战

文旅融合使得博物馆的发展得到了全新的发展机遇。然而国内部分博物馆还存在着一定的问题,制约着当下的发展。总结下来,有以下几方面的挑战:

1.博物馆管理体制相对滞后

目前来看,国内众多博物馆采取的是分系统、分级结合的管理体制,并且博物馆大多数属于公益事业单位,这种管理体制在很长一段时间内维护了博物馆事业的发展,并且保障博物馆发展的稳定性。但是在这种管理体制之下,国内博物馆在发展过程中缺乏独立性和自主权,主要表现在人才的引进、经费配置等方面。[1]

尤其是在文旅大融合的背景下,博物馆新的文化旅游发展需求。然而,在滞后性比较强的管理体制之下,博物馆会失去一些活力和特性,甚至出现"心有余而力不足"的状态,在发展过程中也会形成资源浪费,事倍功半,不利于博物馆的发展。

2.博物馆内设机构不健全

目前国内博物馆在机构设置方面,多数都沿用传统的"三部一室"的设置模式。虽然经过近年来的发展,博物馆内部部门、机构设置都在不断细化,但是仍有相当一部分的博物馆沿袭传统发展模式,没有技术开发部门、市场运作部门和文旅管理上的需求。在这种内设机构不健全的情况下,博物馆的发展难以满足文旅融合的需求。而且,在全新的文旅融合背景下,博物馆面临着新形势、新的内外环境和新的业务范畴,传统内设部门不健全的状态会严重影响这

---

[1] 李赞:《文旅融合新形势下博物馆如何创新》,《温州文物》2021年第1期(年刊),第98—101页。

些挑战，进而影响到博物馆的运转效能。严重情况下，机构不健全会导致博物馆的发展滞后，不论是对博物馆发展还是对文旅融合的政策落实，都会产生一定的负面影响。[1]

3.博物馆文旅融合意识不强

国内的博物馆多数是国家财政拨款的事业单位，带有公益性。其经营发展过程中不以营利为主要的目标，有些虽然大力喊着发展博物馆文化旅游的口号，但其文旅融合的意识并不强。多数情况下，文旅融合背景下的博物馆实践以阶段性活动的形式展现出来，并没有切实地进行长远规划。譬如，目前很多博物馆的文旅事业发展缺乏相应的资源，包含技术资源、人才资源和经费等，导致建设发展工作收效甚微，而在缺少正向作用、反馈的情况下，后续博物馆也会降低参与文旅融合的热情和主动性。

4.博物馆技术开发能力不强

在文旅融合背景下，博物馆推出的一系列旅游商品需要具备文化内涵，同时还需要有商业性和商业价值。为了实现这一点，博物馆自身需要重视相关产品的开发。然而，目前国内众多博物馆缺乏好的技术开发能力，导致产品制作出现了粗糙低劣的问题，[2]难以引起观众的购买欲望。而在缺少经济盈利的情况下，博物馆的实践发展将会陷入一个尴尬境地，难以形成良性循环，甚至陷入不良循环。

三、文旅融合背景下博物馆实践发展工作策略

1.强化博物馆体制的优化创新

对于部分博物馆来说，其发展机制方面已经出现了明显的滞后性，难以满

---

[1] 陈婷婷：《文旅融合背景下基层博物馆的问题与方向——以苏步青励志教育馆为例》，《温州文物》2021年第1期（年刊），第102—107页。
[2] 潘彬彬：《文旅融合下南京地区非国有博物馆可持续运营研究》，见曹劲松、卢海鸣主编《南京学研究（第四辑）》，南京：南京出版社，2021年，第39—52页。

足文旅融合的宏观背景要求。因此，在当下的博物馆实践发展工作中，需要重视解决这一重要矛盾。

一方面，需要重视博物馆内部改革创新，结合博物馆自身的实际发展情况和文旅特性，推动体制改革，进一步完善博物馆自身的研究、保护和文旅展示机制；同时还需要依据博物馆的发展需求，增设博物馆技术设计部门、旅游管理部门等等，使得文旅融合背景下的博物馆实践发展得到有效保障。

另一方面，需要深化博物馆内部人事管理、收入分配管理制度的改革，在原有的基础上健全考核、竞争和监督机制，采用旅游企业的管理模式，促进博物馆旅游管理水平得到相应提升。

2. 深挖特色资源

在文旅融合的背景下，部分博物馆在实践工作过程中未能做到顺应潮流，其中非常重要的原因就是未能发现文旅融合与博物馆之间的联系。因此，在后续的博物馆实践发展过程中，需要重视博物馆自身特色资源的挖掘和利用。在不同项目的规划、设计过程中，应重视观众体验，考虑观众群体的参与性和娱乐性，[1]需要在原有的博物馆文化主题之上做出创新，开发出一些内涵丰富的项目和产品，这样可以有效避免同质化现象，也可以避免资源浪费问题。

比如，黔东南州民族博物馆在挖掘资源平台上不遗余力。2021年，围绕建党100周年纪念，结合馆藏资源，开展有关传统文化知识、红色文物故事的普及教育活动，充分发挥博物馆的社会教育功能，营造浓厚的文化氛围。利用元旦、春节、清明节、端午节、中秋节等传统节日，培养群众的民族情感，激发民族自豪感；以五四青年节、劳动节、建党节、建军节、国庆节为契机，引导群众缅怀先烈，了解党和祖国的发展史；在国际博物馆日、文化和自然遗产日、全国科普日等主题日，不断充实宣传内容，丰富活动内容，引导群众了解

---

[1] 刘辉等：《"文旅融合下博物馆文创的探索与实践"学人笔谈》，《东南文化》2021年第6期，第135—149、190—192页。

红色精神、传统文化、民族文化，树立先进的思想观念和良好的道德风尚；通过图片展览、讲座、资料发放等宣传教育形式，扎实开展进校园、进社区、进机关、进企业、进军营、进医院、进基层、进景区"八进"活动，传播历史文化、红色文化、民族文化。

3.强化博物馆的文旅服务意识

博物馆在建设和发展过程中，其本身就具有较强的服务属性，在文旅融合背景下，这种服务属性更是被无限扩大了。因此，在后续博物馆发展工作当中，需要在现有基础上进一步强化博物馆自身的文旅服务意识和能力。[1]为了实现这一点，需要加强博物馆一线服务工作人员的教育，使其服务意识和能力得到提升，从而助力文旅融合背景下博物馆的高效发展。例如黔东南州民族博物馆开展假期系列社教研学活动，利用周末和寒暑假开展了"玩转黔东南之博物馆篇"、"小小消防员走进博物馆"、"黔茶技艺"非遗茶文化体验等社教活动，通过丰富多样的宣传内容和方式，让青少年走进博物馆，有了不一样的体验、不一样的乐趣。还充分发挥博物馆的社会职能，促进"双拥"工作，丰富部队官兵的精神文化生活，走进军营，开展军民共建的"不忘初心、牢记使命"主题教育、爱国主义教育、文化拥军、文化惠民等系列活动。

4.强化人才培养

优秀的人才队伍是推动文博事业发展的基础和中坚力量，能提高博物馆的品位和知名度，决定着一个馆的实力、水平和发展方向。黔东南州民族博物馆充分认识到了人才的重要性，从多方面着力，加强博物馆人才队伍建设。这一点与在文旅融合背景下的博物馆实践发展要求一样的，且众多博物馆本身就缺少专业人才资源。[2]

---

[1]　柴子云：《文旅融合发展下行业博物馆公共文化服务提升策略分析》，《文物鉴定与鉴赏》2021年第24期，第100—102页。
[2]　刘晓丽：《文旅融合背景下博物馆旅游创新发展研究》，《旅游与摄影》2021年第24期，第74、75页。

因此，黔东南州民族博物馆组织各博物馆、规划馆、陈列馆全体讲解员进行相关业务知识培训，弥补讲解员专业知识储备上的不足；多次选送讲解员参加省、市举办的讲解比赛活动，并获得优异成绩。有效地提高了讲解队伍的综合素质与专业水平，调动了其工作积极性和主动性，为观众提供高质量、高标准的讲解服务。从而使得文旅融合背景下的博物馆实践发展工作得到保障，并且就此进入到一个良性发展循环中。

四、结语

综上所述，在新时代文旅融合背景下，博物馆的实践发展工作具有多方面的挑战。因此，博物馆需要重视问题、分析问题，同时落实人才培养、文旅服务能力提升等方面的措施，从而使工作得到全方位保障。这也是国内博物馆在后续发展过程中需要重视并完成的主要任务。

基于心理学视角浅析文化创意产品设计

唐哲

（贵州省博物馆）

摘　要　本文主要对文化创意产品相关信息进行梳理，总结文化创意产品设计中存在的不足，并从心理学视角分析现阶段文化创意产品的设计，以盼为改善文化创意产品的设计提供心理学支持，使文创产品更具文化内涵和时代特色，更贴近人的需求，促进文创产业长效发展。

关键词　文化创意产品；心理学；设计

一、文化创意产品概述

1.文化创意产品的概念

文化创意产品等同于中国古代的"器"，它包含了形态、图形、色彩等要素。它与一般产品有着本质的区别，它属于文化创意产业的一部分，有设计、制作、营销等诸多环节，且其自身附加了特定的文化底蕴。这种"器"体现了所属文化的价值观点与信念等，还在一定程度上解释了特定文化成员心理与行为层面的差异，是文化精神的载体，同时满足了人们对物质、精神、审美的需求。

文化创意产品的两个关键要素是：产品和创意。其中产品具有经济价值，是其市场化的保证；创意使其兼具文化力量，是文化性的前提。本文将文化创意产品定义为：以文化为基本元素，借助不同载体及设计手法对某一特定区域及主题中的历史、地理、艺术、民族等文化信息进行创新再造的一种高附加值产品，简称文创，它兼具文化、功能、审美、艺术等特征。

2.文化创意产品的分类

依据文化创意产品概念、属性、核心等，本文将从产品呈现方式、制作方法、功能、产品内容四个维度对其进行分类。呈现方式：数字化类、实物类；产品内容：传统文化、地域特色文化、品牌文化、时代文化；制作方法：手工艺品（定制）、工业产品；功能：学习用品、办公用品、生活用品、家居陈设、服饰。

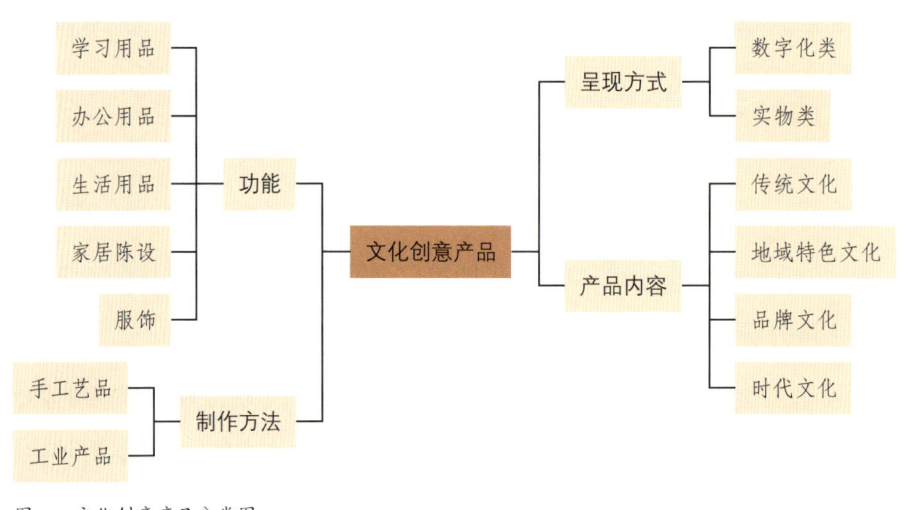

图一　文化创意产品分类图

3.文化创意产品的价值意义

深刻的文化自信是基于对自身文化的认同。我们应透过文化创意产品看文化内涵，以多元创意来支撑文化认同感的构建。历史文物中承载的文化信息是建立文化认同的重要物质资源，随着科技进步，互联网平台不断涌现在人们眼前，传统的文化展陈形式已经无法满足大众日益增长的文化获得感，利用多渠道、多平台提供形式多样的文化创意产品，成为传统文化产业在提升文化凝聚力、引导力与向心力方面的时代热点。文创产品消费是超越实体的一种无形消费形式，根本目的在于通过产品满足自身的精神需求，消费的过程与结果都直接影响甚至可能改变消费者本身原有的价值观，巩固其文化认同感。这对推动文化自信、文化互鉴、文化进步等具有一定的积极作用。

拓展文化传播的纵深性，使文化从多维度辐射至各层群体。随着国内各大博物馆掀起的文创热潮，文创产品的社会影响力逐年攀升，并成为文化传播的核心载体。以故宫博物院为例，考虑到文物保护，单凭传统的文化展陈形式，故宫博物院难以负荷庞大的客流。近年来，故宫博物院基于大量数据分析，结合文物代表性、影响力及其观赏性等多重因素考虑，研发了许多兼具文化底蕴与时代新貌的文化创意产品，以实物为载体，将文化带进生活，让文化覆盖各阶段群体，直接地、有效地拓展了文化信息的传播深度与广度。

二、国外文化创意产品的发展现状

1871年，美国纽约大都会艺术博物馆出版全球第一本博物馆藏品目录，被认为是最早的博物馆文创产品。到了20世纪中后期，国外博物馆开始允许复制馆藏文物，这可看作现代文创产品的开端。

文创产品在欧美国家发展较快，源于其对文创产业的重视程度与投入力量较大。首先，欧美国家在政策上向文创产业倾斜。早在20世纪90年代，文创产业就在英国政府重点扶持的产业名单中，此后英国政府还推出了《创意五年策略（2008—2013）》，主要是将创意文化作为英国精神文化的核心，并加大对英国文创产业包括博物馆内的经济投资力度。得益于政府的支持，英国的文创产业注重在传统基础上的创新，文创设计多蕴含传统与反叛、自由与多元化的特征。美国是文化产业最大、产量最高的国家，在20世纪70年代就为其文创产业立法——《版权法》，这也是世界第一部明确用知识产权保护其文化创意产权的法律，其中涵盖了与文创产业息息相关的内容。美国将版权作为文化创意产业的发展核心，文创产业出口效益可观，文创设计多遵循"少即是多"的宗旨，提倡功能主义，结合实用主义和"人机工程学"，让产品设计"服务于人"。早在20世纪末，日本就将文创产业提升到国家高度，部署了"文化立国"战略，并在此基础上，推行《知识产权推进计划》，积极引进高科技人才与先进技术，加大拓展海外市场的力度。

针对文化创意产业，国外许多国家已形成规模完善的"研发设计—生产制作—营销宣传"产业链。文创产品覆盖面广、类别齐全，并遵从纯原创，小到一支笔，大到一件艺术装置，都具有较高的附加值，因此受到世界认可。此外，在文化创意产品的营销上，国外擅于打造IP，将文创作为载体宣扬其精神文化，如大英博物馆的"盖尔·安德森猫"寓意穿越黑暗点亮光明，回归宁静；西俄勒冈大学的"狼"所独有的狼性精神；加州大学洛杉矶分校创造的"UCLA"品牌，崇尚自然健康。文创就是将这些有着代表性的形象再创造成各类高附加值产品，并带入生活中，进而使其精神内核融至各处，传播开来。

三、国内文化创意产品的发展现状

相较国外，我国文创产业发展较晚。虽然相关部门已经在资金投入与税收减免等方面制定并推出一定政策，但支持力度仍显不足，比如政策涵盖面比较窄。相关法律还需进一步完善及明确，以保障我国文化创意产业长期有序的推进。

有研究表明，2019年，中国博物馆的文创产业规模较2017年增长约3倍。除博物馆外，多个企业也积极推出文化衍生产品，试图将文化元素融入自身产品。但值得注意的是，出圈、出彩者不少，但仍存在一定问题。第一，创新能力较弱，产品缺乏原创性，效仿较多，设计停留在产品表象，欠缺情感化设计；第二，产品同质化现象严重，有些地域特色不突出，不具代表性，难以体现精神内核，树立品牌打造IP发展缓慢；第三，许多博物馆、高校等并没有针对文创的专项经费，且缺少文创产业市场调研，未明确产品对象，缺乏对消费群体的了解和认知，从而产品无法真正意义上达到"以人为本"的宗旨，难以激发消费者购买欲望，也就无法带来良好的经济效益和社会效益；第四，虽然中国浩瀚的传统文化为文化产品的价值提炼提供了丰富的文化资源，但亦在某种程度上存在文化滥用的可能，无意义的产品势必背离文创初衷，甚至涉及侵权等违法行为。

对于文化创意产业市场而言，放弃以简陋模式的文化快速变现，选择以审慎的态度实现文化与生活的自然融合，将制造产品的热情转化为长期的文化传承，才是与时代精神、大众需求相契合的创意产业未来的生存发展方向。

四、心理学视角下的文化创意产品设计

心理学对于文化产品的研究源于20世纪50年代的消费领域研究。作为文化最典型的外部表现形式，一切被赋予文化意义的物品都能被纳入文化产品的范围之中。早期的文化产品研究多集中于功能描述或理论思辨层面，直到20世纪80年代之后才逐渐涉及实证方面的研究，并通过心理学视角与多个学科产生交集，如教育学、社会学、艺术学、传媒学、宗教学等。

1.认知心理学视角下的文化创意产品设计

现代认知心理学的核心理论为信息加工理论，认知模式就是将人视为主动的信息加工者，把人脑看作类似计算机的信息加工系统；个体的认知过程就是对信息的加工过程，过程涉及人如何注意、选择、接收信息，如何对接收的信息进行组织、编码、内化，以及如何利用这些信息做决策并指导自身行为等。对文创设计者而言，"信息"即设计元素，可见信息（元素）的提取对于文创产品设计的重要性。

就博物馆而言，文化创意产品可被看作展厅外的一种视觉设计，创意就来源于文物的各种视觉设计元素。如何选择适合的元素，实现这种文创形式的设计，就要求设计者必须了解文物资料，精准定位文物亮点，明确文物、展览对于观众的意义，分析观众需求。目前在文创产品中，设计者对文物的视觉元素的使用，更多的是提取转化外观、色彩、形状、纹饰等，赋予其产品文化性，利用多种设计手法使产品与现代审美相契合。据此理论，大英博物馆提取罗塞塔石碑文物元素进行设计，研发出了60余种不同的文化创意产品，成为文创设计中的经典。

观众通过文创从接收到理解博物馆文化的过程即信息加工的过程，其大脑对元素进行加工，形成相应的记忆和思维，此后这些记忆和思维又可反作用于协助人们理解博物馆的文化信息。因此，根据信息加工理论，以多通道感官进行信息延伸，寻求与观众认知心理特征相契合的设计，可使观众高效理解博物馆文化。

2. 设计心理学视角下的文化创意产品设计

随着大众审美的不断提高，我们不难发现，产品是否能够唤醒受众情绪、情感，是受众选择该产品的一个关键要素。一直以来，产品的功能性和审美性都是设计上的两个基本要求。随着工业发展，产品产业链的构建逐渐完善，产品设计在功能性上达到了一个稳定的高度。对于设计而言，产品的审美性逐渐成为区别大众对于产品关注与喜爱程度的一个因素，因此，在保证产品功能性的基础上，设计者在进行文创产品平面设计时，就需要考虑大众的情感需求，引入情感化设计。

美国心理学家唐纳德·诺曼在《设计心理学》中，将产品设计与心理学的理论相结合，从生活、情感及未来设计等方面进行了全面的论述，并提出"情感化设计"概念。情感化设计是通过设计的手段吸引消费者的注意，或使其产生一定的情感波动，从而提高执行特定行为的可能性设计的水平。以文化创意产品来说，就是通过产品唤醒消费者情感，使其对产品产生共鸣及认同，最终对产品及其传递的文化与价值实现某种程度的认知。唐纳德·诺曼将设计的水平分为三种,分别是本能的、行为的和反思的。本能层次(外观、颜色、形态等)偏重物理感受,包括听觉、触觉等;行为层次(功能)偏重效用及用户引导,设计者会从功能呈现及复杂程度考虑;而反思层次(感受、文化价值)则注重设计情感表现,甚至会因为用户的文化、经历等产生联系与不同的效果。在情感化设计基础上进行的设计并不强行改变人们的固有思维,也不强行改变人们的行为,而是尊重人们的自然使用方式与惯有思维,一切以人们的实际需求为出发点,进行心理、情感、意义、目的等层面的多样化满足,从而使枯燥的使用过程变得轻松舒适,给人带来精神愉悦。

3.民族心理学视角下的文化创意产品设计

民族心理学中的"民族(folk)"与一般意义上的"民族"有所不同。德国心理学家威廉·冯特认为"民族(folk)"属于能够表示人类社会的各种集体,例如家庭、氏族、部落、民族、国家等,而这些不同的集体正是民族心理学的研究对象。

冯特认为,和精神产品有关的问题是无法用个体意识来解释的,因为精神产品是在人类群体生活中产生,以许多人的相互作用为前提的。文化是群体的产物,具有共享性、习得性、符号性和整体性这些基本特点。文化在民族心理学中的反映可以体现在对文化产品的分析上。人类社会建构的各种意识形态,诸如艺术、道德、宗教、价值观等,都是社会群体心理活动的产物和心理发展过程的外在表现,并且这样的心理发展过程只能在群体之中发生。因此,通过分析这些文化产品,就能解释某一特定时期人类心理发展的特点以及整个人类心理的发展史。因此,冯特的民族心理学具有强烈的文化性和社会性。

综上所述,对文化创意产品而言,产品需根植于文化(群体产物),同时不同程度地反映出各阶段社会群体的心理活动,文化创意产品应该蕴含着中华民族心理。而中国传统文化中的"仁义礼智信"和现代的社会主义核心价值观等,正是群体之间通过漫长交互而形成的时代"文化",也是中华民族心理发展过程的一种外在表现。将这样的"文化"嵌入产品设计，再通过产品将"文化"表现出来，当产品价值与群体认知价值观相契合时，便能最大限度地激发消费者对该产品的内在认同感。不难看出，契合民族心理，把握正确的设计方向，是产品成功的关键。

4.社会心理学视角下的文化创意产品设计

"态度"是社会心理学领域中极为重要的概念，其定义也最多。美国心理史学家墨菲曾说过："在社会心理学的全部领域中，也许没有一个概念所处的位置比态度更接近中心。"本文主要以中国《心理学大辞典》中的"态度"定义为准，将"态度"界定为：个体基于过去经验对周围的人、事、物所持有的比较持久而一致的心理准备状态或人格化倾向，包括认知、情感和行为倾向三个成分。

据此，文化创意产品设计可与问卷调查巧妙结合，相关人员制定关于文化创意产品态度的问卷，建立认知、情感、行为倾向三个维度，运用统计心理学数据处理方式，更直观、科学地对大众文化创意产品数据进行分析，获得有效的大众对文化创意产品的态度，为文化创意产品设计者提供设计方向，同时弥补国内文化创意产品科学调研的短板。

五、结语

随着文化创意产业的蓬勃发展，文化创意产品的社会影响力也随之扩大。文化赋予产品更高的价值，产品反映文化最深的内核。人们通过文化创意产品认识社会生活中的物质文化，了解背后的制度文化、心理文化，促进大众形成稳定的文化自信和社会归属感。

［参考文献］

[1] 李静，侯小富.冯特民族心理学思想及其当代意义［J］.西南民族大学学报（人文社会科学版），2022(8).

[2] 鲁志伟.现代文化创意产品设计的现状研究［J］.大众文艺,2018(7).

[3] 马敬丹.心理学理论在文化创意产品设计研究中的应用［J］.文化创新比较研究,2022(4).

[4] 史哲宇.基于认知心理学的展览文创商品设计策略研究——以"社畜诊所"主题展为例［D］.江汉大学硕士学位论文,2021.

[5] 宋佩佩.文化心理学的发展演进与新局新机［D］.陕西师范大学博士学位论文,2021.

[6]（美）唐纳德·A.诺曼.设计心理学［M］.梅琼,译.北京：中信出版社,2003.

[7] 王晓琪,胡冰,谭雅丹.衍生文创设计中情感设计的应用——以设计作品《熊猫戏法》为例［J］.西部皮革,2021(22).